Das war 77

STERN JAHRBUCH

das war 77

Herausgeber: Henri Nannen
Gestaltung: Willy Fleckhaus
Redaktion: Victor Schuller, Leitung
Norbert Sakowski, Text
Gerhard Aeckerle, Bild
Herstellung: Dietmar Schulze

Produktion: Druckzentrale G+J
Druck: Brillant-Offset, Hamburg
1. Auflage 1978
ISBN 3-570-01137-2

Zu diesem Buch von A–Z

Dieses Jahrbuch beginnt mit Afrika. Nicht mit dem Terror in Deutschland, obgleich uns der sicher mehr bewegt als Aufruhr, Krieg und Krisen auf dem schwarzen Kontinent. Afrika steht am Anfang, weil das Alphabet es so will, weil die Themen weder nach ihrer Bedeutung, noch nach ihrem zeitlichen Ablauf, sondern nach dem ABC geordnet wurden. Für einen Jahresrückblick kein übliches Ordnungsprinzip. Aber wir wollten dieses Buch nicht auf ein kalendarisches Aufzählen, auf das Bebildern von Tagesereignissen von Januar bis Dezember beschränken. Das hätte ein schwer überschaubares, sinnloses Neben- und Durcheinander ergeben. Ereignisse fallen ins Jahr wie sie wollen. Da kehrt ein namhafter Schriftsteller im Frühjahr der DDR den Rücken, sein Kollege folgt ihm im Sommer; Bundesanwalt Siegfried Buback wird im April ermordet, der Bankier Jürgen Ponto im Juli, Hanns Martin Schleyer im Oktober; der Vater des deutschen Fußballs, Sepp Herberger, stirbt 80jährig im April, sein Lieblingsschüler Franz Beckenbauer verkauft sich im Mai endgültig an einen Club in den USA. Das bedeutet: bei einer chronologischen Ordnung müßte ein Thema mehrmals und an verschiedenen Stellen des Buches angesprochen werden. Das wollten wir vermeiden. Die Ereignisse aus jedem Bereich des Lebens wurden daher zu Komplexen gebündelt und dann dem Alphabet überlassen: A wie Auto, L wie Leichtathletik, P wie Parteien.

Wir haben versucht, aus tausenden von Bildern die treffendsten und zugleich eindrucksvollsten herauszufinden und sie mit Begleittexten auszustatten, durch die erst die Zusammenhänge deutlich gemacht und Zukunftsperspektiven aufgezeigt werden. Diese Texte und Kommentare – bei einigen Themen sind Essays daraus geworden – wurden von Redakteuren und Autoren des STERN verfaßt. Für die chronologische Übersicht des Jahres sorgt als Schlußkapitel eine synchronoptische Tabelle.

Es ist ein umfangreiches Buch geworden, das Jahr '77 hatte viel zu bieten: Überraschungen, Katastrophen, aber auch Erfreuliches. Eine Fülle von Ereignissen, die nicht verdrängt oder vergessen werden sollten. Das ist mit diesem Jahrbuch beabsichtigt – und mit allen künftigen, die Jahr für Jahr erscheinen werden.

Die Redaktion

Inhalt

Die Weißen tun alles, um am Drücker zu bleiben

Mit entsicherter Pistole verhört ein rhodesischer Soldat schwarze Gefangene, die des Terrors verdächtig im Grenzgebiet zu Botswana festgenommen wurden. Bis sie ein Geständnis ablegen, müssen die Gefangenen bei glühender Mittagshitze stundenlang im Liegestütz verharren. Terror, der Gegenterror erzeugt. Trotz der brutalen Aktionen der rhodesischen Armee erhalten die schwarzen Guerilla-Organisationen immer mehr Zulauf – und schlagen immer härter zu. Im Jahr '77 attackierten sie vereinzelt sogar schon die Hauptstadt Salisbury.

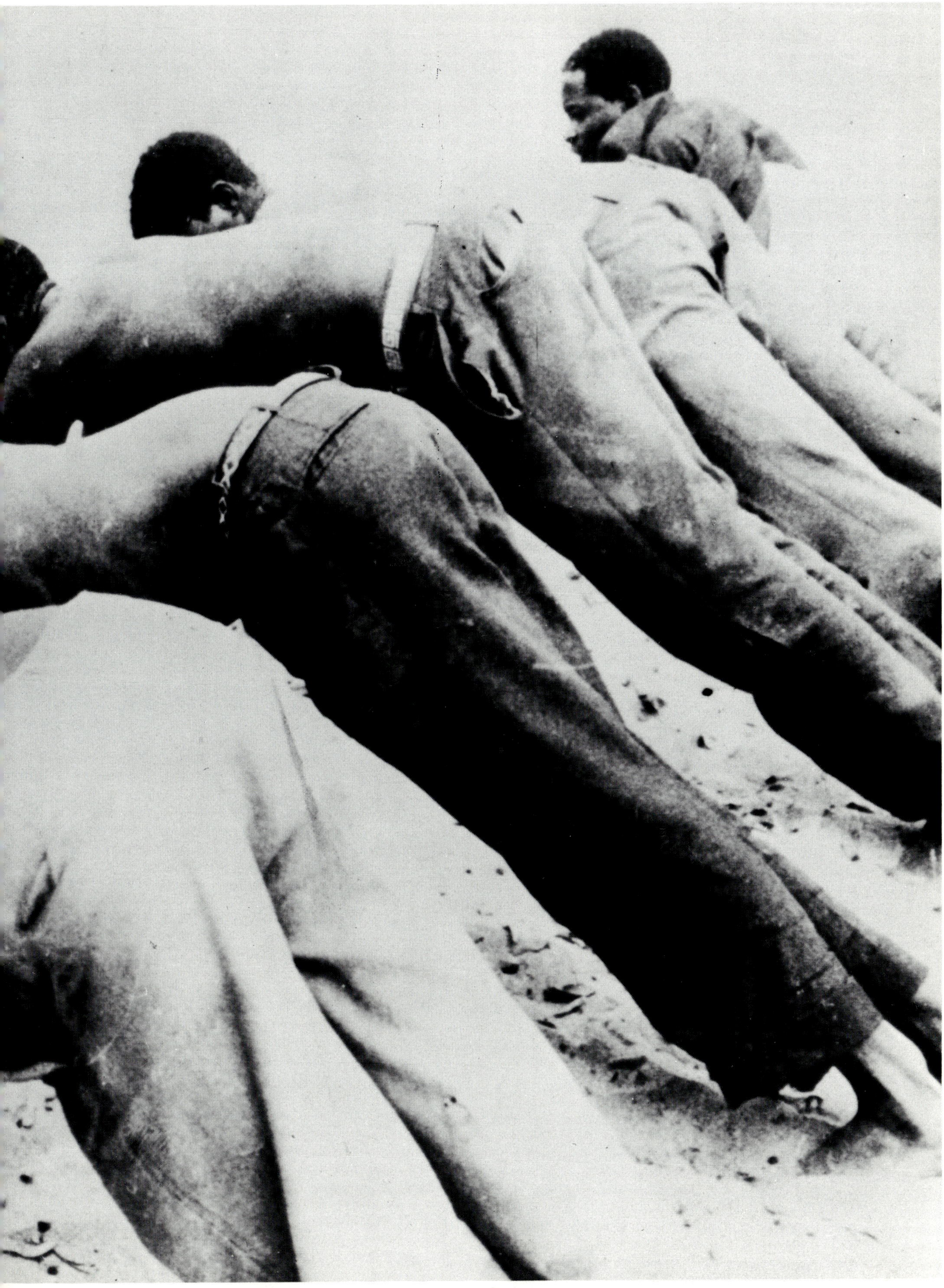

Mit einem Glas südafrikanischen Schaumweins feiert der rhodesische Ministerpräsident Ian Smith im Februar einen „großen Erfolg” seiner Partei: Die „kleine Apartheid” ist abgeschafft – von nun an können Schwarze auch in „weißen” Gebieten Wohnungen kaufen, Handel treiben oder sich amüsieren. Die modisch gekleideten Boccia-Spieler in Salisburys exklusivem Sports Club berührt das nicht. Die hohen Mitgliedsbeiträge sorgen dafür, daß sie auch in Zukunft unter sich bleiben werden.

Mit geballter Faust grüßen Freunde und Verwandte den Sarg des Schwarzenführers Steve Biko, der am 25. 9. in Kapstadt zu Grabe getragen wird. Geschnitzte Fäuste schmücken auch den Sarg – Symbol der Einheit und der Vergeltung. Denn Steve Biko ist von weißen Polizeibeamten im Gefängnis zu Tode geprügelt worden. Seine Mörder werden freigesprochen. Südafrikas 18 Millionen Schwarze haben einen neuen Märtyrer.

Aktien und Grundstückspreise fallen, Gold zieht an, Waffengeschäfte schließen wegen Totalausverkaufs – die Wirtschaft im südlichen Afrika markiert einen neuen moralischen Tiefpunkt auf dem politischen Barometer. Terror der Weißen und Gegenterror der Schwarzen schaukeln sich hoch. Mit Gewalt und Tricks versucht die weiße Minderheit in Rhodesien (260 000 Weiße gegenüber sechs Millionen Schwarzen) und in Südafrika (3,5 Millionen Weiße gegen 19 Millionen Schwarze und Mischlinge), die schwarze Mehrheit in Schach zu halten. Immer für eine Überraschung gut in diesem Rassenkrieg ist der rhodesische Ministerpräsident Ian Smith, der sein Regime trotz UNO-Boykott seit zwölf Jahren immer noch über die Runden gekriegt hat. Auch 1977.

Die überraschend angesetzten Wahlen am 31. August, an denen die Schwarzen bis auf eine kleine Minderheit nicht teilnehmen dürfen, gewinnt Smith mit 80 Prozent aller weißen Stimmen. Am 24. November erklärt er seinen verblüfften Anhängern, er sei bereit, den Schwarzen bei gewissen Garantien das allgemeine Wahlrecht einzuräumen. Am selben Tag beginnen seine Truppen eine „Strafexpedition" in Moçambique, bei der 1200 bis 1500 schwarze „Terroristen", darunter einige hundert Frauen und Kinder, umgebracht werden.

Von solchen Wechselbädern hält sein Freund und Kollege, der südafrikanische Premier Balthazar Vorster, nicht viel. Stur, geradezu berechenbar geradlinig, verfolgt er sein politisches Programm, das den Afrikaanern, dem „weißen Stamm Afrikas" (Selbstbezeichnung) die scheinbare Lösung aller ihrer Probleme bringt: totale Apartheid durch Massenumsiedlung. Die schwarze Bevölkerung soll stammesweise in riesige isolierte Landstriche – „Bantustans" – verbannt werden, die sie nur zur Arbeit in den „weißen" Gebieten verlassen darf. Schwarze, die gegen diese Politik protestieren, werden verhaftet, gefoltert oder – wie der Negerführer Steve Biko – im Gefängnis umgebracht. Bikos Märtyrertod am 12. September bringt die schwarzen Massen auf die Straße. Hunderte werden verhaftet, 18 Neger-Organisationen und zwei Zeitungen „für immer" verboten. Die UNO verhängt ein Waffen-Embargo über Südafrika. Eindruck macht es nicht. Bei den Parlamentswahlen am 30. 11. wird Vorster von den allein stimmberechtigten Weißen mit großer Mehrheit wiedergewählt. Die Afrikaaner, bis an die Zähne bewaffnet, igeln sich ein. Sie rechnen mit einer langen Belagerung.

Rassenunruhen in der südafrikanischen Stadt East London: Gesteinigt und von mehreren Messerstichen getroffen, liegt ein schwarzer Polizist tot am Boden. Sein schwerverletzter Kollege, dem ein Passant den Kopf hält, kann im Krankenhaus gerettet werden.

Flüchtlinge aus Eritrea drängen sich in einem offenen Fischerboot. Die Frauen und Kinder warten auf die gefährliche Überfahrt über das Rote Meer in den benachbarten Nord-Jemen. Dort wollen sie Schutz suchen vor dem Krieg, der seit dreizehn Jahren in ihrer Heimat tobt. Äthiopien hatte die ehemalige italienische Kolonie 1962 widerrechtlich annektiert. Seitdem kämpfen die Eritreer, die ihren Nachschub meist noch mit Kamelen an die Front schaffen, erbittert um ihre Unabhängigkeit. Obwohl Moskau und Havana die Äthiopier mit Waffen und „Beratern" unterstützen, kontrollieren die Guerilleros heute schon wieder über 95 Prozent Eritreas.

Krieg um das Horn von Afrika mit MiGs und mit Kamelen

„Die Ziege schielt nach dem Blatt, und auf der Ziege ruht schon das Auge des Löwen." Noch nie galt die äthiopische Volksweisheit vom Fressen und Gefressenwerden soviel wie 1977, draußen wie drinnen. In Addis Abeba ermorden radikale Mitglieder der linken Militärregierung („Derg") am 3. Februar den gemäßigten Staatschef General Teferi Bente. Sein Nachfolger, Oberstleutnant Mengistu Haile Mariam, 35, setzt ganz auf Moskau (Ausweisung aller US-Militärberater, Freundschaftsvertrag mit der Sowjetunion) und geht gnadenlos gegen Andersdenkende vor. Der „Derg" wird von „bürgerlich-reaktionären Kräften gesäubert" – zuletzt muß sogar Mengistus Stellvertreter Atnafu Abate, selber radikal und nicht gerade zimperlich, daran glauben. Geheimpolizei, Militär und sogenannte Volksräte („Kebele") liefern sich in Addis Abeba blutige Schlachten mit militanten Mitgliedern der marxistisch-utopistischen Untergrundorganisation EPRP. Beide Seiten stehen sich an Grausamkeit nicht nach. Selbst Schulkinder, die „feindliche" Propaganda an die Tafel malen, werden erschossen. Die Zahl der Opfer übersteigt 10 000. In acht der 14 Provinzen herrscht Krieg oder Bürgerkrieg. Im Norden erobern die Soldaten der drei eritreischen Befreiungsbewegungen alle Städte bis auf Massaua und Asmara. Im Süden überrennen Guerilleros der „Westsomalischen Befreiungsfront" (WSLF) mit Unterstützung durch Somalia fast die gesamte Grenzprovinz Ogaden. Äthiopien wankt. Moskau verstärkt seine Waffenhilfe. Es schickt Düsenjäger vom Typ MiG 21, T 54-Panzer, Raketenwerfer und 1 500 „Experten". Kuba entsendet 1 000 „Militärberater". Der Krieg am Horn von Afrika eskaliert. Denn wenn das sozialistische Äthiopien vor allem im Kampf gegen Somalia, das erst im November alle Russen und Kubaner aus dem Land gewiesen hat, verliert, dann verliert Moskau sein Gesicht in Afrika.

Des Kaisers teure Kleider und Europas Angst vorm schwarzen Mann

Statistiken haben ihren eigenen Zynismus. Für Afrika, das in den 17 Jahren seit der Entkolonialisierung über 150 Kriege und Putsche erlebt hat, war dies ein durchschnittliches Jahr: drei neue Kriege, drei Putschversuche, ein erschossener Staatspräsident und eine frischgegründete Mini-Republik, die schon sechs Monate nach der Unabhängigkeit am Rande des Bürgerkrieges steht. Afrika brennt – eine Feuerwehr ist nicht in Sicht.

Der erste Krieg brach am 10. März in der Kupferprovinz Shaba (früher: Katanga) in Zaire aus. 5000 ehemalige katangesische Polizisten, die im Nachbarland Angola im Exil gelebt hatten, marschierten überraschend in Shaba ein und eroberten nahezu kampflos die ganze Provinz. Erst nach über zwei Monaten und erst mit massiver Waffenhilfe aus Frankreich und Marokko gelang es der Zentralregierung unter Präsident Mobuto, die Angreifer zurückzuschlagen. Der zweite Krieg zwischen Äthiopien und Somalia um die Wüstenprovinz Ogaden begann am 12. Juli. Er hat bisher über zehntausend Menschenleben gefordert und nimmt, dank der intensiven sowjetischen und kubanischen Militärhilfe für Äthiopien, von Monat zu Monat an Heftigkeit zu. Der dritte Krieg tobte im Juli und August – unter Ausschluß der Weltöffentlichkeit – an der Grenze zwischen Ägypten und Libyen. Er endete schließlich, nach der historischen Reise Sadats nach Jerusalem, mit dem Abbruch der diplomatischen Beziehungen zwischen den beiden ideologisch verfeindeten arabischen Staaten.

Die Putsche fanden allesamt – war es Zufall? – in Ländern statt, die sich als „Volksrepubliken" bezeichnen: In Benin (früher Dahomey) Mitte Januar, in der VR Kongo Mitte März, und in Angola Ende Mai. Alle drei Aufstände wurden niedergeschlagen. Staatspräsident Marien Ngouabi von der Volksrepublik Kongo wurde bei dem Umsturzversuch in der Hauptstadt Brazzaville erschossen; daraufhin brachten Mitglieder der Familie Ngouabi den angeblich ins Komplott verwickelten, in Wahrheit völlig unschuldigen Erzbischof des Landes um und wurden dafür ihrerseits hingerichtet.

Mit der Unabhängigkeit des ehemals französischen „Territoriums der Afars und Issas" (Dschibuti) verlor Afrika die letzte Kolonie – und gewann einen neuen gefährlichen Krisenherd dazu. „Wegen unüberbrückbarer Stammesgegensätze" zwischen den feindlichen Volksgruppen der Afars und der Issas trat Ministerpräsident Ahemd Dini Ahmed Mitte Dezember zurück, knapp ein halbes Jahr nach Republikgründung. Der Ausbruch offener Feindseligkeiten in Dschibuti, das sowohl vom Nachbarland Äthiopien wie vom Nachbarland Somalia als Einflußgebiet beansprucht wird, ist nur noch eine Frage der Zeit.

In Namibia, der ehemaligen deutschen Kolonie Südwestafrika, kommen die Verhandlungen zwischen der weißen Minderheit und den elf verschiedenen schwarzen Stämmen, die nach der Unabhängigkeitserklärung 1978 zusammen eine neue Regierung stellen sollen, nicht vom Fleck. Der Guerillakrieg in Rhodesien nimmt an Grausamkeit und Intensität zu, und in Südafrika igeln sich die Weißen bis an die Zähne bewaffnet in ihrer Apartheid-Festung ein. Nicht zu reden von den „vergessenen" Buschkriegen, die in der Westsahara, im Tschad, in Angola und der angolanischen Enklave Cabinda toben.

Schuld an der afrikanischen Misere ist vor allem das koloniale Erbe: Europas Kolonialmächte, die den schwarzen Kontinent mit seinen über 3000 verschiedenen Stämmen im Laufe des 19. Jahrhunderts unter sich aufteilten, steckten die Grenzen der „Besitzungen" nach kommerziellen und militärischen Gesichtspunkten ab. Rücksichten auf Volks- und Stammeszugehörigkeiten nahmen sie nicht. So kommt es, daß es heute in ganz Afrika kein einziges Land gibt, in dem Volk und Staat eine Einheit bilden. Viele Stämme leben über zwei, drei Staaten verstreut.

Gebietsansprüche und Stammesrivalitäten – in Zaire beispielsweise leben 250 verschiedene Stämme, im Ministaat Guinea-Bissau immerhin noch 28 verschiedene – führen zu immer neuen Konflikten und begünstigen die Entstehung von Diktaturen. Diktatoren regieren heute in über 40 der insgesamt 49 unabhängigen Staaten Afrikas*) – mal allein, mal mit Hilfe von Einheitsparteien oder Militärjuntas. Machthaber wie Sekou Touré in Guinea, Macias Nguema in Äquatorial-Guinea, Mobutu in Zaire, Bokassa in Zentralafrika und vor allem Idi Amin in Uganda haben traurigen Weltruhm erlangt. Die Massen-Schlächtereien, die Idi Amins berüchtigte Geheimpolizei unter der Bevölkerung anrichtete, sind notorisch.

Daß in Afrika nichts mehr unmöglich ist, machte ein schwarzer Staatschef deutlich, der sich nach eigenen Worten zu „den engsten Freunden des Westens" zählt: Jean-Bedel Bokassa aus Zentralafrika. Der 57jährige Ex-Unteroffizier der französischen Kolonialarmee ließ sich am 4. Dezember in seiner Hauptstadt Bangui zum „Kaiser Bokassa I." krönen. Das Meer von Champagner, an dem sich die Gäste labten, war noch das billigste: der goldene Adlerthron und die Diamanten-Krone kosteten über sechs Millionen Mark. Die 50 Millionen Mark für das pompöse Spektakel zahlte Bokassa I. aus der französischen Entwicklungshilfe-Kasse – und Paris lächelte dazu. Der Rest von Europa, zähneknirschend, auch. Denn Europa hat im Hinblick auf Afrika Angst und einen unübersehbaren Schuldkomplex: den Schuldkomplex wegen der kolonialen Sünden und die Angst vor Afrikas neuen „Freunden", die diesen Schuldkomplex ausnützen – den Sowjets und ihren Alliierten aus Kuba und der DDR. Schon heute haben sich die Sowjets dank Waffen- und Finanzhilfe Einfluß und Mitspracherecht in 21 afrikanischen Staaten gesichert. Der Westen hat Skrupel, Waffen in das Krisengebiet zu liefern. Ihm bleibt in der Regel nur die Finanzspritze – und die bittere Einsicht, noch manchen Popanz und noch manche Kröte schlukken zu müssen, um weiter in Afrika präsent zu sein.

*) Ohne Berücksichtigung der drei „weißen Staaten" Rhodesien, Südafrika und Namibia.

Afrika hat wieder einen Kaiser: In einem vergoldeten Adlerthron nimmt Bokassa I., Kaiser von Zentralafrika, am 4. Dezember Platz. Wie sein Vorbild Napoleon hat sich der 57jährige Ex-Unteroffizier der französischen Kolonialarmee selber gekrönt – der Papst hatte dankend abgelehnt.

Untergrundkämpfer der arabischen Befreiungsfront „Frente Polisario" warten im Schutz einer Sanddüne in der Westsahara auf den Angriff. Die 5 000 Mann starke „Polisario"-Armee kämpft um ihren eigenen Staat, die ehemalige spanische Kolonie „Sahara". Sie kämpft gegen Marokko und Mauretanien, die dieses Territorium – mit Unterstützung von Madrid und Paris – wegen seiner reichen Mineral-Vorkommen illegal annektiert haben. Die Polisario, die mit blitzschnellen Überfällen Bahnlinien und Bergwerke lahmlegt und einige Franzosen als Geiseln nahm, wird von Algerien unterstützt. Frankreich schickte Truppen ins Krisengebiet. In Nordafrika droht ein neuer Flächenbrand.

Hochglänzende Rundtürme mit 72 Stockwerken im Renaissance-Center in Detroit. In einem der Türme ist ein 1400-Zimmer-Hotel untergebracht. Architekt: John Portmann.

Ein gläserner Berg aus Säulen, Kuben und Stufen: das Hyatt-Regency-Hotel in Dallas, Texas. Tagsüber leuchtet das 1000-Zimmer-Hotel stahlblau. Architekt: Welton Beckett.

Das Auge soll getäuscht werden

Mit schillernden Bauten aus Spiegelglas poliert Amerika die Tristesse seiner Großstädte auf. Wie in der Trompe d'œil-Architektur des Barock, die mit optischen Vorspiegelungen arbeitete, soll das Auge getäuscht werden. Der Betrachter sieht Gebäude, Wolken, Natur, sieht sich selber reflektiert in der Fassade, auf die er zugeht. Und wie in barokken Spiegelkabinetten multiplizieren sich viele Details der Architektur ins Unendliche. Selbst der höchste Wolkenkratzer ist keine statische Masse mehr. Die Gebäude wirken spielerisch leicht. Sie verändern morgens, mittags, abends ihre Farbe, sie reagieren auf Wetter- und Lichteinfall. Amerikas Architekten kombinieren Tetraeder, Oktaeder, Zylinder und Paramiden. Die Grundrisse sind Dreiecke, Trapezoide, Kreise und Ellipsen, gerade Linien werden immer wieder unterbrochen, abgeknickt, gewinkelt, in Kurvenbahnen gezogen.

Die architektonische Sensation des Jahres 1977 war das „Centre National d'Art et de Culture Georges Pompidou" – kurz „Beaubourg" genannt nach dem Platz, auf dem es steht. Das Riesending – 42 Meter hoch, 60 Meter breit, 166 Meter lang – hat Unbehagen und Begeisterung, Spott und Staunen ausgelöst. 500 Millionen Mark hat das „unmögliche Museum" gekostet. Auf fünf Stockwerksebenen birgt es eine Ausstellungsfläche von 103 000 Quadratmetern. 15 000 Quadratmeter sind für moderne Kunst reserviert. Darüber hinaus bietet der kulturelle Supermarkt Kino und Theatersäle, Konferenzräume, Kindergärten und Restaurants. Die Franzosen wollen mit der kulturellen Materialschlacht für Paris wieder den an New York und London verlorenen Titel „Kunsthauptstadt der Welt" zurückerobern.

S-DC

51 Motorjournalisten aus ganz Europa wählten den Porsche 928 zum Auto des Jahres – trotz seines stolzen Preises von 58 000 Mark. Zwei andere deutsche Autos kamen auf die nächsten Plätze: der BMW 728 und der Ford Granada. Unisono lobte die Jury den technischen Fortschritt an Porsches neuem Luxuscoupé. Es hat eine Hecktür und einen verwandelbaren Laderaum. Der 4,5 l-Aluminium-Motor liegt vorn, das Fünfgang-Getriebe an der Hinterachse. Das stattliche Wagengewicht ist dadurch genau zu 50 Prozent auf die beiden Achsen verteilt – Voraussetzung für die einzigartigen Fahreigenschaften des 928. Der Fahrer ist von Luxus umgeben: Er kann das Lenkrad mitsamt den Instrumenten verstellen und die Türen zentral verriegeln. Ein Warnsystem zeigt ihm jede Störung an. Er kann die Pedale auf seine Schuhgröße einstellen lassen und die Leuchtweite der Klappscheinwerfer regulieren. Auf langen Strecken kann er den Fuß vom Gas nehmen und den Tempostat einschalten.

„Wir haben keine Arbeit, aber ein Automuseum"

Das Jahr 1977 begann in der französischen Gemeinde Malmerspach im Elsass mit einem Arbeiteraufstand. Zu Hunderten zogen Weber, Spinner und Angestellte vor die Villa ihrer Arbeitgeber, der Fabrikantenbrüder Hans, 75, und Fritz Schlumpf, 71. Mit sich trugen sie Transparente mit Sprüchen wie diesen: „Wir haben keine Arbeit, aber ein Automuseum." Doch die beiden „Schlümpfe" ließen sich hinter geschlossenen Fensterläden nicht sprechen. Polizei geleitete sie später aus der tagelang belagerten Villa. In der Schweiz fanden sie Zuflucht. Ein Sanierungsplan soll wenigstens einen Teil der 2000 Arbeitsplätze in den Wollspinnereien retten.
Die beiden Schlumpf-Brüder waren einer seltenen Leidenschaft erlegen: Sie hatten jahrzehntelang fast ihr ganzes Vermögen in die größte Bugatti-Sammlung der Welt gesteckt. Sie kauften die prachtvollen Stücke nicht nur für viel Geld auf, sondern warfen auch Unsummen für die fachmännische Restaurierung der blechernen Kostbarkeiten aus. Am Ende standen in stillgelegten Fabrikhallen 580 Exemplare von unschätzbarem Wert, ständig bewacht und von der Öffentlichkeit völlig abgeschlossen. Nur wenige ausgesuchte Freunde

Die alten Bugattis waren höchst unsichere Kisten. Heute ist die Schönheit eines Autos zweitrangig. Zu allererst soll es sparsam und sicher sein. Knautschzonen allein genügen nicht mehr zum Schutz der Insassen. Beim Audi 100 zum Beispiel sind auch die Längsträger des Fahrwerks aus verformbarem Stahl. Bei einem Crash falten sie sich zusammen und absorbieren so Stoßenergie.

In stillgelegten Fabrikhallen im elsässischen Malmerspach verbargen die Gebrüder Schlumpf die größte Bugatti-Sammlung der Welt. Über 580 Oldtimer hatten die Liebhaber im Laufe von Jahrzehnten zusammengekauft – bis ihre Wollspinnereien von diesem teuren Hobby ruiniert waren.

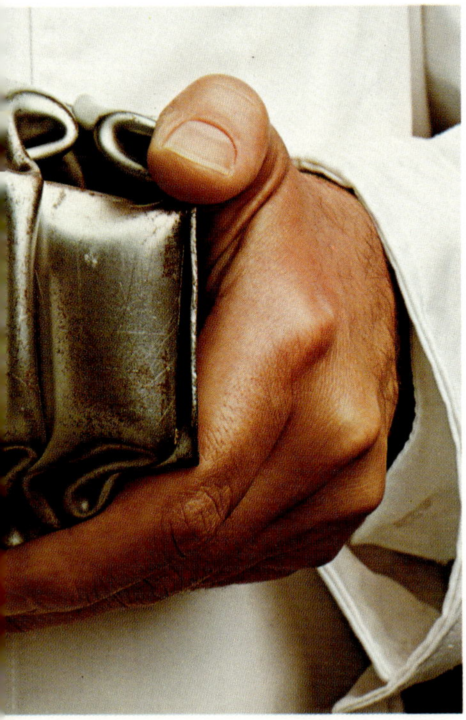

des Hauses hatten den Auto-Schatz besichtigen dürfen.
Prunkstücke waren drei Bugatti „La Royale", jeder seinerzeit um die 100 000 Goldmark wert. Insgesamt hatte Bugatti überhaupt nur sieben dieser Luxuskutschen gebaut. Die legendären Bugatti-Rennwagen vom Typ 35 kauften die Schlumpf-Brüder gleich in großer Zahl auf. Nebenbei sammelten sie auch andere berühmte Marken. Als die Behörden das Auto-Museum öffneten, um einen Überblick zu bekommen, in welchem Maße die Museumswerte zu einer Sanierung der Fabrik herangezogen werden könnten, stießen sie auf Autos aus aller Herren Ländern: Rolls Royce, Mercedes, Alfa, Bentley, Peugeot, Talbots und de Dion-Boutons.
Pläne, das Automuseum in einer französischen Stadt der Öffentlichkeit zugänglich zu machen, waren bisher aus Kostengründen nicht zu verwirklichen.

Für Alan Steward war es beruflicher Alltag. Er fuhr mit hoher Geschwindigkeit über eine Rampe hinaus ins Leere, der Wagen plumpste auf ein federndes Drahtnetz und wurde beim Hochschleudern dorthin katapultiert, wo er landen sollte: Mitten in einen Doppeldecker-Bus. Alan hatte seine Schuldigkeit getan. Als Double für einen Darsteller im Hongkong-Spionagefilm „Foxbat".

Autos auf Abwegen

In Providence/ Rhode Island, fand der Fahrer des Wagens der städtischen Straßenreinigung eine echte Parklücke. Er war dem Rat an der Wand des Parkhauses gefolgt: „Parke hier, meide den Verkehr".

Rückwärtsgang,
Vollgas, frische Luft.
Tatort: Ein Parkhaus in Tokio.

Fünf Jahre hatte der Südtiroler Reinhold Messner sich auf die schwierigste Wand der Welt, die Südwand des 8167 Meter hohen Dhaulagiri in Nepal, vorbereitet. Aber die Expedition des wohl derzeit besten Bergsteigers scheiterte. Es gibt immer noch das „Unmögliche" auf diesem Planeten.

Hoch woll'n sie leben...

Seit Ikarus auf seinem Flug zur Sonne die Flügel verbrannte, ist er geblieben, jener unerklärliche Drang nach Höherem. Indes: der Abenteurer-Jahrgang '77 hielt am Überschaubaren fest und blieb auf dem Boden. Was bleibt denn auch, seit der Mond bezwungen ist und Drachenflieger durch die Lüfte schweben? Der Zweikampf mit der Wand! Die steinalte Herausforderung, der Erde auf's Dach zu steigen. In der einsamen Auseinandersetzung mit Gletschern, Granit und – neuerdings Beton – der Erde als Sieger den Fuß ins Genick zu setzen. So kam die Wand 1977 wieder in Mode. Höhenrausch wurde Breitensport, und sogar die einst so rebellischen Studenten von Berkeley (Kalifornien) entschieden sich für diesen Weg nach oben.

Universität Berkeley: Ein Student prüft sich selbst. „Builderers" heißen jene Amateur-Artisten, die sich einen Spaß daraus machen, die Wände hoch zu gehen. Dabei schrecken die Aufsteiger selbst vor Wolkenkratzerfassaden nicht zurück.

Nicht selten endet die Gratwanderung unerfahrener Freizeit-Bergsteiger mit Rettungseinsätzen. 1977 mußten mehr Kraxler aus den Bergen geklaubt werden als je zuvor. Für mehr als 500 kam in den Alpen jede Hilfe zu spät. Allein an die 100 Alpinisten fanden rund um den Königssee den Tod.

Gewinner und Verlierer

Auch 1977 gab es Leute, die viel Geld gemacht oder auch verloren haben. Wie und warum, das soll hier gezeigt werden. Einige Beispiele sind nicht ganz so ernst gemeint, aber alle zeigen, was Leute mit Glück, Verstand und mit der nötigen Chuzpe 1977 für sich herausschlagen konnten.

Währungen

Gewinner:
Der japanische *Yen,* der gegenüber der DM um 8,3 Prozent an Wert gewinnt (0,1 Prozent mehr als der Schweizer Franken).

Verlierer:
Der portugiesische *Escudo,* der gegenüber der DM um 41,2 Prozent abgewertet wird, 29 Prozent mehr als der amerikanische Dollar (12,2 Prozent).

Hobby-Markt

Gewinner:
CB-Geräte (CB = Citizen's Band) für den Jedermann-Funk, von denen 1976 erst 400 000, 1977 bereits 800 000 Geräte an Laienfunker verkauft werden (die meisten sind japanischer und koreanischer Herkunft).

Verlierer:
Taschenrechner, von denen 1976 8,1 Millionen abgesetzt wurden, 1977 aber nur noch 6 Millionen.

Stahlkocher

Gewinner:
Hermann Röchling, Oberhaupt der Familie Röchling, die an der Saar die Röchlingschen Stahlwerke besitzt. Die Röchlings werden mit der Stahlkrise nicht fertig; doch der luxemburgische Stahlkonzern Arbed erklärt sich bereit, ihnen die veralteten Anlagen abzukaufen.

Verlier:
Günter Henle, Oberhaupt der Familie Henle, die den Duisburger Stahlkonzern Klöckner beherrscht. Die Klöckner-Schulden belaufen sich Mitte 1977 auf 1 Milliarde Mark; um zu Geld zu kommen, verkauft der Konzern sogar seine Werkswohnungen.

Erben

Gewinner:
Jackie Onassis, die von ihrer Stieftochter Christina 26 Millionen Dollar erhält, unter der Bedingung allerdings, daß sie künftig keine Ansprüche mehr an das Onassis-Vermögen stellt.

Verlierer:
Die Erben Howard Hughes, der bis zu seinem Tod für einen der drei reichsten Männer Amerikas gehalten wurde. Der Besitz, einst auf 2,5 Milliarden Dollar geschätzt, ist in Wirklichkeit nur 167 Millionen Dollar wert. Wenn es den US-Staaten California und Texas gelingt, Hughes als in ihrem Staat ansässig zu erklären, werden die Steuern das gesamte Vermögen auffressen.

Bankkunden

Gewinner:
Hausbauer, denn die Hypotheken werden ständig billiger. Anfang 1976 mußten sie noch mit 8,25% verzinst werden, Ende 1977 kosten sie nur noch 6%, so wenig wie zuletzt 10 Jahre zuvor.

Verlierer:
Sparer, die Ende 1977 für Guthaben mit gesetzlicher Kündigungsfrist häufig nur noch 2,5% Zinsen bekommen. So niedrig waren Sparzinsen seit 1950 nicht mehr.

Münzen

Gewinner:
Goldmünzen des Deutschen Kaiserreichs, besonders der Staaten Bayern und Baden.

Verlierer:
Olympia-Münzen, sowohl deutsche als auch kanadische. Grund: Es sind zu viele von ihnen auf dem Markt.

Flugtechnik

Gewinner:
Der Amerikaner *Paul MacCready,* der den Gossamer Spider – das erste mit Muskelkraft getriebene Flugmobil – konstruiert und dafür den mit 200 000 Mark dotierten Kremer Preis der Britisch Aeronautical Society erhält.

Verlierer:
1200 Mitarbeiter des deutsch-holländischen Flugzeugkonzerns VFW-Fokker, die arbeitslos werden, weil das in zehn Jahren mit einer Milliarde DM entwickelte „erste deutsche Düsenverkehrsflugzeug" VFW 614 unverkäuflich ist.

Fische

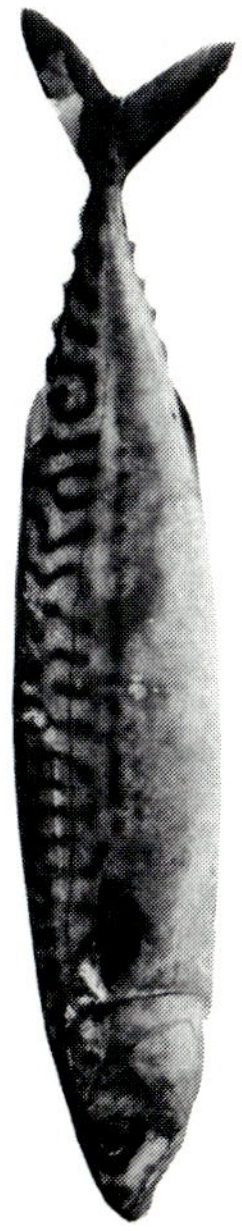

Gewinner:
Die *Makrele,* für die Feinkostwerke mehr und mehr Spezialitäten entwickeln, weil dieser Fisch noch in großen Mengen in den Weltmeeren vorhanden ist.

Verlierer:
Der *Hering,* der rar und teuer geworden ist. Mitte 1975 kostete das Kilo auf Auktionen knapp 80 Pfennig, Mitte 1977 zwei Mark. Selbst die Preise für den früher im Überfluß vorhandenen kanadischen Hering stiegen 1977 von 1,80 auf 3,20 Mark.

Kaffeehandel

Gewinner:
Hildegard Knef, deren Buch „Der geschenkte Gaul" in deutschen Buchhandlungen und Buchklubs über 2 000 000 mal verkauft wurde, kann noch einmal 200 000 Exemplare in den Eduscho-Filialen, wenn auch zum Billig-Preis von 7,95 DM, losschlagen.

Verlierer:
Der Kaffeeröster *Jacobs,* der Anfang August eine erst Mitte Juli verkündete Preiserhöhung von 2,40 DM pro Kilo wieder zurücknehmen muß, weil die Käufer streiken. Vorher hatte Jacobs zwischen Januar und Juli das Kilo Kaffeebohnen im Sortenschnitt um 20 bis 40 Prozent verteuert.

Gold

Gewinner:
Die brasilianische Minengesellschaft *Companhia Vale do Riò Doce,* die den größten je in Brasilien gemachten Goldfund meldet. Das Goldlager umfaßt wahrscheinlich 19 000 Tonnen und würde gegenwärtig 90 Milliarden Dollar bringen. Das entspricht der gesamten in den letzten 30 Jahren in Südafrika geförderten Goldmenge.

Verlierer:
Private Investoren, die in Victorio Peak, White Sands, New Mexiko, nach einem laut Legende hier vergrabenen Goldschatz von mehreren Millionen Dollar graben. Sie verlieren aber nur die 85 000 Dollar Investitionskapital, mit dem sie die Expedition der Expeditions Unlimited aus Pompano Beach, Florida, finanzieren.

Sport

Gewinner:
Franz Beckenbauer, Bayern-Kapitän und Spielführer der Nationalelf, der mit einem Drei-Jahresvertrag für sieben Millionen Mark zu Cosmos, New York geht.

Verlierer:
Wilfried Schulz, Hamburger Berufsboxveranstalter und Nachtklubbesitzer, der wegen des Verdachts auf Steuerhinterziehung 2,9 Millionen Mark Kaution stellen muß.

Dollar-Verfall

Gewinner:
Deutschlands 20 Millionen Autofahrer. Die von den Ölstaaten geforderten Preiserhöhungen (Öl wird auf Dollarbasis gehandelt) werden durch die Abwertung des Dollars mehr als kompensiert, so daß Benzin Ende 1977 um 4,2 Prozent billiger ist als Ende 1976.

Verlierer:
Deutschlands Exporteure, deren Waren gegenüber dem Dollar um 12,2 Prozent teurer werden.

Auktionen

Gewinner:
Das *Porträt eines Sammlers"* von Il Parmigianino, das auf einer Auktion bei Christie's in London für 2,6 Millionen Mark den Besitzer wechselt.

Verlierer:
Orientalische Elfenbeinfiguren, die auf New Yorker Auktionen nur halb soviel bringen wie in den Katalogen ausgezeichnet.

Werbung

Gewinner:
Rosi Mittermaier, die mit ihrer Werbekampagne für Fritzmeier Ski 500 000 Mark verdient und der Firma ein Umsatz-Plus von 30 Prozent bringt.

Verlierer:
Elke Sommer, die mit einem fränkischen Unternehmer eine neue Kosmetik-Serie aus der Taufe heben will und ihm eine Bürgschaft über 100 000 Mark gibt. Doch der Unternehmer geht pleite und Elke Sommer verliert 75 000 Mark (25 000 Mark übernimmt die Bank).

Auslandsbau

Gewinner:
Die Essener *Firma Hochtief,* die für 4 Milliarden Mark den saudi-arabischen Großflughafen Dschidda International baut.

Verlierer:
Die *Bremer Treuhand,* die beim Bau von 5 050 Wohnungen in Algerien 360 Millionen Mark verliert und in Konkurs geht.

Aktien

Gewinner:
Dresdner Bank Restquoten, deren Wert 1977 um 1800% ansteigt.

Verlierer:
Aktien der im Staatsbesitz befindlichen *Preussag,* die 1977 um 14 Prozent nachgeben.

Tabak

Gewinner:
Schnupftabak, dessen Anhänger, mit Bundeskanzler Helmut Schmidt als Vorbild, wieder zahlreicher werden. 1977 schütten sich 700 000 Bundesbürger 250 000 Kilogramm auf die Hand.

Verlierer:
Zigaretten auf Zellulosebasis, in die britische Tabakfirmen 230 Millionen Mark investierten. Die Zigaretten, obwohl weniger schädlich als normale Zigaretten, finden keine Liebhaber.

Nordseeöl

Gewinner:
Der Texaner *Paul „Red" Adair,* der in der Nordsee eine Öl- und Gasfontäne stoppt und für seine Firma 16 Millionen Mark kassiert (2 Millionen pro Tag). Er selbst ist nur 2 Tage vor Ort.

Verlierer:
Englands und Norwegens *Ölplattform-Bauer,* die auf einen Dauerboom gesetzt hatten und keinen Auftrag mehr erhalten. In Schottland schlägt die Regierung vor, zwei mit 100 Millionen Mark Subventionen gebaute Spezialwerften, die noch nie einen Auftrag erhalten haben, zu verschrotten.

Karrieren

Gewinner:
Hans Friderichs, von 1973–77 Wirtschaftsminister, wird Chef der Dresdner Bank und erhöht damit sein Einkommen von 300 000 auf 800 000 Mark.

Verlierer:
Ludwig Poullain, von 1969 bis 1977 Chef der Westdeutschen Landesbank, strauchelt über einen Beratervertrag, der ihm 1 Million Mark einbrachte. Obwohl kurz vor seinem Rücktritt sein Jahresgehalt von 350 000 auf 420 000 DM erhöht wurde, erhält er jetzt nur noch 250 000 Mark Pension im Jahr.

Preise

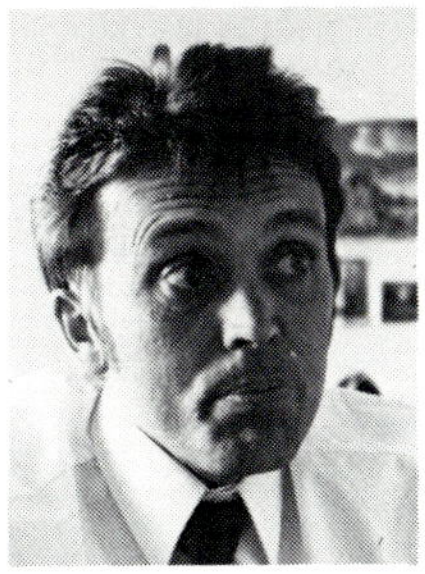

Gewinner:
Reiner Kunze, erst seit kurzem in der Bundesrepublik ansässig, erhält den mit 20 000 Mark dotierten Georg-Büchner-Preis.

Verlierer:
Herbert Achternbusch, Träger des von Hubert Burda gestifteten Petrarca-Preises, verbrennt den Scheck mit dem Preisgeld (20 000 Mark) bei den Übergabe-Feierlichkeiten.

Autos

Gewinner:
Der vom Volkswagenwerk produzierte *Golf,* von dem 215 000 Fahrzeuge verkauft werden.

Verlierer:
Der Kleinwagen *ASW-Shopper,* von dem die Firma ASW Berlin drei Fahrzeuge absetzt.

Kraftwerksbau

Gewinner:
Die (mal auf 3 000, mal auf 50 000 geschätzten) *Bürgerinitiativen,* die durch Proteste und Anrufung von Gerichten 16 Milliarden DM an Investitionen blockieren, genausoviel wie die Bundesregierung im Frühjahr 1977 für die Ankurbelung der Konjunktur mobilisierte.

Verlierer:
Bundeskanzler Helmut Schmidt und sein Wirtschaftsminister, die wegen blockierter Investitionen 201 500 Arbeitsplätze nicht besetzen können (1977 sind im Schnitt 1 Million Menschen ohne Arbeit).

Monarchen

Gewinner:
Königin Elisabeth II von England, die zu ihrem Silberjubiläum einen Rolls Royce für 250 000 Mark, eine Nachbildung ihres Bettes aus purem Gold, eine mittelalterliche Bibel vom Papst und eine Gehaltserhöhung von 1 Million Mark pro Jahr (auf insgesamt sieben Millionen) erhält.

Verlierer:
König Hussein von Jordanien, ebenfalls 25 Jahre auf dem Thron, dem der amerikanische CIA die jährlichen Zahlungen von 750 000 Dollar streicht.

„Zerschlagt ihre Hundeköpfe! Siedet sie in heißem Öl!" Mit solchen Parolen auf Wandzeitungen und Plakaten ging die Parteiführung gegen die „Viererbande" um Maos Witwe vor.

Maos Erben steuern neuen Kurs

Mao ist tot – Es lebe Mao!" Mit dieser Maxime ging der neue Parteichef Hua Kuo-feng daran, den Nachlaß des „Großen Vorsitzenden" zu verwalten. Hua gab persönlich den fünften Band von Maos „Gesammelten Werken" heraus und unterstrich in allen öffentlichen Reden seine Verehrung für den „Steuermann". Doch die Lippenbekenntnisse zu Mao können nicht darüber hinwegtäuschen, daß die starken Männer des kommunistischen China 1977 eine Politik betrieben, die den Worten des großen alten Revolutionärs zuwiderlief: eine Ent-Maoisierung, ohne Maos Namen anzugreifen. Die Parteispitze machte rücksichtslos Jagd auf die revolutionären Linken, die sich mit der „Viererbande" um Maos Frau verbündet hatten. Hua schreckte selbst vor Todesurteilen nicht zurück, um seine Macht überall im Land zu konsolidieren. Auch in der Wirtschaftspolitik steuerte die Partei einen rein pragmatischen Kurs, der Maos Ideen von der permanenten Revolution verdrängte. Oberstes Ziel: so schnell wie möglich den Lebensstandard der Bevölkerung zu erhöhen. Selbst „erzkapitalistische" Leistungsanreize wie Prämien und Akkordlohn wurden zur Steigerung der Produktion eingeführt. Chinas kulturelles Leben wurde bunter. Einige westliche Autoren, die in der Volksrepublik lange verpönt waren, dürfen jetzt wieder gelesen werden. Die vielleicht umfassendste Veränderung seit Maos Tod betrifft das Militär, das im Politbüro den stärksten Block stellt. Nachdem China jahrzehntelang auf seine Menschenmassen setzte, sollen jetzt moderne Waffen im Westen gekauft werden. Außenpolitischer Feind Nummer eins bleibt die Sowjetunion. Dafür sorgt Teng Hsiao-ping, der 1977 eine politische Wiedergeburt erlebt hat. Nachdem Teng schon zweimal aus der großen Politik verbannt wurde, stieg er wieder zum Parteivize auf und ist heute der starke Mann hinter Hua. Viele China-Beobachter meinen sogar, Teng sei der wirkliche Herrscher von Peking – Maos heimlicher Nachfolger.

Bilderfälschung à la Peking: Bei den Trauerfeierlichkeiten zu Maos Tod stand die Parteispitze noch einträchtig zusammen – Hua Kuo-feng neben Mao-Witwe Tschiang-Tsching, dem Parteichef von Shanghai, Tschang Tschun-chiao, dem jungen Parteivize Wang Hun-wen und dem Propagandaminister Jao Wen-juan. (Bild oben) Doch als die „Viererbande" um die Mao-Witwe bald nach den Feierlichkeiten die Macht an sich reißen wollte, dabei scheiterte und in Acht und Bann geriet, tilgten die starken Männer um Hua die „Unpersonen" von allen offiziellen Bildern.

Ein Sarg aus Kristall für den Mann, der China über ein Vierteljahrhundert beherrscht hat: Mao Tse-tung. Am 9. September 1977, dem ersten Jahrestag von Maos Tod, wurde in Peking das Mao-Mausoleum eingeweiht. Tausende Chinesen legten bunte Papierkränze zu Ehren des „großen Lehrers" an den Sarg. Auch Mao-Nachfolger Hua Kuo-feng verneigte sich dreimal vor dem toten Vorsitzenden, wünschte ihm „ewigen Ruhm" – und legte Maos Worte fortan nach seinem Gutdünken aus.

Protestaktion gegen das geplante Atomkraftwerk Brokdorf an der Elbe: 30 000, zum Teil mit Gasmasken, Enterhaken und Holzlatten ausgerüstete Demonstranten und auf der Gegenseite Hundertschaften der Polizei mit Wasserwerfern und Spürhunden – eine Mauer der Staatsgewalt – so dicht wie die in Berlin.

Die Angst der Bürger vorm Atom

Als im trüben und kalten Herbst 1976 die ersten paar tausend Demonstranten zum Atom-Bauplatz Brokdorf an der Elbe zogen, nahmen die Politiker den Protest auf die leichte Schulter. Die Atom-Energie war kein „Thema". Und mit den Demonstranten glaubte man fertig werden zu können: mit Gummiknüppeln, Wasserwerfern und Tränengas. Doch was früher immer geholfen hatte, war plötzlich nichts mehr wert. Selbst die pauschale Verdächtigung „Kommunisten" – die doch sonst so wirkungsvoll vor inhaltlichen Auseinandersetzungen geschützt hatte – zählte nicht. Das Gegenteil war der Fall: Die Prügel von Brokdorf klopften im Bewußtsein der Bevölkerung einen Nerv wach, der irgendwie verklemmt zu sein schien. Immer mehr Bürger entdeckten ihr Unbehagen am zügellosen Ausbau der Atom-Energie. Und immer mehr Bürger verspürten am eigenen Leib, wie die Staatsmacht zuschlägt, wenn ihr ganz offensichtlich die Argumente fehlen. Denn ernsthaft diskutiert hatten das Atom-Problem weder die Politiker noch ihre Parteien.

Jahrelang hatten sie es geschickt verstanden, die explosive Kernfrage auf Sparflamme zu kochen. Die wenigen Fachleute im Bundestag mühten sich redlich, die Gefahren und Probleme zu diskutieren – Aufmerksamkeit war ihnen nicht beschieden. Die Debatten fanden stets vor leerem Haus statt. In allen Parteien wurde über alles mögliche ge-

Viele Kilometer lang war der Zug von Demonstranten, der im Februar 1977 von Itzehoe durch die Elbmarsch in die Nähe des Bauplatzes Brokdorf zog. Wenige Wochen später, im März 1977, lieferten sich in Grohnde an der Weser Demonstranten und Polizisten die bis dahin blutigste Schlacht im Kampf gegen Atomkraftwerke.

stritten – über die Atomenergie nicht. Erst die geballte Bürgerwut von Brokdorf und Wyhl, Gorleben und Grohnde rüttelte die Parteien wach. Nun rächte sich die jahrelange Denkpause in Sachen Kernenergie. Vor allem in den Regierungsparteien herrschte Kern-Konfusion bis Kern-Spaltung, denn die Anti-Atom-Bewegung, die in wenigen Monaten von einem braven Häufchen engagierter Naturfreunde zu einer Massenbewegung mit handfesten politischen Forderungen angewachsen war, hatte ihre Anhänger auch in SPD und F.D.P. Spurenelemente des Protestes reichten gar bis in die Bundestagsfraktion der CDU, wo sich der Abgeordnete Herbert Gruhl einsam für einen radikalen Atom-Baustopp stark machte.

Soviel Wirrwarr hatte seine Gründe: 16 Jahre lang wurden in der Bundesrepublik Atomreaktoren in die Landschaft gesetzt – aber das wichtigste Problem war (und ist) nicht gelöst: Wohin mit dem Müll? Ohne die Folgen zu kennen oder auch nur abschätzen zu können, wurde gebaut, was machbar war. Und machbar waren zwar die Reaktoren – aber eben noch keine Wiederaufarbeitungsanlage, die im großen Maßstab die abgebrannten Brennelemente hätte zerkleinern, in die einzelnen Bestandteile zerlegen und wiederaufarbeiten müssen. Als Standort für diese Atommüll-Deponie und Wiederaufarbeitungsanlage hatten die Fachleute das Bundesland Niedersachsen ausgewählt, weil die mächtigen Salzstöcke im Westen und Osten des Landes am ehesten dazu geeignet scheinen, den jahrtausendelang glühenden und radioaktiv strahlenden Abfall sicher aufzubewahren. Die geographische Wahl der Experten verlagerte den Atom-Streit endgültig in den politisch-taktischen Raum. Denn in Niedersachsen amtierte seit kurzer Zeit der Christdemokrat Ernst Albrecht, der seine mächtige Herrschaft – die er so überraschend erlangt hatte – nicht durch unpopuläre Entscheidungen gefährden wollte. Auf der anderen Seite ist seine Partei, die CDU, bundes- und landesweit klar für die Kernenergie. Monatelang zögerte der Atomenergie-Befürworter Albrecht eine Entscheidung über den Standort für die mögliche Wiederaufarbeitungsanlage hinaus.

Ihm ging es vor allem um Zeitgewinn, weil er vermeiden wollte, daß eine so weitreichende Entscheidung seine Niedersachsen noch vor den anstehenden Landtagswahlen verunsichern könnte. Schließlich präsentierte er den Flecken Gorleben, dicht an der DDR-Grenze gelegen. Ein Standort, den die Bundesregierung nicht akzeptieren mochte, weil außenpolitischer Ärger mit der DDR zu befürchten war. Albrecht hatte erst einmal wieder Zeit gewonnen.

Die politische Macht und die Massen, die innerhalb von wenigen Monaten den Bürgerinitiativen zugeflossen waren, stellten nicht nur die Politiker vor ungeahnte Probleme. Kleine gewalttätige Gruppen versuchten immer wieder, die ganze Bürgerbewegung vor ihren Karren zu spannen. Die Politiker bauschten auch prompt die Aktionen einiger kommunistischer Splittergruppen hoch – aber die überwältigende Mehrzahl der organisierten Umweltschützer ließ sich in ihrer Arbeit nicht von den Chaoten beirren. Die Macht der Bürgerinitiativen wuchs an und wird heute zähneknirschend von den Parteien zur Kenntnis genommen. So haben die Bürgerinitiativen zum Beispiel einen vorläufigen Baustopp für das Atomkraftwerk Brokdorf erreicht, das die Regierung Stoltenberg in einer Nacht- und Nebelaktion zu bauen begonnen hatte.

Angesichts der miesen wirtschaftlichen Lage sind die Aussichten der Bürgerinitiativen jedoch gering, das politische Bewußtsein der Bundesbürger zu verändern. Denn mit dem Hinweis, Kernenergie sei notwendig, um neue Arbeitsplätze zu schaffen, macht eine übermächtige Koalition gemeinsam Stimmung: Regierung und Opposition, Unternehmer und Gewerkschaften. Noch geht das Gegenargument unter, daß nämlich mehr und billigere Energie bisher nur bestehende Arbeitsplätze wegrationalisieren half. Mit der anhaltenden Arbeitslosigkeit wird sich die Frage erneut stellen. Auch mit Atomstrom.

Deutsche Atomgegner fuhren auch nach Malville in Frankreich, um gegen den geplanten Bau eines „schnellen Brüters" zu protestieren. Die französische Polizei ging mit Granaten gegen die Demonstranten vor. Einem Polizisten explodierte die Granate in der Hand und riß sie bis zum Unterarm ab.

Überleben ist eine Platzfrage

Immer kleiner wird der Lebensraum der afrikanischen Elefanten, der Platz in den Reservaten reicht nicht mehr aus. Die riesigen Herden im Makaazi-Schutzgebiet von Tansania finden nicht genug Futter. Zehntausende verenden. Allein 20 000 fallen jedes Jahr in Kenia Großwildjägern und Elfenbeinwilderern zum Opfer. Bisher steht der graue Riese noch nicht auf der roten Liste der vom Aussterben bedrohten Tierarten. 1977 registrierte die internationale Tierschutzvereinigung (IUCN) 276 Säugetierarten, 180 Kriechtiere und 435 Vogel- und Fischarten, die kurz vor dem Ende ihrer Existenz stehen.

Ruanda, Zentralafrika: Ein Elefantenbulle bricht – von der Kugel eines Elfenbeinwilderers getroffen – zusammen. Für den Wilderer ein goldner Schuß, denn der Elfenbeinpreis hat sich in den letzten sechs Jahren verzehnfacht.

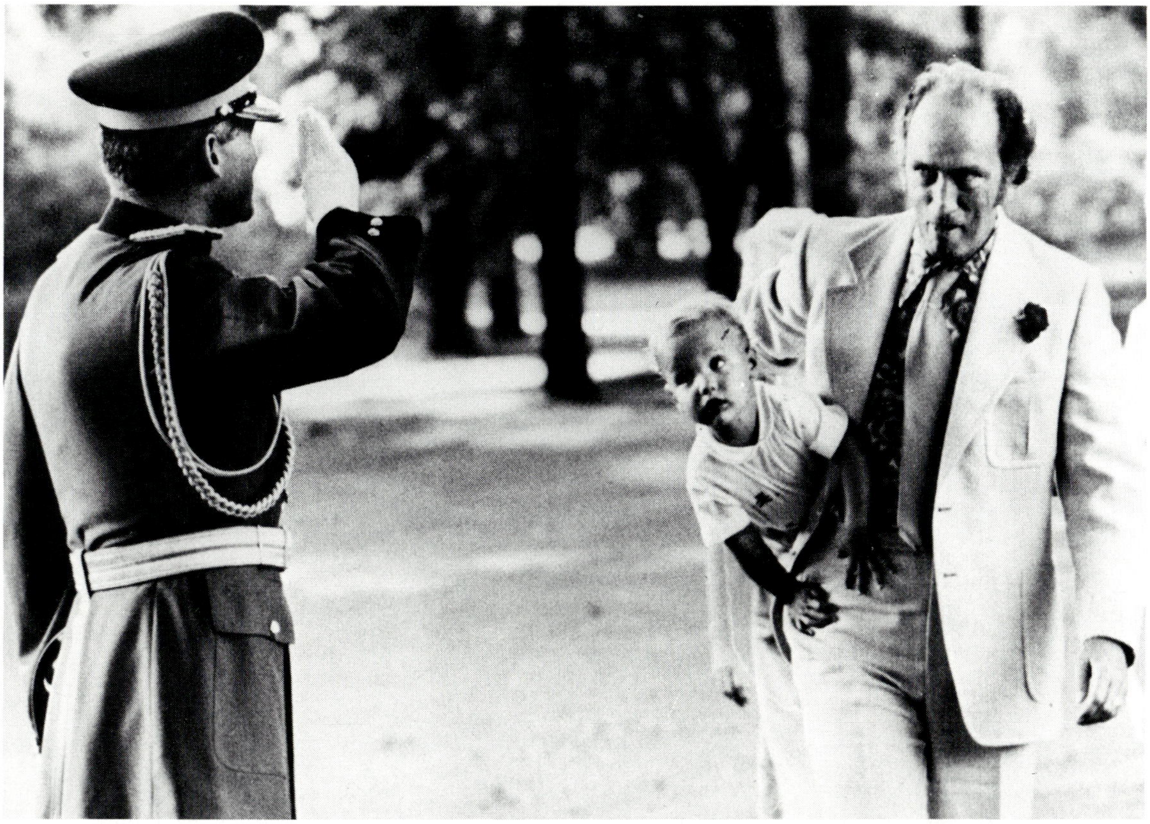

Mit der Zeitschrift „Emma", in der nur Frauen für Frauen schreiben (dürfen), hatte Alice Schwarzer 1977 einen durchschlagenden Erfolg: Bereits Ende des Jahres verkaufte sie, erst neun Monate nach der Erstlingsnummer, 150 000 Exemplare von jedem Heft. Die prominenteste deutsche Feministin („Der kleine Unterschied") hat damit nicht nur bewiesen, daß man auch ohne große Verlage ein Blatt machen kann, sondern auch mit sicherem Gespür eine Marktlücke entdeckt (nämlich die deutsche Frauenbewegung), die von den etablierten Frauenzeitschriften nicht ausgefüllt wurde. Eine ganz andere, wohl auch fröhlichere Art von Emanzipation brachte Margret Trudeau in die Schlagzeilen. Sie trennte sich, zunächst auf Probe, von ihrem Mann, weil sie mehr sein wollte als „eine Rose im Knopfloch" des kanadischen Ministerpräsidenten. Mit ihrer Freundin Yasmin Khan zeigte sie sich in New York strahlend über die neugewonnene Freiheit den Fotografen. Ihr Mann Pierre, mit Rose im Knopfloch, brachte inzwischen publikumswirksam den jüngsten Sohn mit zu einer Kabinettssitzung.

Der schwarze Saft ist bald verbrannt – Zukunft im Wind?

Das Jahr 1977 machte den irdischen Planeten um drei Milliarden Tonnen Öl ärmer. Diese Menge wurde in zwölf Monaten von der Weltbevölkerung verheizt, verfahren und zu chemischen Erzeugnissen verarbeitet. Damit konsumierte die Menschheit rund ein Dreißigstel aller ihr bisher bekannten Ölvorräte. Kurz nach der Jahrtausendwende, so schätzen deshalb die Öl-Multis selbst, wird der Menschheit der schwarze Saft ausgehen.

An dieser düsteren Bilanz ändern auch bescheidene neue Funde nichts. Das Öl unter der Nordsee etwa, das den Norwegern im Juni den ersten „Blow-out" im „Texas des Nordens" und damit die Gefahr einer Ölpest vor ihrer Haustür einbrachte, wird nach optimistischen Schätzungen alles in allem etwas über drei Milliarden Tonnen hergeben. Das mag zwar reichen, um Britanniens Wirtschaft zu sanieren. Aber das Öl-Zeitalter wird von dieser Menge nur um genau ein Jahr verlängert.

Eine ständige Bedrohung für die Meere und Küsten der ganzen Welt: Die Riesentanker, mit denen das Öl von den Quellen zu den Verbrauchern transportiert wird. Im Februar 77 schlug der liberianische Tanker „Hawaiian Patriot" bei Honululu leck und geriet in Brand. Eine von vielen Tanker-Katastrophen des Jahres. Als die havarierte „Hawaiian Patriot" Feuer fing, atmete man bei der amerikanischen „Coast Guard" erleichtert auf, weil durch den Brand die Inselgruppe um Hawaii von einer Ölpest verschont blieb. Doch das Abbrennen ist keineswegs eine Patentlösung: Normalerweise brennt höchstens die Hälfte des Rohöls ab, und zwar sind es stets die leichtflüchtigen Teile. Sind die verbrannt, so verlöscht das Feuer, weil das Meerwasser sehr viel Wärme ableitet und die verbleibende Wärme nicht ausreicht, um auch die schweren Bestandteile des Rohöls zu verbrennen. Deshalb und wegen der starken Umweltverschmutzung durch den Qualm sind die Behörden von diesem Verfahren, früher mit Hilfe von Brandsätzen häufig angewandt, wieder abgekommen. Heute wird immer erst versucht, das Öl von der Wasseroberfläche abzuschöpfen – sofern das möglich ist.

Ein Atomreaktor auf Dienstreise: Dieses Druckgefäß von 260 Tonnen Gewicht mußte 240 Kilometer über Land transportiert werden, um seinen Bestimmungsort, ein Kernkraftwerk bei Le Havre, zu erreichen.

Die dickwandigen Stahlbehälter, die das atomare Feuer und die großen dabei entstehenden Dampfdrücke sicher umschließen sollen, markieren heute die technische Grenze im Reaktorbau. Viel größer als die heutigen Standard-Kernkraftwerke (1 300 Megawatt) kann man sie nicht bauen, weil sonst die Druckgefäße nicht mehr zu transportieren sind.

Der Ruf nach neuen Energien, erstmals nach der Ölkrise in der breiten Öffentlichkeit vernommen, beherrschte das Jahr 1977. Doch die am weitesten entwickelte Alternativ-Technologie, die Spaltung des Uran-Atoms, spaltete 1977 zunächst einmal die Nation in zwei Lager, die „Atomgegner" und „Befürworter".

Da nützt es nichts, daß die Sprecher der großen Stromfabriken auf mittlerweile 21 Jahre unfallfreie Erfahrungen mit den ältesten Kernkraftwerken – etwa Calder Hall in England – hinweisen, auf insgesamt 1 600 Reaktorbetriebsjahre, auf eine Flotte von etwa 300 atomgetriebenen Kriegsschiffen, die die Zahl der an Land gebauten Reaktoren sogar noch übertreffen.

Die deutsche Anti-Atom-Front beharrt auf den „soft Energies", den „weichen Energien": Wind, Sonne und Erdwärme. Die meist jugendlichen Atomgegner träumen gar von utopischen Energiequellen wie Meereswellen, Grönland-Gletschern und Gezeiten-Kraftwerken. Wissenschaftler und Techniker haben errechnet, daß in diesem Lande allenfalls mit der Windenergie etwas anzufangen ist. Die Sonne strahlt zu schwach und unregelmäßig auf unsere Breiten nieder, als daß sich aus ihrer Wärme Elektrizität gewinnen ließe. Steile Meereswellen und genügend hohe Tiden (für Gezeiten-Kraftwerke) haben Deutschlands Küsten nicht zu bieten. Erdwärme ist nach amerikanischen Erfahrungen sehr problematisch – aus Umweltschutz-Gründen. Denn mit dem Heißwasser aus der Tiefe schwappen auch allerlei bedenkliche Beimengungen an die Oberfläche: Schwefel-, Arsen-, Fluor- und Bor-Verbindungen.

Allein der Wind kann Strom erzeugen, ohne der Umwelt zu schaden, ohne lästige „Abwärme" und ohne jegliche Gefahr. Windgeneratoren bis zu einem Megawatt (1 000 Kilowatt) sind bereits erprobt. Allein diese Zahl enthüllt allerdings auch einen gravierenden Nachteil der so gewonnenen Elektrizität: Um ein einziges Kernkraftwerk der heutigen Standardgröße zu ersetzen, wären mindestens 1 000 Windmühlen erforderlich – jede 100 Meter hoch und mit Flügeln von ähnlicher Größe. Ob das die Umweltschützer dulden werden?

1978 soll die Probe aufs Exempel Klarheit bringen. An einer windreichen Stelle der deutschen Nordseeküste will das Bundesforschungsministerium im Frühjahr „Growian" errichten – eine „große Windenergie-Anlage" zur Erprobung der neuen alten Technik.

Glückliches Island, das kostenlos und umweltfreundlich Wärme direkt aus der Erde bezieht. Die Bewohner haben sich darauf eingestellt. Sie heizen, kochen und waschen mit Natur-Dampf. Im Myvatu-Gebiet wird der Dampf in ein Kieselgur-Werk geleitet, wo er den Grundstoff für hochwertiges Isoliermaterial trocknet. Der überschüssige Dampf entweicht unter Getöse aus dem Leitungssystem.

Das größte Windkraftwerk der Welt steht bei Ulfborg an der Westküste Dänemarks. Es wurde im Frühwinter 1977 fertig und soll zwischen 500 Kilowatt und zwei Megawatt leisten – ausreichend für eine Kleinstadt von maximal 3 000 Einwohnern. Der Betonturm ist 54 Meter hoch, jeder Windflügel 27 Meter lang.

25 000 Tonnen liefen ins Meer, als im April 1977 die Dichtung einer Ölbohrung in der Nordsee versagte. Die Besatzung der Plattform „Bravo" im Bohrfeld Ekofisk kämpfte acht Tage lang mit dem Öl-Springbrunnen, bis sie schließlich, unterstützt von dem amerikanischen Ölunfall-Spezialisten „Red" Adair, die Bohrung verschließen konnte. Norwegen blieb vor einer Ölpest verschont.

Prototyp für ein Sonnenkraftwerk: Diese Versuchsanlage bei Genua besteht aus über 100 Hohlspiegeln, die den Sonnenschein auf einen Turm mit einem kleinen Dampfkessel konzentrieren. Mit dem entstehenden Dampf könnte man eine Turbine betreiben und Strom erzeugen. Kleine Dampfkraftwerke nach diesem Prinzip gibt es bereits. Sie eignen sich allerdings eher für südlich gelegene Entwicklungsländer als für Mitteleuropa, denn die Sonneneinstrahlung bei uns ist zu schwach und zu unregelmäßig. Hierzulande hat Sonnenwärme vorerst nur bei der Erwärmung von Heiz- und Brauchwasser Zukunft. Das Energiepotential ist allerdings imposant: Innerhalb einer Stunde strahlt die Sonne soviel Wärme auf die Erde, wie die Menschheit in einem ganzen Jahr verbraucht – und das ohne jede Beeinträchtigung der Umwelt, ohne „Abwärme", ohne Radioaktivität. Was allerdings viele vergessen: Ihrer Herkunft nach ist auch Sonnenwärme Kernenergie. Denn sie entsteht aus der Verschmelzung von Wasserstoff-Atomkernen zu Helium-Atomen – ein Prozeß, dessen Nachahmung der Menschheit bisher nicht gelungen ist, wenn man von der Wasserstoffbombe absieht.

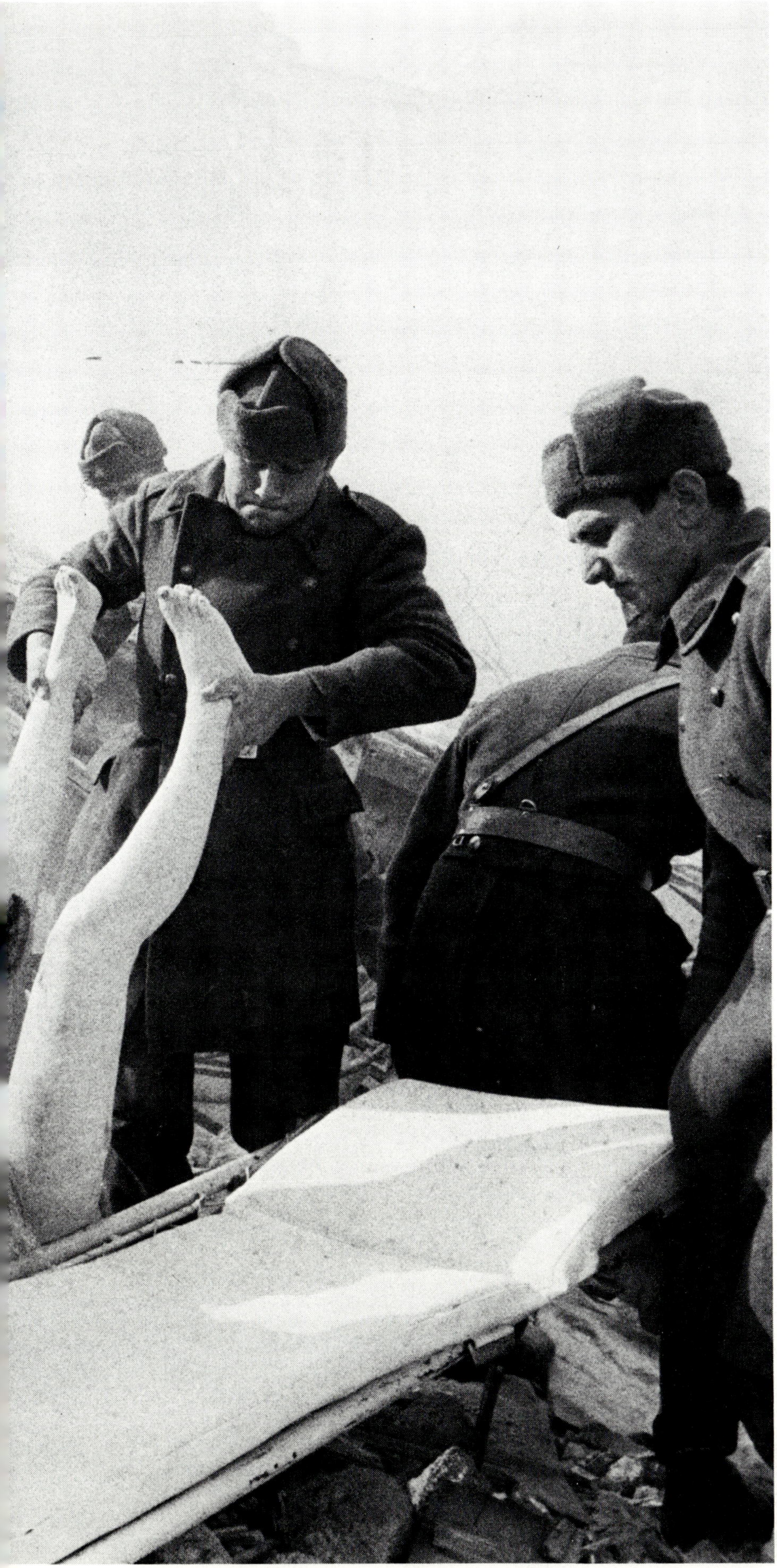

Mehr als 1500 Menschenleben forderte am 4. März ein Erdbeben in Rumänien. Das moderne Zentrum von Bukarest wurde schwer beschädigt. Jedes Jahr ereignen sich über 100 000 Erdbeben. Die meisten werden jedoch nur von Meßinstrumenten wahrgenommen.

Madrid, März 1977: In der spanischen Hauptstadt treffen sich die Chefs der kommunistischen Parteien Italiens, Spaniens und Frankreichs, Enrico Berlinguer, Santiago Carrillo und George Marchais, zu ihrer ersten gemeinsamen Konferenz. Sie verabschieden eine Erklärung, in der die Prinzipien des „Eurokommunismus" umrissen werden: Auch in einer sozialistischen Gesellschaft sollen die bürgerlichen Freiheiten „respektiert, garantiert und gefördert" werden. Es ist eine klare Absage an den Kommunismus sowjetischen Stils.

Drei Mann gegen Moskau

Das Schlagwort „Eurokommunismus" wurde 1977 zum heiß diskutierten Begriff in der politischen Arena. Es war einige Zeit zuvor von dem italienischen Journalisten Frane Barbieri geprägt worden. Er meinte damit eine westeuropäische Alternative zum Kommunismus sowjetischer Prägung, wie sie sich seit langem in der Kommunistischen Partei Italiens abzeichnete: Unabhängigkeit von Moskau und Bekenntnis zu den Freiheiten der bürgerlichen Demokratie. Viele Kommunisten in Westeuropa sahen in diesen beiden Voraussetzungen die einzige Chance, in ihren Ländern die Mehrheit der Wählerschaft zu gewinnen und damit an die Regierung zu kommen.
Mit den Italienern schwenkten die kommunistischen Parteien Frankreichs und Spaniens auf den Kurs des Eurokommunismus ein, wobei die Franzosen unter Führung von George Marchais am vorsichtigsten operierten, während der spanische KP-Generalsekretär Santiago Carrillo die Rolle der Vorhut übernahm.
Im Sommer 1976 kam es zur ersten offenen Konfrontation zwischen den Eurokommunisten und dem sowjetischen Lager. Auf der Konferenz der kommunistischen Parteien Europas in Ostberlin traten Marchais, Carrillo und der italienische KP-Führer Enrico Berlinguer für einen „demokratischen Kommunismus" ein.
„Der Sozialismus in Frankreich wird ein Sozialismus in den Farben Frankreichs sein", erklärte Marchais. Dieser Sozialismus umfasse „Meinungs- und Ausdrucksfreiheit, Schaffens- und Publikationsfreiheit, Versammlungsfreiheit, religiöse Freiheit, Streikrecht und Anerkennung allgemeiner Wahlen mit der darin eingeschlossenen Möglichkeit eines demokratischen Wechsels."
Ähnliches erklärte Enrico Berlinguer für die italienische KP. Am weitesten wagte sich Santiago Carrillo vor, Chef der damals noch illegalen spanischen KP. Seine Rede enthielt eine unmißverständliche Absage an die ideologische Führungsrolle Moskaus: „Wir Kommunisten wurden eine Art neue Kirche mit unseren Märtyrern und Propheten. Jahrelang war Moskau, wo unsere Träume begannen, Wirklichkeit zu werden, unser Rom. Wir sprachen von der Großen Sozialistischen Oktoberrevolution, als wäre sie unsere Weihnacht. Das war unsere Kinderzeit. Heute sind wir erwachsen."
Im März 1977 trafen sich die drei Parteiführer erstmals zu einer gemeinsamen Konferenz in Madrid. Zwar vermieden sie eine direkte Polemik gegen Moskau, doch in einer programmatischen Erklärung bekräftigten sie ihren Standpunkt: Auch eine sozialistische Gesellschaft müsse die bürgerlichen Freiheiten enthalten, einschließlich der „Bewegungsfreiheit im Inland und ins Ausland."
Gleichzeitig veröffentlichte Santiago Carrillo sein Buch „Eurokommunismus und Staat". Es enthielt die bis dahin schärfste Absage eines kommunistischen Parteiführers an das Sowjetsystem. „Lenins proletarischer Staat ist nirgendwo verwirklicht, am wenigsten in jenem Land, das sich uns noch immer als Modell präsentiert." Zwar seien dort einige Fortschritte erzielt worden, aber die „Ungleichheiten bestehen fort; es gibt ungelöste vitale Probleme wie die Versorgung der Bevölkerung, die Produktion, die Mitbestimmung. Es besteht die große ungelöste Frage der Demokratie, es bestehen gesellschaftliche Widersprüche und Konflikte, die von einer einseitigen Propaganda vertuscht, aber nicht erklärt werden."
Vor dem Hintergrund dieser Defekte attackiert Carrillo in seinem Buch den Hegemonialanspruch Moskaus. Er zählt das ganze Sündenregister auf: Vom Fall Trotzki über den Stalinismus und die selbsterlebte Tragödie des spanischen Bürgerkrieges bis zum Einmarsch in Prag. „Die Tschechoslowakei war der Tropfen, der das Faß zum Überlaufen brachte und uns Nein sagen ließ. Dieser ‚Internationalismus' war für uns erledigt. Der wahre Internationalismus ist etwas ganz anderes."

Enrico Berlinguer, Führer der erfolgreichsten kommunistischen Partei in Westeuropa, genießt ungebrochene Popularität bei den italienischen Genossen. Der zurückhaltende, eher schüchtern wirkende Mann kann sich auf Massenveranstaltungen dem Ansturm der Menschen, die ihm die Hände schütteln wollen, nicht entziehen. Im Jahre 1977 führte er die italienische KP in den „Vorhof zur Macht": Die regierenden Christendemokraten waren auf die parlamentarische Unterstützung der KP angewiesen.

Carrillos unverblümte Schlußfolgerung: „Die Dogmen der sowjetischen Genossen sind nicht geeignet, die kommunistischen Parteien (des Westens) in Regierungsparteien, geschweige denn in führende Parteien ihrer Länder zu verwandeln."

Das Buch des spanischen KP-Chefs besiegelte den Bruch mit der sowjetischen Partei. Bei den Feiern zum 60. Jahrestag der Oktoberrevolution reiste Carrillo zwar nach Moskau, wurde aber von der Rednerliste gestrichen. Das Prager Fernsehen nannte ihn einen Verräter und fügte hinzu: „Verräter heißt feiner ausgedrückt ‚Opportunist' oder noch feiner ‚Eurokommunist'."

Um die spanische KP zu spalten, schickte Moskau den einstigen Bürgerkriegsgeneral und Altstalinisten Enrique Lister aus dem sowjetischen Exil nach Spanien zurück. Doch es gelang Lister nicht, mehr als eine kleine Gruppe moskautreuer Kommunisten um sich zu scharen. Das Gros der Partei folgte dem Carrillo-Kurs.

Im Gegensatz zu Carrillo bemühten sich Marchais und Berlinguer, den Bruch mit Moskau zu vermeiden, ohne die Prinzipien des Eurokommunismus aufzugeben. Innenpolitisch brachte der eurokommunistische Kurs allerdings keiner der drei Parteien großen Gewinn. Carrillo blieb in Spanien unter zehn Prozent der Wählerstimmen, in Frankreich zerbrach das Wahlbündnis von Kommunisten und Sozialisten, und in Italien hatte KP-Chef Berlinguer mit einer wachsenden Konkurrenz links von der Partei zu kämpfen. Für diese extreme Linke ist die KP längst „verbürgerlicht". Dennoch hielt Berlinguer an seinem Kurs fest: „Der Eurokommunismus", sagte er am Jahresende, „kann nicht nach den Ereignissen dieser oder jener Woche beurteilt werden. Er ist eine große Ideenbewegung, von der ich denke, daß sie weiter voranschreitet."

Das nachhaltigste und für Moskau gefährlichste Echo fand der Eurokommunismus in den Ostblockländern, wo sich unter Berufung auf Berlinguer, Carrillo und Marchais innerparteiliche Oppositionsgruppen bildeten. Um die Jahreswende 1977/78 wurde das heftig umstrittene Manifest eines „Bundes Demokratischer Kommunisten" in der DDR bekannt, in dem es heißt: „Die weltweite Tendenz in der internationalen Arbeiterbewegung läuft auf den Verfall der moskowitischen Theorie und Praxis hinaus. Es entwickelt sich ein schöpferischer, undogmatischer, demokratisch-humanistischer Reformkommunismus."

K24
3

Stabwechsel an der Spitze der größten TV-Anstalt Europas, des Zweiten Deutschen Fernsehens (ZDF) in Mainz. Am 14. April 1976 um 24 Uhr wurde ZDF-Intendant Karl Holzamer (links) Rentner. Der Philosophie-Professor hatte die Anstalt aufgebaut und 15 Jahre lang geleitet. Zweimal war er wiedergewählt worden – dann wollte er nicht mehr. Am 18. April 1976 übernahm der 60jährige Karl-Günther von Hase, bis dahin Botschafter der Bundesrepublik in London, das Intendanten-Amt. Der Stabwechsel war mehr als Routine. Mit Holzamer verabschiedete sich die letzte Generation von Rundfunk-Pionieren aus den Chefetagen der Funkhäuser. Mit von Hase etablierte sich eine neue Generation von Rundfunk-Fachleuten. Holzamers Ziel war die Existenzsicherung des Senders; von Hases Ziel ist die Effektivität des Apparats. Als Holzamer antrat, begannen Wachstum und Ausbau des deutschen Fernsehens. Als von Hase antrat, waren Resignation, etwa des Anstaltspersonals, und Stagnation, etwa der Zuschauerzahlen, allgegenwärtig. Wird der Ritterkreuzträger sein Ziel erreichen?

Der Star des Jahres

Die Bundesbürger kennen sie vor allem aus dem Fernsehen: Genau 30 Prozent der rund 19 Millionen Geräte waren eingeschaltet, als sich die Französin Isabelle Adjani, 22, in François Truffauts Spielfilm „Die Geschichte der Adele H." zum Star des Jahres qualifizierte. Verhalten, genau und intensiv spielte sie eine Tochter des Dichters Victor Hugo, die sich unglücklich und konsequent bis zum Irrsinn in einen Offizier verliebt. Es war der zweite Film der Pariser Abiturientin, die erst 1972 fürs Theater entdeckt und bald darauf an die berühmte „Comédie Française" engagiert worden war. Inzwischen ist ihre Filmrollen-Liste auf sechs angewachsen. Drei französische Adjani-Filme („Die Ohrfeige", „Der Mieter", „Violette & François") waren bei uns im Kino zu sehen; der sechste ist schon made in Hollywood und heißt „The Driver". Mit dieser beispiellosen Karriere ist die wandlungsfähige Autodidaktin – nach Liv Ullmann und Marthe Keller – die dritte Europäerin, die binnen kurzer Frist von den Amerikanern vergöttert wird. Und das zu einer Zeit, da keine Schauspielerin mehr „Star" sein will (auch die Adjani nicht), das Publikum aber immer stürmischer nach Stars verlangt.

Isabelle Adjani, 22, als Ladendiebin im Film „Violette & François"

Ein bislang unbekannter Kleindarsteller namens Richard Kiel wütete im Kinojahr 1977 auf der Leinwand zum Entzücken von Millionen. Im Thriller „James Bond 007 – Der Spion, der mich liebte” zermalmte der Riese Bretter, Ketten, Gitterstäbe und brach sogar einem aggressiven Hai das Genick.

Der Mann mit dem Stahlgebiß zählt zum Gag-Arsenal des Regisseurs Lewis Gilbert, der mit neuen Einfällen und Roger Moore in der Titelrolle den zehnten Bond-Film zum bislang erfolgreichsten der Serie machte. Allein die Bundesbürger investierten in diese (erstmals auch für Jugend ab 12 Jahre freigegebene) Trivial-Unterhaltung in Comic-Strip-Manier mehr Taschengeld als in jeden anderen Film – rund 30 Millionen Mark.

Mit weltweit 750 Millionen Kartenkäufern ist die Bond-Reihe das erfolgreichste Serienprodukt der Filmgeschichte, und ihr Produzent Albert Broccoli will sie fortsetzen „bis zum jüngsten Tag”. Start des elften Teils: 1979.

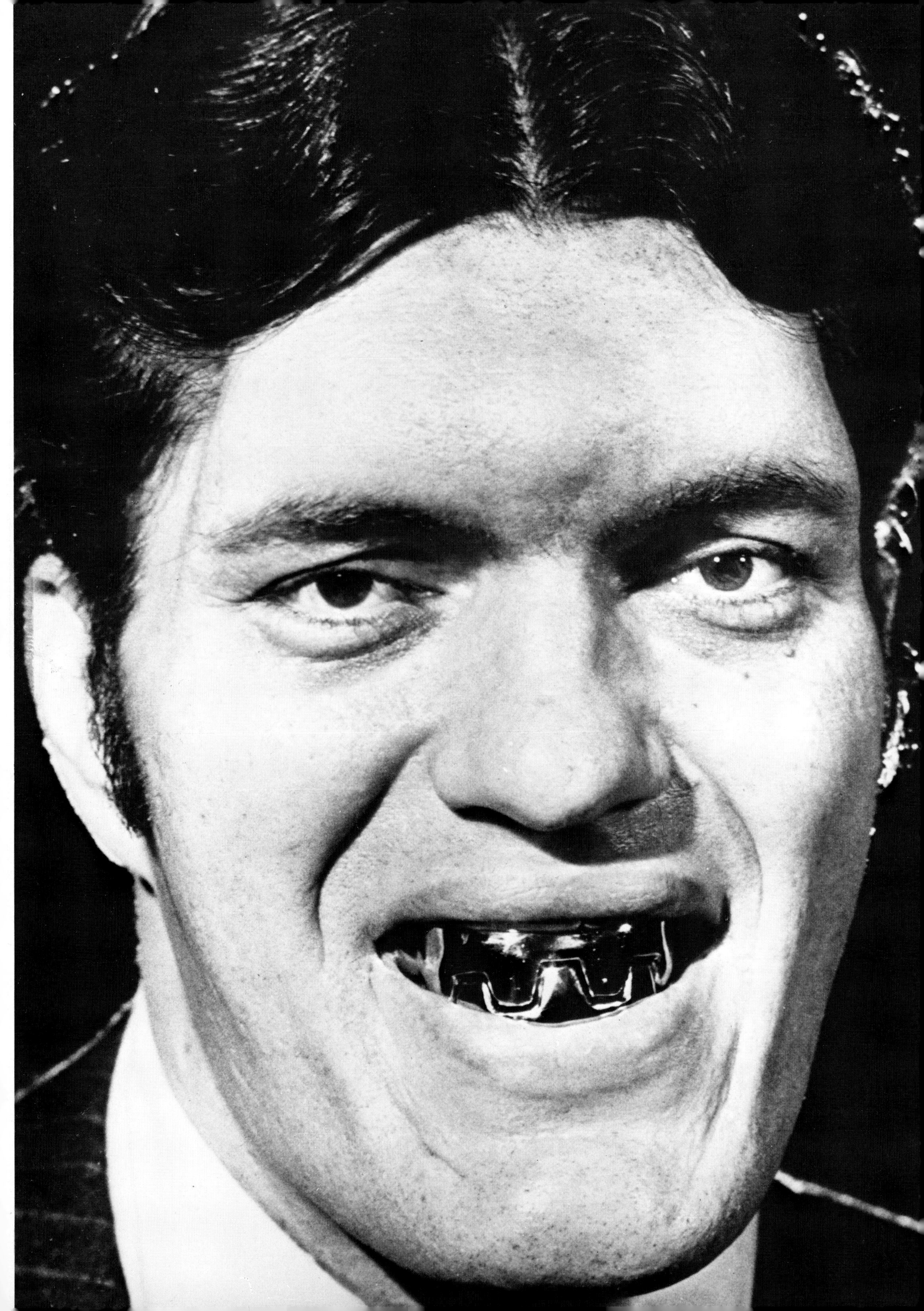

EVERLAST

Der deutsche Film, international wohl künstlerisch, aber kaum wirtschaftlich konkurrenzfähig, holte sich 1977 Entwicklungshilfe im Ausland. Der Amerikaner Sam Peckinpah verfilmte für den Münchner Produzenten Wolf C.Hartwig das Landser-Epos „Steiner – Das Eiserne Kreuz". Der Berliner Horst Wendlandt gab dem schwedischen Regisseur Ingmar Bergman Gelegenheit, in München für 9,2 Millionen Mark „Das Schlangenei" zu drehen, ein Horror-Psychodrama aus dem Berlin des Inflationsjahres 1923. In der Hauptrolle brilliert Bergmans langjährige Gefährtin Liv Ullmann.

Ein Außenseiter beschreibt den Weg eines Außenseiters zum Ruhm – und wird selber berühmt. Neuling Sylvester Stallone, Autor und Star des Aufsteiger-Märchens „Rocky", das im Boxer-Milieu spielt, brachte einen der erfolgreichsten Filme des Jahres zuwege. „Rocky" spielte über 30 Millionen Dollar ein, gewann einen „Oscar", und Stallone wurde auf Anhieb zum „Kassenstar Nummer 1" gewählt. Nun schreibt er an einer Fortsetzung.

Je seltener neue Filmstars erscheinen, desto häufiger – Stichwort Nostalgie – beschwören die Produzenten die Filmgrößen von gestern und drehen Filme über ihr Leben. 1977 war der augenrollende Stummfilmliebling Rudolph Valentino an der Reihe. Als er 1926 im Alter von 31 Jahren starb, trauerten 100 000 an seinem Sarg, Fans begingen Selbstmord, und Denkmäler wurden enthüllt. Nur sieben Jahre hatte sein Ruhm gedauert, und auf diese Zeit konzentriert sich der „Valentino"-Film des Briten Ken Russell, eine exzentrische Mischung aus Wahrheit und Legende. Die Hauptrolle spielt (an der Seite von Michelle Philips) ein Superstar des Tanztheaters: der Russe Rudolf Nureyev.

...eine Art Adam, von dem wir alle abstammen

Nie zuvor war ein Künstler berühmter, gefragter, beliebter als der Film-Clown Charlie Chaplin, der in der Weihnachtsnacht 1977 nach längerem Siechtum in Vevey am Genfer See gestorben ist. Sein Markenartikel, der Tramp Charlie, entfesselte mit Bart, Stock und Melone Lachstürme vom Ural bis nach Alaska. Chaplin, am 16. April 1889 genau vier Tage vor Hitler geboren, war als armer Kabarett-Pantomime 1910 aus seiner englischen Heimat in die USA gekommen und hatte die Witzgestalt in seinen ersten Hollywood-Jahren erfunden. In Kurzfilm-Burlesken voller Slapstick-Turbulenz und verschlagener Grausamkeit spiegelte der Tramp Chaplins eigenen Kampf ums Überleben und um künstlerische Unabhängigkeit. Als Chaplin sich durchgesetzt hatte und (ab 1918 in eigenen Ateliers) seine abendfüllenden Stummfilme „The Kid", „Goldrausch", „Circus" und „Lichter der Großstadt" drehte, wurde die Figur von Mal zu Mal „komplexer" und begann „ein Gefühlsleben zu entwickeln" (Chaplin). Bei ihrem letzten Auftritt in „Moderne Zeiten" (1936) entwickelte die Figur auch Sozialkritik. Mit Chaplins antifaschistischen („Der große Diktator"), antikapitalistischen („Monsieur Verdoux") und antiamerikanischen, aber immer komischen Filmen („Ein König in New York") schwand der Ruhm des genialen Filmemachers. Politische Verfolgung und private Skandale trieben ihn nach 1945 in der McCarthy-Ära mit seiner (vierten) Frau Oona ins Schweizer Exil, wo es still wurde um „das einzige Genie, das der Film hervorgebracht hat" (G. B. Shaw). Als er die Todesnachricht hörte, sagte der italienische Regie-Meister Federico Fellini: „Chaplin war eine Art Adam, von dem wir alle abstammen."

„Chaplins Filme erstaunen und interessieren mich so sehr", sagte der französische Filmkomiker Jacques Tati, „daß mir ihre Perfektion das Lachen nimmt". Wohl kaum eine Filmszene ist jemals wieder so eingehend probiert worden wie Chaplins Hunger-Mahlzeit im „Goldrausch". An die zwanzigmal verspeiste Charlie vor der Kamera graziös und voller Genuß seinen alten Schuh, ehe Chaplin, der Regisseur mit Chaplin, dem Hauptdarsteller zufrieden war. Seine Mitspieler mußten bis zu hundert Mal wiederholen, bis alles ganz mühelos und dadurch komisch wirkte.

Die bisher größte Katastrophe

Wegen eines Mißverständnisses bei einer Anweisung des Kontrollturms steuerte der niederländische Flugkapitän Veldhuizen van Zanten am 27. März 1977 sein voll besetzes Großflugzeug vom Typ Boeing 747 in die bisher größte Katastrophe der zivilen Luftfahrt. Beim Start auf dem Flughafen von Gran Canaria stieß der KLM-Jet mit einem wartenden PanAm Jumbo zusammen: Ein Inferno von Flammen und immer neuen Explosionen, in dem 577 Menschen den Tod fanden.

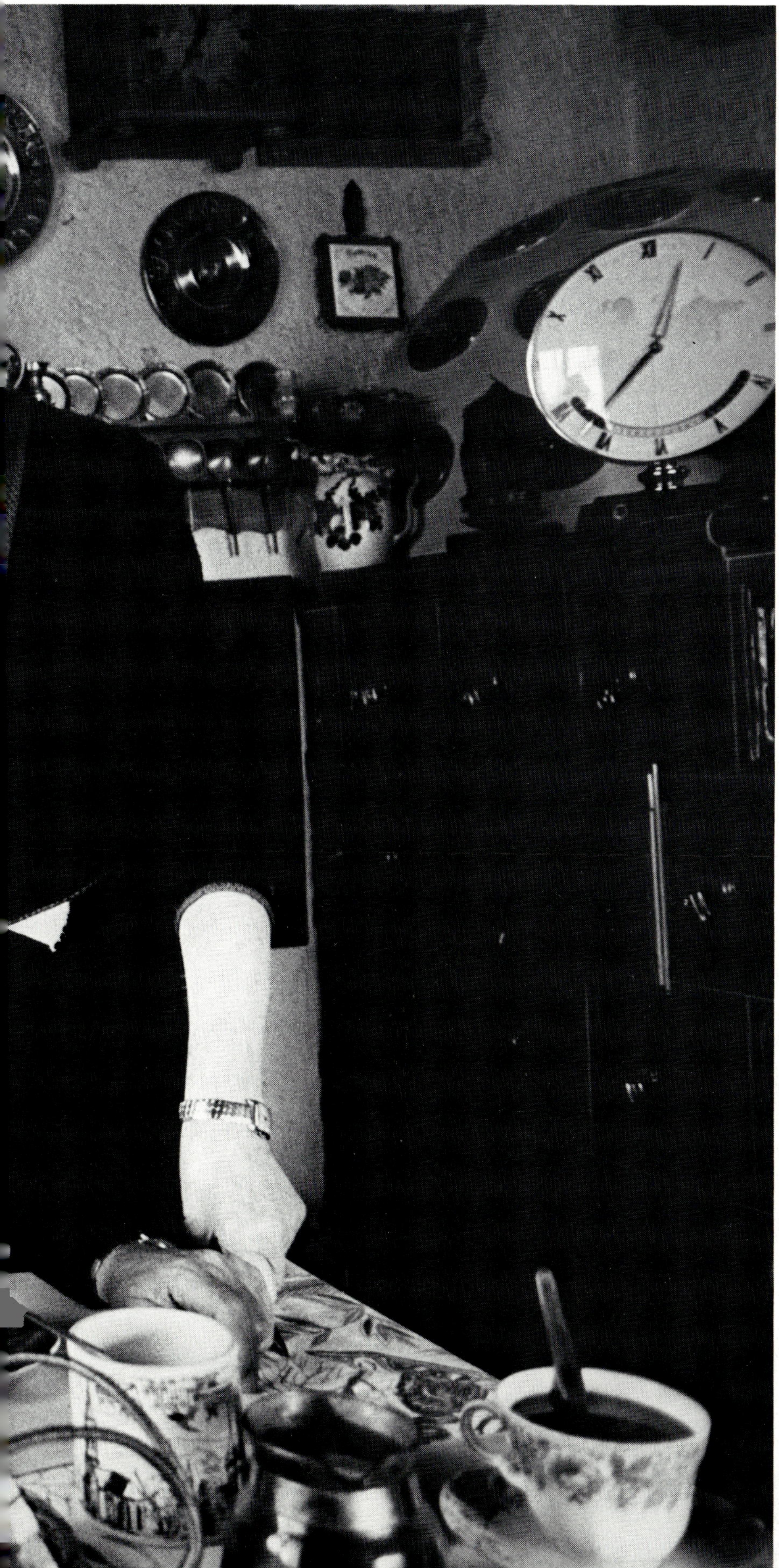

Der „Held von Bern" wurde 80 und starb einen Monat später

Schon 1936 wurde Josef Herberger, Arbeitersohn aus Mannheim, gelernter Mechaniker und bekannter Nationalspieler, zum „Reichstrainer" berufen. Aber weltberühmt wurde der drahtige kleine Mann mit der stets sorgenvoll gefurchten Stirn erst nach dem Kriege, in der Adenauer-Aera, als er die neue Fußball-Nationalmannschaft aufbaute. 1954 erreichte Herberger mit dem Sieg bei der Weltmeisterschaft in der Schweiz den Gipfel der Popularität – sogar ostdeutsche Vopo-Männer sollen aus Freude über die „Helden von Bern" in die Luft geschossen haben.

Dreißig Jahre lang, bis 1966, blieb Herberger im Amt. Tausende von Spielern und Trainern haben von ihm gelernt. Er war schon zu Lebzeiten ein Denkmal. Auch Niederlagen und Krisen konnten den „Bundessepp" nicht vom Sockel stürzen. Und seine schlichten Sprüche sind unter Fußballern schon klassisch geworden: „Der Ball ist rund", „Ein Spiel dauert immer 90 Minuten", „Wenn wir kein Tor reinlasse, könne wir net verliere."

Am 28. März 1977 feierte er in seinem Haus in Hohensachsen an der badischen Weinstraße seinen 80. Geburtstag. Er hatte eine Grippe und eine leichte Lungenentzündung kaum überstanden. Einen Monat später starb er im Städtischen Krankenhaus Mannheim an einem Herzinfarkt. Voller Sorge hatte Herber-

55 Jahre waren Sepp und Ev Herberger verheiratet. Am 28. März feierte Herberger seinen 80. Geburtstag. Einen Monat später erlag er einem Herzinfarkt.

ger noch verfolgt, wie einer seiner liebsten Schüler, in jedem Fall seine größte Entdeckung, bereits die Nationalmannschaft verlassen und einen Drei-Millionen-Dollar-Vertrag beim New Yorker Profiklub Cosmos unterschrieben hatte. Franz Beckenbauer war auf der Flucht vor dem Finanzamt, das hohe Nachzahlungen anmahnte. Er wollte aber wohl auch falschen Freunden und ehelichen Schwierigkeiten aus dem Wege gehen. Im Nu war er auch der Kaiser von Amerika. Kaum hatte Beckenbauer nämlich die amerikanische Bühne betreten, wurde der europäische Fußball auf einen Schlag salonfähig. Wo sich früher ein paar tausend Zuschauer im Stadion verkrochen hatten, drängten sich nun 78 000 – und viele fanden keinen Einlaß mehr.

Brigitte Beckenbauer durfte ihrem Mann noch nach Amerika folgen. Aber nur für kurze Zeit. Dann machte sich der Libero wieder frei. Frau Brigitte zog grollend mit den drei Kindern nach Sarnen in die Schweiz. Dort hatte der „Kaiser", um Steuern zu sparen, der Familie ein neues Domizil gekauft.

Ovationen für Franz Beckenbauer auf der elektronischen Anzeigetafel. Es steht 2:0 für Cosmos gegen die Strikers – und 78 000 Zuschauer im New Yorker Stadion feiern den Superstar aus Deutschland.

STRIKERS 0
COSMOS 2
HALF 1
PANASONIC
OFFICIAL TV
32:33

Pele, 37, mit bürgerlichem Namen Edson Arantes do Nascimento, nahm endgültig Abschied vom grünen Rasen. Nach drei gewonnenen Weltmeisterschaften für Brasilien und 1253 Spielen (mit 1216 Toren) für seinen Club FC Santos war Pele 1975 schon einmal zurückgetreten. Dann lockte ihn ein 4,5 Millionen-Dollar-Vertrag zum FC Cosmos nach New York.

Kevin Keegan, 26, Kapitän des FC Liverpool und der englischen Nationalmannschaft, wechselte für zwei Millionen Mark zum Hamburger SV und fiel kräftig auf die Nase. Der kleine Torjäger spielte an der Elbe weit unter Form und beklagte sich bitter über das unkollegiale Verhalten seiner neuen Klubkameraden.

Das Tor des Jahres: Fischers Fallrückzieher

Einige Sportreporter schwärmten sogar vom „Tor des Jahrhunderts", das der Schalker Klaus Fischer am 16. November im Stuttgarter Neckarstadion erzielte. Die deutsche Nationalmannschaft führte gegen die Schweiz schon 3:1, da geschah das Unglaubliche: Der Schalker Rechtsaußen Rüdiger Abramczik dribbelte an zwei Schweizer Verteidigern vorbei und zog einen hohen Flankenball in den Strafraum. Dort lauerte Abramcziks Mannschaftskamerad Klaus Fischer, etwa 15 Meter vor dem Schweizer Tor. Um die Eidgenossen zu überrumpeln, ließ sich der sprungkräftige Fischer etwas Besonderes einfallen. Er drehte seinen Rücken zum Schweizer Tor, schwang die Beine zu einem Fallrückzieher in die Luft und erwischte den Flankenball tatsächlich voll mit dem rechten Schuh. Derartige Ballartistik hat man schon öfter gesehen, sensationell wirkte erst der zweite Teil des Fischer-Solos. Mit ungeheurer Wucht sauste nämlich der Ball an Freund und Feind vorbei in die rechte obere Ecke des Schweizer Kastens, unhaltbar für den verdatterten Torwart Burgener.

Die 15 Gegner des Weltmeisters Deutschland

Für die Fußball-Weltmeisterschaft vom 1. bis 25. Juni 1978 in Argentinien haben sich folgende Mannschaften qualifiziert: Titelverteidiger Deutschland, Argentinien, Brasilien, Frankreich, Holland, Iran, Italien, Mexiko, Österreich, Peru, Polen, Schottland, Schweden, Spanien, Tunesien und Ungarn.

Fassungslos mußten die Schweizer Spieler mitansehen, wie der deutsche Torjäger Klaus Fischer Bumsvallera machte: den Rücken zum gegnerischen Tor gewandt, die Beine in der Luft, zog er den Ball unhaltbar in den äußersten Torwinkel.

Die Hof-Schreiber allüberall in Europa nannten diese Szene „Happy End in Monte Carlo" und meinten die schlichte Tatsache, daß sich ein junges Mädchen mit einem älteren Mann verlobt hat. Gemeint waren die angeblich schönste Prinzessin der westlichen Hemisphäre, Caroline von Monaco, 20, und der französische Finanzmakler Philippe Junot, 37. Die beiden, die hier vor einer Schar von Fotografen lächelndes Glück demonstrieren, waren ja auch wie geschaffen für den süßesten Traum der Regenbogenpresse: Bürgerlicher erobert Blaublütige. Die wie üblich gut unterrichteten Kreise wollen allerdings wissen, daß die Eltern der jungen Dame nicht so begeistert waren. Fürst Rainier und Fürstin Gracia hatten sich wohl für ihre schöne Tochter was anderes gewünscht. Einen Märchenprinzen zum Beispiel.

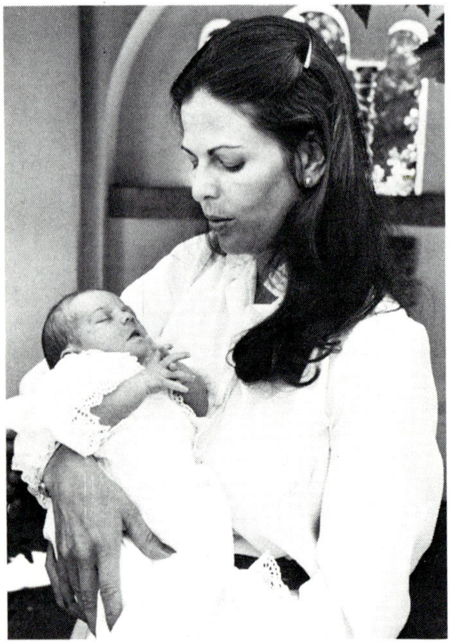

Genau 37 Tage alt war Peter Phillips, Sohn der weiland Prinzessin Anne von England, als ihn hier seine Mutter stolz präsentierte. Im Jahr des königlichen Silberjubiläums – Queen Elizabeth regierte 25 Jahre – das passende Geschenk für eine Monarchin, die ansonsten mit Gemahl Philipp in englischer Pracht und Kutsche traditionelle Zeremonien über sich ergehen lassen mußte. Für Silvia von Schweden, weiland Silvia Sommerlath aus Heidelberg, war es ein kleines Mädchen, das die Nation erfreute (beide: die schwedische und die deutsche). Der kleinen Victoria zuliebe wurde in Schweden das Thronfolgerecht geändert: Sie kann, ebenso wie Mama, dereinst mal Königin werden. Falls es dann sowas noch gibt . . .

An Bord der königlichen Yacht „Britannia" nimmt die Queen aus Anlaß des silbernen Thronjubiläums eine Flottenparade vor der Isle of Wright ab. Englands Sicherheit liegt allerdings nicht mehr in Gestalt einer starken Kriegsflotte auf dem Wasser. Mit der englischen Wirtschaft ging es 1977 nach oben, weil immer mehr unter dem Wasser hervorgeholt wurde. England deckt nämlich inzwischen mehr als die Hälfte des Energiebedarfs aus Erdöl, das vom Nordseegrund gefördert wird.

Ein Hund schlägt Falten

Bei diesem schrumpeligen Gesellen, der melancholisch wie Winston Churchill in die Welt blickt, handelt es sich um ein Exemplar der ältesten Hunderassen der Welt, den Shar Pei. Schon vor über zweitausend Jahren fanden chinesische Kaiser Wohlgefallen an seiner faltigen Visage. Später galt er als Delikatesse und wurde aufgegessen. Heute ist der Shar Pei fast ausgestorben. Der kalifornische Tiernarr B. Albright hat sich einige Shar Peis von Macao mitgebracht und züchtet sie in Amerika. Im Jahr 77 gab es in den USA 60 Exemplare. Für einen Welpen werden Mr. Albright 1500 Dollar geboten, denn mit so einem Hund hat man schließlich etwas Besonderes, anders als der Nachbar. Ob er allerdings viel Spaß bringt, steht dahin. Hunde, mit einer so extremen Plattnase und so loser Gesichtshaut sind anfällig für Stress, leiden häufig unter Atemnot und Kreislaufstörungen.

Die Überraschung des Jahres

Wie schon so oft in der Vergangenheit, fand das überraschendste Ereignis des Jahres auch 1977 im Nahen Osten statt. Der ägyptische Staatspräsident Anwar el-Sadat überraschte die Welt mit einem Blitzbesuch in Jerusalem. Dreißig Jahre Haß zwischen Arabern und Israelis, vier Kriege pausenlose Hetzkampagnen, totaler Wirtschaftsboykott und brutale Terroraktionen erschienen unwirklich wie böse Träume, als der Chef der größten arabischen Militärmacht in Israel landete und seinen Erzfeinden von gestern mit der lockeren Herzlichkeit eines befreundeten Staatsbesuchers die Hände schüttelte. Einige hundert Millionen Menschen in aller Welt wurden vor ihren Fernsehschirmen Zeugen der dramatischen Friedensoffensive des Ägypters, und zum ersten Mal keimte Hoffnung auf eine dauerhafte Lösung des Nahostkonflikts auf. Vor der Knesset, dem israelischen Parlament in Jerusalem, hieß Sadat die Israelis im Kreis der arabischen Völkerfamilie willkommen. Er bot Freundschaft, umfassende Sicherheitsgarantien und einen gerechten Frieden auf der Grundlage internationaler Vereinbarungen für einen israelischen Staat an, der sich auf die Grenzen von vor 1967 zurückzieht und dem palästinensischen Volk die Selbst-

In Jerusalem applaudierte Anwar el-Sadat lachend einem Witz seines Gegenspielers, des israelischen Ministerpräsidenten Menachim Begin, während Außenminister Mosche Dajan die Szene schmunzelnd genoss.

bestimmung in einem eigenen Staat zugesteht. Mit seiner Offerte brachte Sadat die diplomatischen Fronten wieder in Bewegung, die im Vorfeld einer von den beiden Supermächten geplanten Genfer Nahostfriedenskonferenz erstarrt waren. In der richtigen Erkenntnis, daß das Nahostproblem „zu siebzig Prozent ein psychologisches Problem" ist, gelang es Sadat, psychologische Barrieren einzureißen, die bisher einer friedlichen Konfrontation am Verhandlungstisch im Wege gestanden hatten. Aber noch vor Jahresende zeigte sich, daß die Kompromißbereitschaft der Israelis in der Palästinenserfrage, der Wurzel des Nahostkonflikts, ihre Grenzen findet. Israels Ministerpräsident Menachim Begin lehnte die Bildung eines Palästinenserstaates an Israels Ostgrenze kategorisch ab. Sadat wollte darauf nicht verzichten, um sein Prestige in der arabischen Welt zu retten. So blieb ungewiß, ob Sadat schließlich als großer Friedensstifter oder nur als ein mutiger, wenn auch glückloser Staatsmann in die Geschichte eingehen wird. Diese Frage wird am Ende von seinem Gegenspieler in Jerusalem entschieden. Die Gefahr eines neuen Krieges war zum Jahresende noch nicht gebannt.

Es war Liebe auf den ersten Blick, als Sadat seiner Erzfeindin von gestern, der Ex-Ministerpräsidentin Golda Meir, in Israel zum ersten Mal begegnete. Sie tauschten Freundlichkeiten und Geschenke aus.

Israelische Siedlungen auf arabischem Boden, wie diese Appartementblocks bei Ramallah, erwiesen sich als ernstes Hindernis auf dem Weg einer friedlichen Lösung des Nahostkonflikts.

Auf der Konferenz der sogenannten arabischen „Konfrontationsstaaten" in Tripolis erwiesen sich die Staatschefs von Algerien und Libyen, Houari Boumedienne und Oberst Muammar Ghadafi, als die schärfsten Gegner der Friedensoffensive, die der ägyptische Staatschef Sadat mit seinem Blitzbesuch in Jerusalem eingeleitet hatte. Sie fürchten, daß Sadat die Palästinenser verrät.

Jetzt ist Israel am Zug

Sadats Blitzbesuch in Jerusalem weckte Hoffnung auf Frieden, stürzte aber gleichzeitig die arabische Welt in eine tiefe Krise. Der ägyptische Staatschef hatte seine spektakuläre Friedensoffensive vorher nicht mit seinen arabischen Partnern abgesprochen. So war der Verdacht aufgekommen, daß Sadat mit seinem Alleingang aus der arabischen Front gegen Israel ausscheren und auf einen separaten Friedensvertrag mit dem Judenstaat zusteuern wolle. Die sogenannten „Konfrontationsstaaten" reagierten mit einer eilends einberufenen Konferenz in der libyschen Hauptstadt Tripolis. Die Konferenz scheiterte: Sadats arabische Gegner konnten sich nicht auf eine gemeinsame Gegenstrategie einigen, während wichtige Länder, vor allem das ölreiche Saudi-Arabien, die Teilnahme verweigerten. Das arabische Lager war gespalten. Sadat ließ sich in seiner Friedenspolitik nicht beirren, obwohl sich kein arabisches Land bereit fand, auf der von ihm einberufenen Konferenz in Kairo mit den Israelis am Verhandlungstisch Platz zu nehmen. Er beharrte zwar auf der gesamtarabischen Position – dem bedingungslosen Rückzug der Israelis aus allen im Sechstagekrieg eroberten Gebieten und der Selbstbestimmung des palästinensischen Volkes in einem eigenen Staat – konnte aber dennoch das Mißtrauen seiner arabischen Brüder nicht beseitigen. Sein Prestige in der arabischen Welt hängt nun allein von der Konzessionsbereitschaft der Israelis ab. Ungeteilte Zustimmung aber fand Sadat im eigenen Land. Das 40-Millionen-Volk der Ägypter hat in vier Kriegen gegen Israel die größten Blutopfer gebracht. Es leidet unter einer verheerenden wirtschaftlichen Misere, die durch die jahrzehntelangen Rüstungslasten verursacht wurde. Die Ägypter sind kriegsmüde. Von einem Frieden mit Israel versprechen sie sich Erlösung aus ihrem Elend und wirtschaftlichen Aufschwung. Als Sadat aus Jerusalem zurückkehrte, wurde er von mehr als einer Million Ägypter empfangen, die jubelnd die Straßen vom Flughafen zu seinem Stadtpalast in Kairo säumten.

Mit einer Rose als Friedens-Symbol in der Hand, stellte sich Sadat im Garten seiner Präsidenten-Villa am Suezkanal dem Fotografen.

Mailand Juni 1977

In Italiens Universitätsstädten herrscht der Terror. Studentische Guerillakämpfer, verbündet mit Banden junger Arbeitsloser, greifen aus Wut über ihre düsteren Berufsaussichten zu den Waffen. Ein vermummter Demonstrant richtet seine Pistole gegen die anrückenden Polizisten. Der italienische Innenminister Cossiga drohte nach dieser Demonstration: „Von jetzt an werden Studentenkundgebungen, bei denen Schußwaffen gebraucht werden, als bewaffnete Angriffe auf den Staat betrachtet, und ich werde Befehl geben, auf sie so zu reagieren, wie man auf bewaffnete Angriffe reagiert."

Zynismus, Ratlosigkeit und Lebenskunst

Es ist ein Widerspruch, der von Jahr zu Jahr immer deutlicher und unerklärlicher wird: Während politische, wirtschaftliche und gesellschaftliche Ereignisse einen Kollaps der italienischen Republik suggerieren, gewinnt das Reiseland – Bella Italia – imer mehr an Attraktivität.

Müßten die über drei Millionen deutschen Touristen, die 1977 über die Alpen kamen, um in Venedig, Rom oder Palermo die kostbarsten Wochen ihres Jahres zu genießen, ständig in diesem Staat leben, so würde sich das Traumland für sie sehr schnell in einen Alptraum verwandeln. Denn die italienischen Statistiken, die über Inflation, Arbeitslosigkeit, Auslandsverschuldung und Kriminalität Auskunft geben, sind für die Normen der nordischen Touristen eine Bilanz des Schreckens und des Chaos.

Gemessen an dem, was die Italiener an Taten von Terroristen und politischen Desperados über sich ergehen lassen mußten, sind die Ereignisse dieser Art in der Bundesrepublik drittrangig. Umso mehr muß man daher die demokratische Qualität der italienischen Republik bewundern, die auf politische Morde, Entführungen und Bombenanschläge ohne Hysterie und mit rechtsstaatlichen Mitteln reagiert. „Der Terrorismus will den Staat treffen, damit der Staat seinerseits so hart wie möglich zuschlägt", analysierte der christdemokratische Innenmi-

Am hellen Tag gehen unverfrorene Diebe in Mailand ans Werk: Innerhalb weniger Minuten stehlen sie unter den Augen der ahnungslosen Passanten den Kofferraum eines Wagens aus der Bundesrepublik leer. Ein Diebstahl von insgesamt 1,6 Millionen, die 1977 in Italien zu verzeichnen waren. Das „Arbeitsrisiko" der Diebe ist gering: Mehr als drei Viertel aller Straftaten, die begangen werden, bleiben ungesühnt.

Ein Kind aus dem Kathastrophengebiet von Seveso: Hochgiftige Dioxin-Dämpfe, die nach einer Explosion in einem Chemiewerk ausströmten, haben die Haut verätzt. Eine Mullmaske und Medikamente sollen Heilung bringen. Insgesamt haben rund 600 Menschen aus dem Gebiet von Seveso unter dieser Chlorakne zu leiden. Möglicherweise verursachte das Gift außerdem 85 Miß- und Fehlgeburten. 115 Hektar Land wurden verseucht.

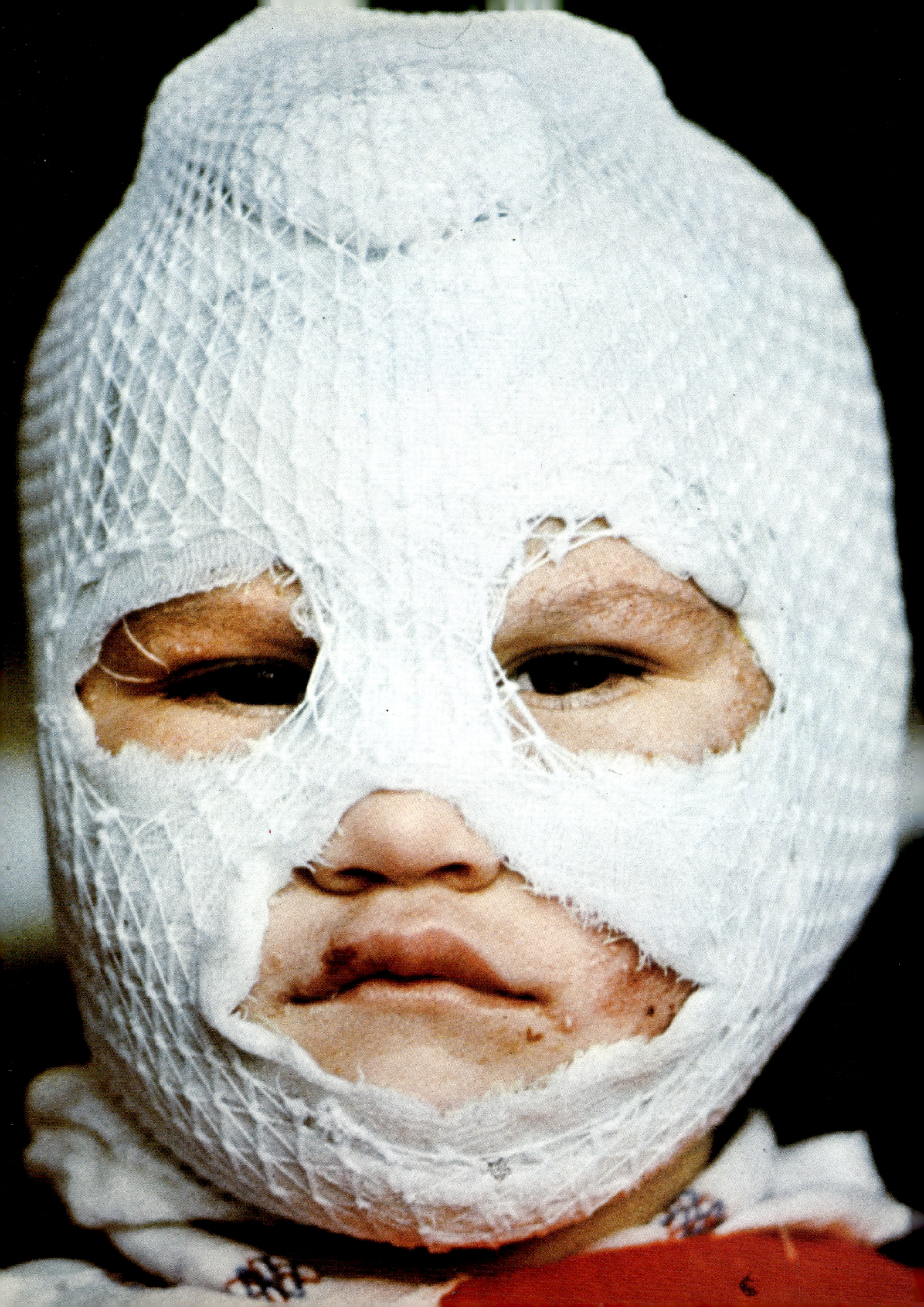

Demonstranten haben eine deutsche Fahne mit einem Hakenkreuz beschmiert und schleifen sie über das Pflaster. Wie hier in Mailand kam es in ganz Italien zu Kundgebungen gegen die Bundesrepublik. Extremistische Linke interpretierten die von ihnen angezweifelten Selbstmorde in Stammheim und die Befreiungsaktion von Mogadischu als eine brutale und neonazistische Machtdemonstration der Bonner Regierung.

nister Cossiga vor dem Parlament in Rom. „Aber", so fügte er hinzu, „diese sozialen Krankheiten bekämpft man nicht nur mit der Polizei."

2080 Terrorakte wurden 1977 in Italien verübt, eine Zahl, die einen enormen Anstieg im Vergleich zu den Jahren zuvor signalisierte. Denn 1975 zählten die Behörden 702 und 1976 „nur" 1353 Anschläge politisch motivierter Täter.

Am gefährlichsten erwies sich der linksextremistische Terror. Vor allem die „Roten Brigaden", laut der Tageszeitung „La Stampa" die „wahre Aristokratie des politischen Terrorismus", zeigten nach sechs Jahren ununterbrochener Aktivität keinerlei Verschleißerscheinungen. Zwar befinden sich 155 Mitglieder dieser Organisation in Haft, aber 22 namentlich bekannte Täter und etwa 200 Verdächtige sowie 200 Helfershelfer konnten bislang nicht dingfest gemacht werden.

Anders wie in der Bundesrepublik haben die italienischen Terroristen eine günstigere Ausgangssituation: „Das deutsche Phänomen hat keine der italienischen vergleichbare soziale Basis, deren Wurzeln tief hineinreichen in die Universitäten und in das Heer der am Rande der Gesellschaft lebenden Existenzen in der Umgebung der Städte", erkannte der Publizist Ronchey in der Mailänder Zeitung „Corriere della Sera".

1977 waren in Italien 1,2 Millionen Jugendliche unter 28 Jahren arbeitslos. Und vor allem unter den 125 000 Jungakademikern, die keine Stellung haben, finden die politischen Gewalttäter Anhang, Hilfe und Sympathie. Das Gespenst der Arbeitslosigkeit geht um in den mit rund einer Million Studenten hoffnungslos überfüllten Universitäten des Landes. Dazu kommt: Seit sich die KPI durch Anpassung und Wohlverhalten in die Regierungsverantwortung drängen will, sehen die Studenten keine

politische Gruppierung von Rang, die sich für ihre Interessen einsetzt.
Viele Studenten fühlen sich von der Gesellschaft im Stich gelassen und isoliert wie „Rothäute in Reservaten". Manche flüchten sich in einen politischen Eskapismus, der Ratlosigkeit, Zynismus und eine revolutionäre Heilslehre miteinander vermengt. Die Bewegung des „Mao-Dadaismus", die besonders in der von den Kommunisten regierten Universitätsstadt Bologna verbreitet ist, findet ihre Anhänger. Ungewöhnliche Parolen stehen dort an Hauswänden und werden mit Plakaten und Flugschriften verbreitet: „Mehr Arbeit – weniger Löhne!" Oder: „Mehr Baracken – weniger Wohnungen!" Oder auch ein Zitat von Majakowski: „Lieber an Wodka sterben als an Langeweile."

Manche Flugschriften machen sarkastische Vorschläge, wie man die Arbeitslosigkeit unter den Jugendlichen beseitigt. Zum Beispiel sollten mehr „Priester und Mönche berufen", die „schimmelnden Bücher in den Bibliotheken Seite für Seite gesäubert" und „moralische Erziehungsanstalten für Arbeiter, die dem Arbeitsplatz fernbleiben", errichtet werden.
Daß auch Italiens kommunistische Partei dieser irrationalen Entladung von angestauter Wut, dem Trend zu zynischem „Mao-Dadaismus" und tödlichem Terrorismus nichts entgegenzusetzen hat, war eine der überraschenden politischen Entwicklungen im Italien von 1977. Denn das, was der Sicherheitsexperte der KPI, Ugo Pecchioli, verlangt, klingt eher nach einer düsteren Zukunftsvision als nach einem Weg aus dem Dilemma: „Das ganze Volk muß mobilisiert werden. In den Fabriken und Wohnvierteln müssen Gewalttäter oder die mutmaßlichen Komplizen denunziert werden. Man braucht einen Informationsdienst, der sein Geschäft versteht und von dem niemand annimmt, daß er auf ganz legale Weise vorgehen kann."
So ein Italien wäre sicherlich nicht mehr ein Traumland für die Touristen von jenseits der Alpen. Denn neben den landschaftlichen Reizen, dem Klima und den Stränden imponiert dem teutonischen Touristen vor allem eines in Italien: die Gelassenheit, die Lebenskunst, mit den Problemen ohne Verbissenheit und drakonische Härte fertig zu werden.

40 Mädchen haben sich in Altafiumara, Kalabrien, bei den Vorwahlen zur „Miß Italien 1977" um den lokalen Schönheitstitel beworben. Für den Fotografen posierten sie im Bikini, und jede einzelne der hoffnungsvollen Damen zeigte sich in Paradehaltung vor der Jury.

Nastassja, die schöne Kinski

Da gab es im Jahr 77 ein Mädchen, das fast niemand kannte, Nastassja. Nur bei ihrem Nachnamen horchten Insider auf: Nastassja hieß Kinski und war in der Tat die Tochter jenes berühmten Bösewichts, naja, der mit dem wilden Erdbeermund.

Nastassja Kinski galt allerdings schon im zarten Alter von fünfzehn Jahren als schönstes Beutestück der Münchner Playboys, die eigentlich nur noch der Blick in den Spiegel überraschen kann. Wie ausgehungerte Wölfe jagten sie hinter ihr her, doch keiner konnte sich rühmen, das edle Jungwild erlegt zu haben. Wie gesagt: Niemand außerhalb Münchens kannte die schöne Nastassja. Das änderte sich schlagartig und gleich bundesweit, als das Deutsche Fernsehen den Tatortkrimi „Reifeprüfung" ausstrahlte, in der Hauptrolle: Nastassja Kinski, ein frühreifes und recht wissendes Früchtchen spielend, das seinen Lehrer ins Bett zerrt.

Alles sprach am Montag nach dem Reife-Sonntag nur noch von der Fünfzehnjährigen. Gemanagt von einer nicht minder schönen Mutter, Ruth, verlangte und bekam das schöne Kind nun DM 5000 Gage für einen Fototermin, wo es andeutungsweise das Hemdchen an den Busen zog und, richtig, ein Kenner par excellence holte sie gleich aus dem provinziellen Deutschland nach Hollywood: Roman Polanski. Er bezahlte den Unterricht des begabten Jung-Mädchens an der berühmten Schauspielschule Lee Strassberg, konnte aber Mutter und Tochter nicht selbst am Flugzeug abholen, weil er gerade diese peinliche Sache wegen „Verführung einer Minderjährigen" am Hals hatte.

Nastassja, im Laufe des schönen Jahres 1977 zur Sechzehnjährigen gereift, schlug sich auch alleine durch. Zurück in Deutschland schraubte sie ihre Filmgage auf DM 100 000 und versprach weiterhin stumm blickend mit kindlicher Verworfenheit, schönste Männerträume wahr zu machen. Karrierewunsch des steilen Aufsteigers: „Am liebsten würde ich mich als eine Art weiblicher Tarzan durch den Dschungel jagen lassen." Fragt sich nur, wo der Dschungel ist . . .

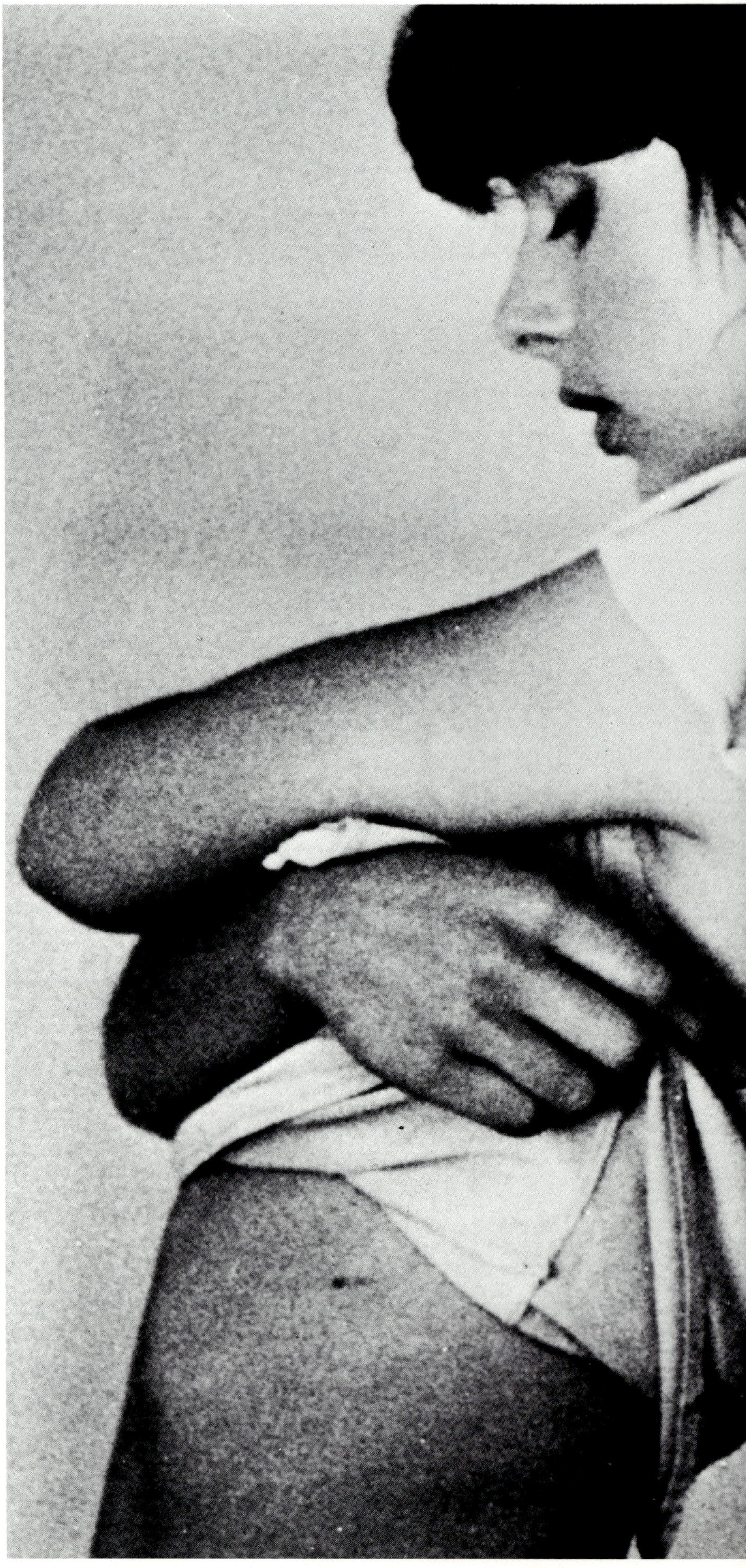

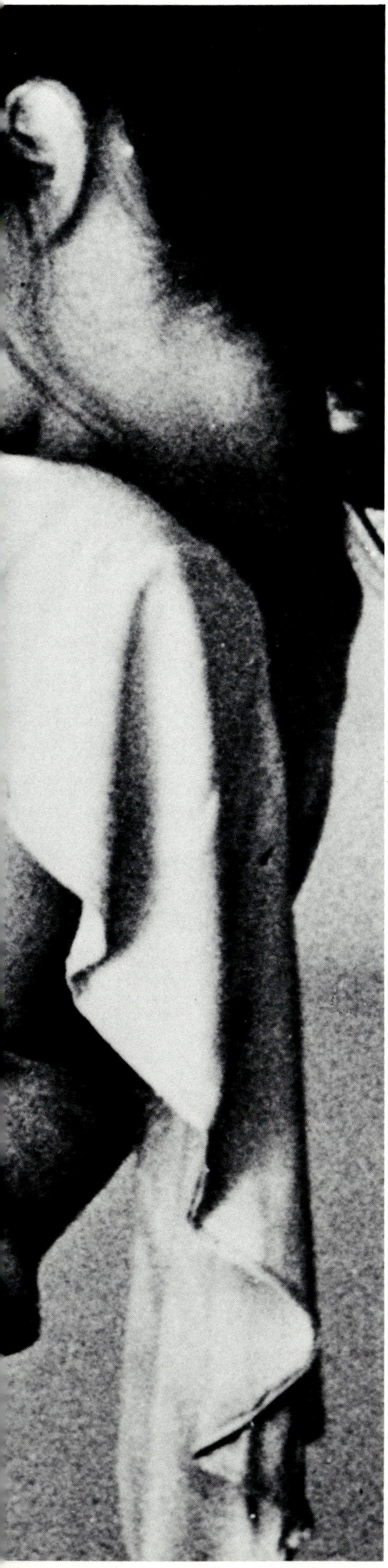

Eine Ritter-Romanze war der größte Kinohit Amerikas im Jahre 1977, die beiden Roboter C3P0 und R2D2 (See-Threepio und Artoo-Detoo), neue Helden der Nation. Die beiden Roboter im Sciencefiction-Film „Star Wars", von „Time" als „bester Film des Jahres" gepriesen, haben allerlei Abenteuer zu bestehen, nach dem Strickmuster amerikanischer Wild-West-Legenden, wo das Gute siegt und das Böse geschlagen wird. Inhalt des Superfilms, der bescheidene zehn Millionen Dollar kostete und schätzungsweise das zehnfache einspielen wird: Eine Prinzessin wird von finsteren Typen überfallen und entführt, zwei ihrer Knappen können fliehen, finden die Hilfe eines edlen Ritters, bestehen allerlei wilde Kämpfe und befreien die schöne Maid. Das Volk jubelt. Unterschied zu anderen Märchen: Das Ganze spielt im Weltraum, die Entführer sind schwarze böse Roboter, die Knappen ebenfalls Roboter (eben der dicke Artoo-Detoo und der lange See-Threepio), aber gute. Edle Befreier und Prinzessin sind Menschen, die in Liebe entflammen. Eine Fortsetzung des Spektakels, natürlich wieder mit den beiden Lieblings-Robotern der Nation, ist in Arbeit.

Die „österreichische Eiche” Arnold Schwarzenegger, sechsfacher Weltmeister des Bodybuildings, ging 1977 auf wie ein Komet am amerikanischen Show-Himmel. Der Mann aus Graz mit dem schönsten Körper der Welt stemmt, zwecks Muskelbildung, täglich 50 Tonnen Gewichte und bestätigt aufs feinste den Spruch alter Lateiner: Mens sana in corpore sano.

Daß sich Orgasmus wie ein heller Blitz ausdrückt, war zwar schon vor Shere Hite bekannt, aber ihr Report über das sexuelle Verhalten der Frau, basierend auf einer vierjährigen Umfrage unter Amerikanerinnen, wurde trotzdem zum Bestseller, und das, natürlich, international. Hoffnung der 34jährigen Autorin: Daß Männer, angeregt durch das Buch, von Frauen lernen, wie das so ist mit der Lust.

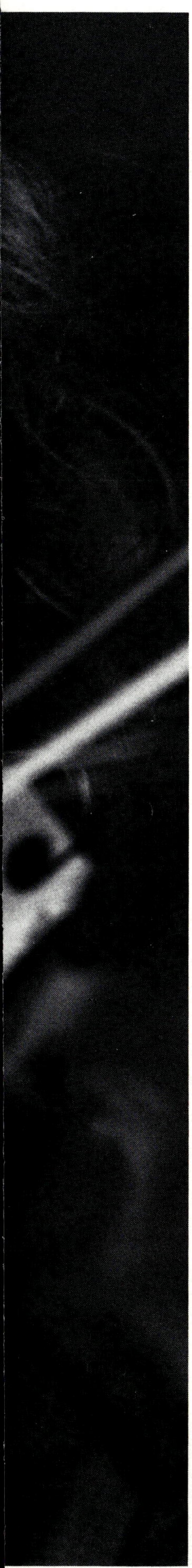

Mit 5 Jahren bekam Anne-Sophie Mutter aus Wehr in Baden zum erstenmal eine Geige in die Hand. Mit 6 gewann sie ihren ersten Wettbewerb, mit 10 galt sie als das größte deutsche Geigentalent. Das ganze Wunder war erst 13, als es 1976 bei den Internationalen Musikwochen von Luzern aufs Podium durfte. Für die Karriere hätte der Erfolg immer noch nicht gereicht. Erst durch einen Zeitungsbericht wurde ein Berliner Agent auf die hochtalentierte Geigerin, die ihre Meisterstunden nie von einem Stipendium hat zahlen können, aufmerksam: Er stellte sie Herbert von Karajan vor. Der Dirigent verpflichtete die gerade 14jährige zu Konzerten bei den Salzburger Festspielen – die deutsche Musikkarriere des Jahres.

Der 31jährige José Carreras ist – neben seinem spanischen Landsmann Placido Domingo – zum Favoriten all derer geworden, die noch die Wonnen des Wohllauts genießen können. Als Herbert von Karajan im Mai 1977 ein altes Gelübde vergaß („Ich werde nie wieder in Wien dirigieren"), stand José Carreras an der Rampe und sang das hohe C. Seine Aktien trieb das enorm in die Höhe: Unter 15 000 Mark pro Abend ist der für vier Schallplattenfirmen und inzwischen auch an den großen deutschen Bühnen wie München und Hamburg aktive Tenor nicht mehr zu haben.

Als Rolf Liebermann im Jahre 1973 Opernchef in Paris wurde, stellte er bei der Eröffnungsgala die bis dahin unbekannte Frederica von Stade in Mozarts „Die Hochzeit des Figaro" heraus. Liebermann bewies eine glückliche Hand: Die junge und attraktive amerikanische Mezzosopranistin wurde rasch zum Darling des Opernbetriebs. 1977 war sie bereits an einem halben Dutzend Opern-Gesamtaufnahmen beteiligt und erhielt für ein Soloprogramm mit französischen Opernszenen den Deutschen Schallplattenpreis.

Sie spielen anders als die Anderen

Vier Kinder auf dem Spielplatz – welches ist das glücklichste? Keine Frage: Das linke. Jared mit seinem Astronauten-Helm durfte zwei Jahre lang die elterliche Wohnung nicht verlassen, sie wurde durch aufwendige Filteranlagen absolut keimfrei gehalten. Jetzt, unter seinem Schutzhelm, darf der Vierjährige raus ins Freie.

Noch wissen sie nicht, was ihnen in diesem Leben zugemutet wird. Noch ist es ein Spaß, anders zu sein als andere, bestaunt und beneidet. Da ist Christian Feldmeier aus der Bundesrepublik, knapp 20 Monate alt, der jüngste Fahrtenschwimmer der Welt. Er bekam das Abzeichen für 30 Minuten Dauerschwimmen und einen Sprung vom Drei-Meter-Brett. Fürsorglich und kinderlieb, wie Erwachsene sich gern zeigen, haben sie Christian einen Schnuller in den Mund gesteckt, damit er beim Springen und Tauchen kein Wasser schluckt.

Ein anderer kleiner Junge, der vierjährige Jared Reismann in Kalifornien, muß vor der Atemluft behütet werden. Eine rätselhafte Allergie macht ihn anfällig gegen die Staubteilchen in der Luft. Sein Organismus reagiert darauf mit geschwollenen Lippen und tränenden Augen. Fünf Minuten in frischer Luft – Jared wäre nach drei Wochen tot. Die Welt sieht er durch die Plastikscheibe eines Astronauten-Helms. In dieser Hülle atmet er Luft, die von allen Staubpartikeln größer als drei tausendstel Millimeter gereinigt ist. Das schmutzige herrliche Leben kann Jared zwar mit den Händen greifen, aber er darf es nicht einsaugen.

Eine andere Herrlichkeit wird dem drei Jahre alten Jean Bedel Bokassa zuteil, über Nacht ein Kronprinz geworden, als sein Vater, der Diktator der Zentralafrikanischen Republik, sich selbst zum Kaiser machte. Mit der Zeremonie, die mit diesem dressur-ähnlichen Akt verbunden war, konnte der kleine Jean nichts anfangen; er gähnte herzhaft und schlief neben seiner Mutter ein (Foto auf der nächsten Seite). Kaiser Bokassa I. pflegt Dieben die Ohren abschneiden und Oppositionelle totschlagen zu lassen. Sein Volk wird einen solchen Kaiser fürchten und hassen. Seinem Sohn werden Günstlinge einflüstern, er habe ein herrliches Leben vor sich.

In diesem Alter spielen andere Kinder mit Teddys und werden verhätschelt. Christian, 20 Monate alt, hüpft vom Drei-Meter-Brett und wird auf Kongressen und Pressekonferenzen vorgeführt.

Wenn man vier Jahre alt ist, darf man gähnen und einschlafen, während der Vater sich krönen läßt. Fotografen mögen solche Szenen. Cathérine Bokassa, die neue Kaiserin und Mutter des Kronprinzen, beherrscht die majestätische Attitüde. Zwar lachte die Welt über das Spektakel, aber sie schickte ihre Vertreter zum Festschmaus ins Armenhaus Afrikas.

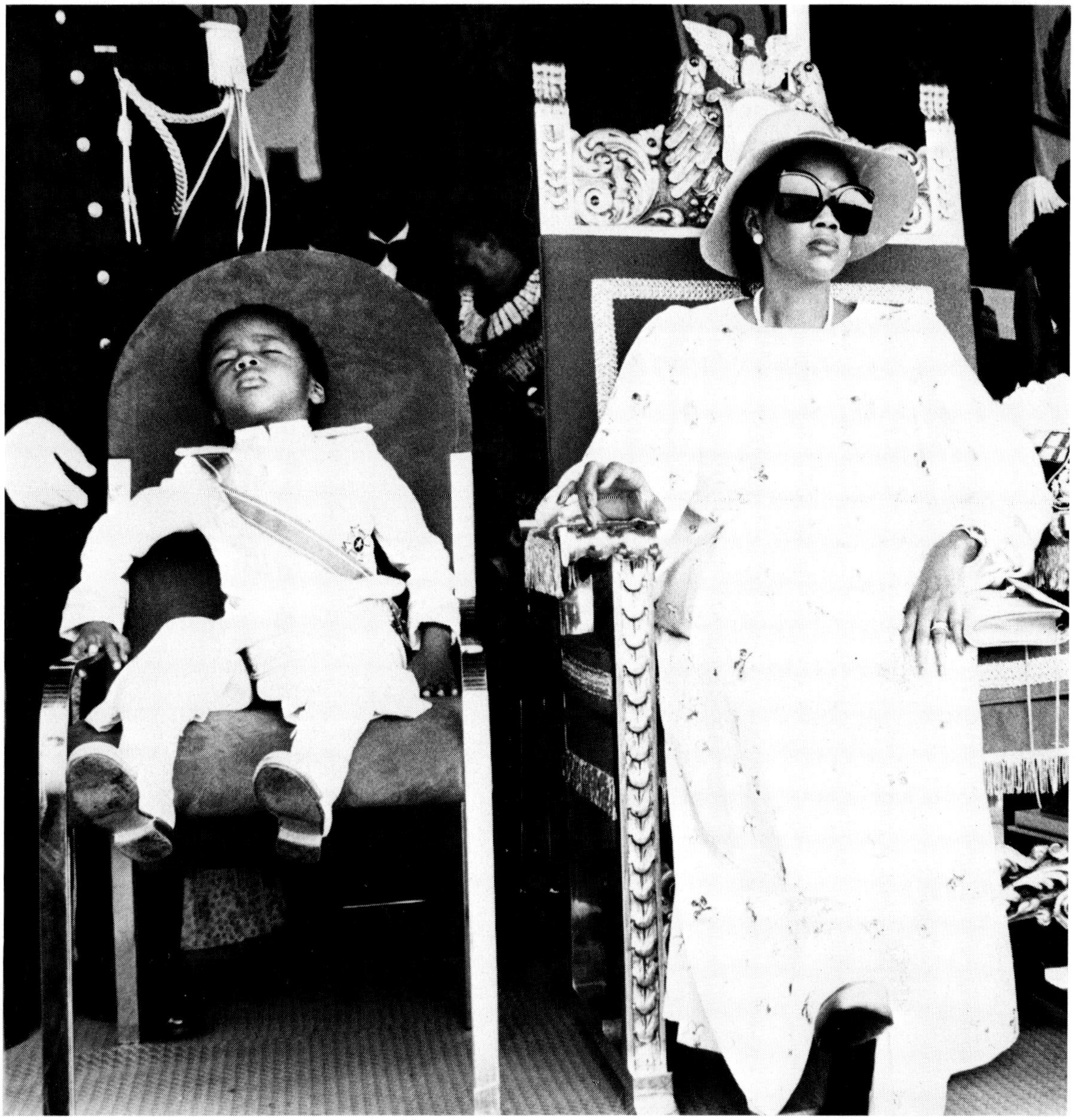

Das Jahr der großen Kunst-Shows

Kunst – ganz alte wie ganz neue – brachte 1977 mehr Kenner und Neugierige auf die Beine als in den Jahren davor. Als Ende Januar nach zwölf Wochen in Darmstadt die Jugendstil-Ausstellung schloß, waren – Rekord – 600 000 Besucher gekommen. Ebensoviele fanden sich in Stuttgart ein, wo nach drei Jahren Vorarbeit und mit einem Etat von 4,3 Millionen Mark die „Zeit der Staufer" in rund 1 000 Kunstwerken und Dokumenten zu besehen war. Noch umfangreicher wurden in Berlin „Tendenzen der Zwanziger Jahre" präsentiert: 3 096 Gemälde, Skulpturen, Zeichnungen, Fotos und Pläne – 500 000 Betrachter. Rekord auch bei der Kasseler „documenta 6" (360 000) und, letzte Meldung, beim Spätwerk des französischen Malers Paul Cézanne, das eine halbe Million Besucher ins New Yorker Museum of Modern Art lockte. Während die Kunst neue Freunde gewann, verlor sie im gleichen Jahr einige ihrer besten alten Werke. Ein offenbar geistesgestörter Bilderstürmer namens Bohlmann beschädigte in Düsseldorf ein Bildnis von Rubens, in Hannover zwei Cranach Porträts, ehe er nach einem Schwefelsäure-Attentat auf die Rembrandt-Kollektion der Staatlichen Kunstsammlungen Kassel (darunter „Der Segen Jakobs") in seiner Hamburger Wohnung festgenommen werden konnte.

Von Säurespuren gezeichnet: Rembrandts Selbstbildnis aus dem Jahre 1655, das in Kassel beschädigt wurde. Restauratoren des Münchner Doerner-Instituts glauben, daß es zu reparieren ist.

Prunkstück der Stuttgarter Staufer-Ausstellung war dieses Bildnis Kaiser Friedrichs I., der sogenannte „Cappenberger Barbarossa-Kopf", der um 1160 entstanden ist.

In Kassel geht alles

„Alle vier oder fünf Jahre", schrieb das US-Magazin „Newsweek", „bauen die Deutschen in Kassel einen Turm zu Babel und nennen ihn documenta". Sprachverwirrung statt Esperanto bot auch die sechste Weltausstellung moderner Kunst, mit knapp 3 000 Werken eine der größten. Statt einer weit und breit nicht sichtbaren Welt-Tendenz der Avantgarde rückten die Organisatoren Vielfalt ins Blickfeld: Esoterische und realistische Malerei (erstmals unter DDR-Beteiligung) neben Handzeichnungen, Photos, Film- und Video-Räumen mit Bildschirmprogrammen auf Abruf. Künstliche Ruinenstädte, Meditationsräume und eine „Freie internationale Hochschule für Kreativität" von Josef Beuys im Saal, Künstler-Darbietungen („Performance"), Groß-Skulpturen und Laser-Experimente im Freien dokumentierten einen neuen Begriff von Kunst. Alles geht, wenn es nur nachdenklich macht. Am meisten gab den Kasselern und ihren mehr als 300 000 documenta-Gästen ein Projekt des Amerikaners Walter de Maria zu denken. Er errichtete in der Stadtmitte einen gigantischen Bohrturm, stach 1 000 Meter tief ins Erdreich und schob sodann einen Messingstab als „Vertikalen Erdkilometer" ins Loch. Als „Geniestreich" oder „grober Unfug" läßt sich das unsichtbare Objekt wohl definieren, auch wegdenken – nur zu beseitigen ist es nie und nimmermehr.

„Deutschland – ein Lebensraum" nannte der Berliner Achim Freyer seinen Beitrag zur documenta 6. Herumirrende Kaninchen, Goldfische in einem Bodenloch, Gasmasken, Meßlatten, ein Tannenbaum und ein „Hasenmensch-Wanderer" mit Rucksack sollen im Betrachter des bizarren Arrangements Assoziationen auslösen. Gedanken etwa an Natur- und Reiseliebe, an Weihnachtssentimentalität, Wagnersche Erlösungssehnsucht und „böse Untergründe" (Freyer).

Farbiges Laserlicht ließ der Düsseldorfer Horst H. Baumann über Stadt und documenta-Gelände leuchten. Als erster nutzte er auch einen Laserstrahl, um Fernsehbilder drahtlos vom Museum Fridericianum zum barocken Kasseler Herkules-Monument zu überspielen.

Die „Europalia" in Brüssel war 1977 der deutschen Kultur gewidmet. Neben Kunstausstellungen, Konzerten, Film- und Theatervorführungen konnte der Münchner Künstler Hermann R. Grub sein Konzept eines „innerstädtischen Erholungsraumes" demonstrieren: Über Nacht ließ er echten Rasen anfahren und verwandelte Brüssels Grand Place vor dem Rathaus (einschließlich eines stehengelassenen Autos) in eine „Stadtoase" für einen Tag.

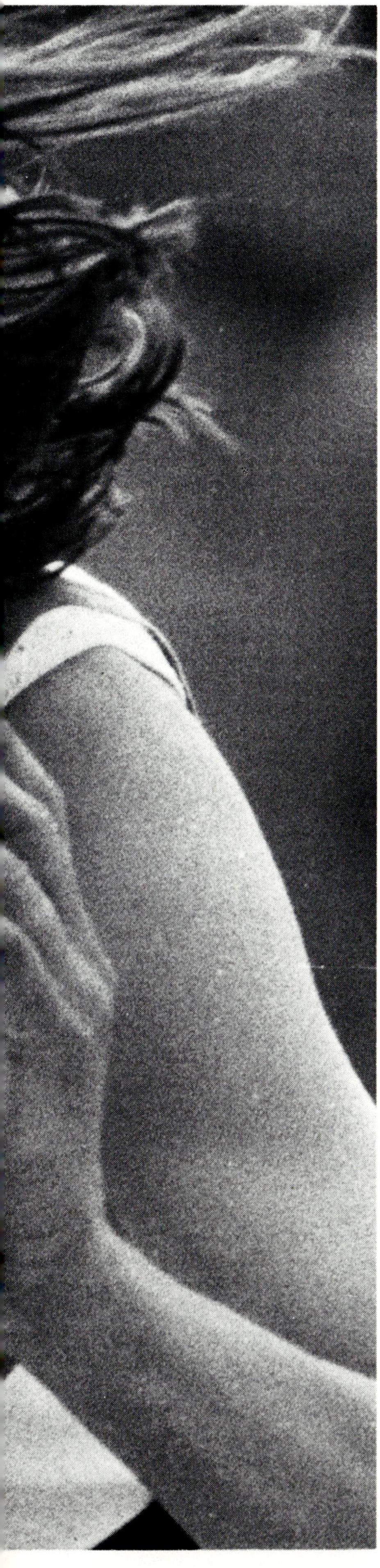

Marlies Oelsner, die schnellste Frau der Welt, beim „Olympischen Tag" in Dresden. „Olga-Darling" turnt nicht mehr. Die 22jährige Sportstudentin aus Minsk will heiraten und als Trainerin arbeiten. Olga Korbut war der Star der Olympischen Spiele 1972 in München (drei Goldmedaillen). Aber schon vier Jahre später spielte sie in Montreal keine Rolle mehr.

Die schnellste Frau der Welt

Die 19jährige Marlies Oelsner aus Jena lief als erste Frau die 100 Meter unter elf Sekunden. Mit elektronisch gestoppten 10,88 Sekunden unterbot die bildhübsche Psychologie-Studentin den alten Weltrekord der Dortmunderin Annegret Richter beträchtlich (11,01 Sekunden, aufgestellt beim Olympiasieg in Montreal). Die neue Weltrekordlerin hat die für DDR-Sportasse typische Karriere durchgemacht. Der Vater spielte Fußball, die Mutter war eine gute Leichtathletin. Marlies fiel den ostdeutschen Talentspähern schon im Kindesalter auf. Der Laufstil des langbeinigen Mädchens war so locker. Mit dreizehn kam Marlies Oelsner auf eine Jugend-Sportschule und wurde seitdem täglich von erstklassigen Trainern gedrillt und von hervorragenden Sportmedizinern betreut. Bei den Olympischen Spielen 1976 in Montreal lief sie bereits in der „goldenen" Sprintstaffel der DDR. Mit ihrem Weltrekord ist Marlies Oelsner noch längst nicht zufrieden. Sie glaubt, daß schon in den nächsten Jahren eine Frau unter günstigen Umständen 10,6 laufen kann. Das sagt sie voller Selbstvertrauen. Keine Frage, wer diese Frau sein wird.

Rosemarie Ackermann, 25, sprang als erste Frau der Welt über zwei Meter hoch. Die Wirtschaftsstudentin aus Cottbus hatte sich schon 1976 in Montreal den Olympiasieg geholt. Obwohl sie den Fosbury-Flop ablehnt und den veralteten Straddle-Stil bevorzugt, gleitet sie vollendet wie keine andere über die Latte. Unter den besten Hochspringerinnen ist sie die Kleinste: Nur 1,75 m groß.

Die Weltrekorde 1977

Männer:
800 m 1:43,4 min. Alberto Juantorena (Kuba) Sofia 21.8.77; 5000 m 13:12,9 min. Dick Quax (Neuseeland) Stockholm 5.7.77; 10 000 m 17:30,5 min. Samson Kimombwa (Kenia) Helsinki 30.6.77; 110 m Hürden 13,21 Sek. Alejandro Casanas (Kuba) Sofia 21.8.77; 400 m Hürden 47,45 Sek. Edwin Moses (USA) Westwood 1.6.77; 4 mal 100 m 38,03 Sek. USA (Collins, Riddick, Wiley, Steve Williams) Düsseldorf 3.9.77; Hochsprung 2,33 m Wladimir Jaschtschenko (UdSSR) Richmond 3.7.77;

Frauen:
100 m 10,88 Sek. Marlies Oelsner (DDR) Dresden 1.7.77; 400 m Hürden 55,63 Sek. Karin Rossley (DDR) Helsinki 14.8.77; Hochsprung 2,00 m Rosemarie Ackermann (DDR) Berlin 24.8.77; Kugelstoßen 22,32 m Helena Fibingerova (CSSR) Nitra 20.8.77; Speerwerfen 69,32 m Kathy Schmidt (USA) Fürth 11.9.77; Fünfkampf 4839 Punkte Nadesha Tkatschenko (UdSSR) Lille 18.9.77 (13,49 – 15,93 – 1,80 – 6,49 – 2:10,62).

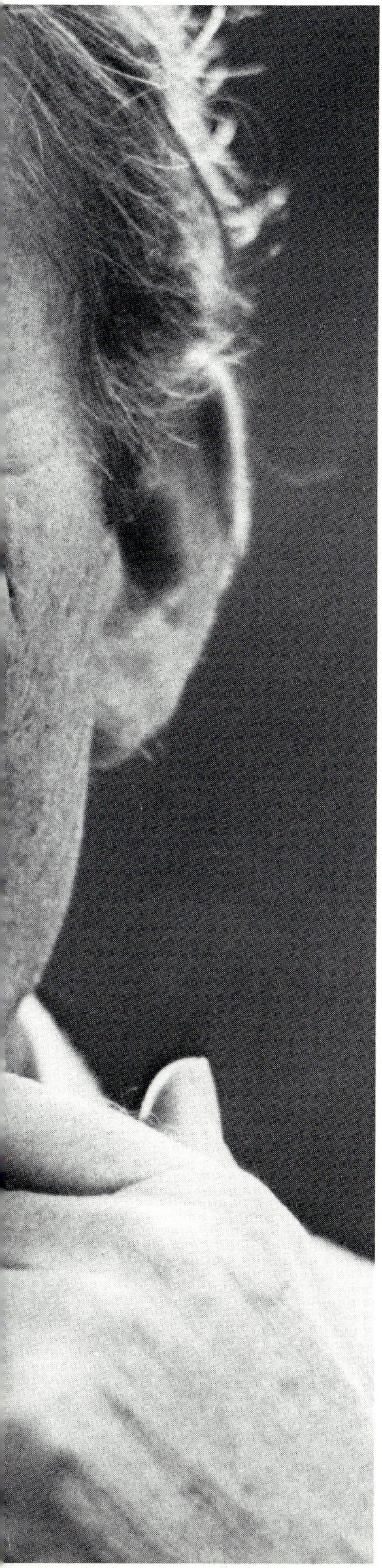

Schriftsteller am Pranger

Heinrich Böll, Günter Wallraff und Wolfgang Biermann sind neben anderen Schriftstellern und Künstlern angeblich schuld am Zerfall unseres Staates. Als Hanns Martin Schleyer, einer seiner Repräsentanten, entführt und ermordet worden war, gab es für die rechte und konservative Presse keinen Zweifel: Literaten und Intellektuelle waren die Sympathisanten der Gewalt. CDU- und CSU-Politiker schmähten diese geistige Elite der Nation als Wegbereiter des Terrorismus.
Besonnene Mahnung von den Liberalen, nicht gegen, sondern für die Freiheit zu kämpfen, blieben ohne Wirkung. Bücher wurden boykottiert wie die Romane von Luise Rinser, Theaterstücke abgesetzt – zwölfmal allein Albert Camus' Anarchistendrama „Die Gerechten" –, Fernsehsendungen wie Wallraffs „Bild"-Dokumentation zensiert und Plakate abgerissen, besonders die des Heidelbergers Klaus Staeck. Da entschlossen sich die Intellektuellen zum Widerstand. Um die „Reste des Rechtsstaates" zu retten, gingen Heinrich Böll und seine Freunde in die politische Offensive: „Jetzt entscheidet sich, ob wir eine Demokratie wollen oder nicht."

Sie gehen in die Offensive: nach der Ermordung von Hanns Martin Schleyer begannen konservative Politiker und rechte Publizisten eine Kampagne gegen bundesdeutsche Intellektuelle. Besonders betroffen waren der am 21. Dezember 60 Jahre alt gewordene Literatur-Nobelpreisträger Heinrich Böll und „Bild"-Experte Günter Wallraff. Auch der einst umjubelte DDR-Flüchtling Wolf Biermann ist inzwischen unter Beschuß geraten.

Das dicke Buch vom platten Fisch

Die Kritiker spreizten das Gefieder und feierten eine „literarische Großtat" (FAZ). „Butt mit Euch" schwor die „Zeit" ihre Gemeinde auf den neuen Roman von Günter Grass ein. Der Verlag meldete den größten Bucherfolg seiner Geschichte: 300 000 Exemplare in einem knappen halben Jahr. Vorlesungsveranstaltungen von Autor Günter Grass waren über Wochen hin ausverkauft. Sein 700-Seiten-Roman „Der Butt" ist in der Tat das Buchereignis des Jahres. Die Geschichte vom Plattfisch, der durch die Jahrtausende den Männern gegen die Frauen beistand und zur Strafe dafür schließlich vor ein Frauentribunal gestellt wird, hat aus dem SPD-Wahlkämpfer wieder den großen Erzähler gemacht, meinen die einen. Daß es sich bei dem gewaltigen Prosabrocken lediglich um ein „beleibtes Aperçu" und einen „verspäteten Grimmelshausen" handelt, sagen die anderen. Auf jeden Fall hat sich der Zweipfünder des schnauzbärtigen Danzigers in den Buchhandlungen und auf den Bestsellerlisten so breit gemacht, daß mancher Autor in diesem Jahr keinen Platz mehr beim Publikum fand. Inzwischen haben sich auch Karikaturisten der „überbordenden Schwarte" angenommen. Der Butt ist zum Code für literarische Großtaten geworden. Buchhandlungen berichten von Kunden, die in den Laden kommen und „das dicke Buch von Heinrich Böll mit dem Fisch vorne drauf" verlangen.

Der 700-Seiten-Roman „Der Butt" von Günter Grass wurde das erfolgreichste Buch des Jahres. „Die überbordende Schwarte" („Spiegel") verdrängte viele andere Neuerscheinungen aus den Regalen der Buchhandlungen.

Unerwarteten Erfolg in der Bundesrepublik hatte auch der amerikanische Autor Charles Bukowski. Seine rüden Alltagsgeschichten von Säufern, Huren und Verlierern geben nach den Hippies der Beat-Generation nun auch hierzulande der Jugend ein neues Lebensgefühl.

„Kein neuer Anfang für die Menschheit"

In keinem Jahr seit dem Mauerbau verlor die DDR mehr Künstler und Intellektuelle als 1977. Sie wurden abgeschoben oder baten um die „Entlassung aus der Staatsbürgerschaft". Sie übersiedelten allein oder mit Familie, sie kamen mit kleinem Handgepäck wie der Lyriker und Liedermacher Jürgen Fuchs, oder mit Lastzügen voller Hausrat wie der Showstar Manfred Krug. Insgesamt wechselten dreizehn „Intelligenzler" von Deutschland Ost nach Deutschland West – Schauspieler, Musiker, Schriftsteller und Wissenschaftler.

So unterschiedlich ihre politische Erfahrung und Einstellung war, eines hatten sie alle gemeinsam: Nach jahrelangen Querelen kapitulierten sie schließlich vor der Staatsmacht DDR. Sie sahen, wie es Schriftsteller Reiner Kunze formulierte, „in dem System keinen neuen Anfang für die Menschheit mehr".

Der sensible Lyriker hatte sich von Anfang an geweigert, seine Wortkunst in den Dienst des Regimes zu stellen. Jeden Kompromiß mit dem System lehnte Kunze strikt ab. Schon 1959 begann er seinen nervenaufreibenden Kampf um das Recht auf Eigenleben jenseits aller politischen Doktrin. Einen Lehrauftrag mußte er wegen „konterrevolutionärer Kontakte" zu oppositionellen Studenten niederlegen. Beim Einmarsch der Sowjets in Prag 1968 trat Kunze demonstrativ aus der SED aus. Seitdem erschienen seine Bücher nur noch in der Bundesrepublik. Sein schmaler Prosaband „Die wunderbaren Jahre", in dem er beschreibt, unter welchem Druck die DDR-Jugend aufwächst, machte ihn hier zum Bestsellerautor, drüben erklärten die gebeutelten Funktionäre Kunze zum „Staatsfeind". Im April verließ er mit Frau und Tochter die DDR für immer.

Sein kritischer Prosaband „Die wunderbaren Jahre" machte den sensiblen Dichter Reiner Kunze in der DDR zur persona non grata. Er verließ die DDR mit Frau und Kind.

Zwei Monate später folgte ihm der wohl prominenteste Künstler der DDR. Den stämmigen Manfred Krug, Drehbuchautor, Sänger, Film- und TV-Darsteller kannte zwischen Pankow und Stralsund jedes Kind. Der heute 42jährige war Liebling der Massen und Liebling der Parteispitze. Das änderte sich schlagartig, als er die Resolution gegen die Biermann-Ausbürgerung unterschrieb. Plötzlich kam kein Engagement mehr, schon begonnene Projekte wurden gestoppt. Krug zog prompt die Konsequenzen. Am 20. Juni traf er mit einem Fahrzeug-Konvoi in Westberlin ein – fünf Oldtimer, ein Mercedes, ein VW und ein Lastzug, in dem 22 Möbelmeter

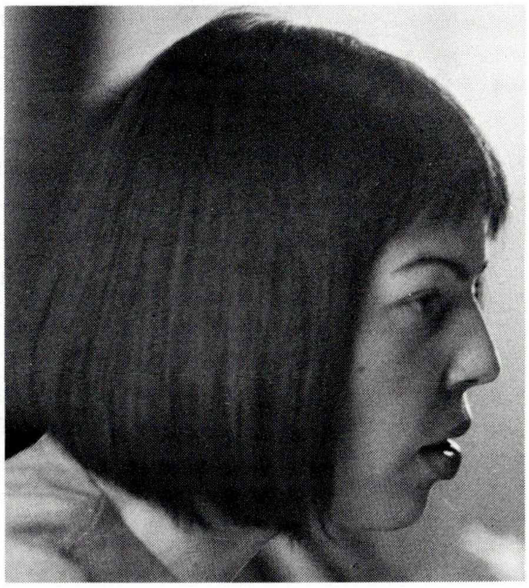

Nach der Ausbürgerung des Liedermachers Wolf Biermann hatte die DDR-Lyrikerin Sarah Kirsch ihren Glauben an die DDR verloren. Dennoch zögerte sie lange, bis sie Ostberlin verließ.

verstaut waren. Sogar seine Haushälterin hatte Krug mitgenommen.
So spontan wie Krug konnte die Lyrikerin Sarah Kirsch sich nicht entschließen, ihre Heimat zu verlassen. Sie gehörte der Partei an, dem Vorstand des Schriftstellerverbandes – eine oft gelobte Stütze der Gesellschaft. Als sie die Rückkehr Biermanns forderte, nahm die Partei ihr dieses Engagement zwar übel, aber die SED-Spitze blieb ihr gewogen. Nur eine kleine Geste der Unterwerfung wurde von ihr gefordert. Sarah Kirsch war nicht dazu bereit. Ein Bekenntnis zum Westen war ihr Umzug aber sicher nicht.
Sie verließen 1977 die DDR: der Komiker Eberhard Cohrs, der Regisseur Adolf Dresen, die Schauspielerinnen Dagmar Graf und Eva-Maria Hagen, der Sänger und Schauspieler Manfred Krug, der Lyriker Reiner Kunze, der Komponist Tilo Medek, der Schriftsteller Jürgen Fuchs, der Musiker Christian Kunert, der Liedermacher Gerulf Pannach, der Mediziner Karl-Heinz Nitschke,der Germanist Hellmuth Nitsche und die Lyrikerin Sarah Kirsch.

Mit seiner Frau, seinen drei Kindern, fünf Oldtimern, einem Mercedes und einem Lkw voll Umzugsgut traf Manfred Krug in Westberlin ein. Der Auszug des populären Sängers und Schauspielers traf die DDR am härtesten, denn Manfred Krug war der erfolgreichste Entertainer der Republik.

Erfolg mit Zeitmärchen

Er hat viel geschrieben und bis zu seinem Ende viel Erfolg gehabt. Er war der letzte große Volksdramatiker und noch mehr. „Herr Carl Zuckmayer" überschrieb die Londoner „Times" ihren Nachruf. Im Januar 1977 war er – 91 Jahre alt – in der Schweiz gestorben. Sein erstes Stück „Kreuzweg" war 1920 ein großer Reinfall. Danach schrieb er nur noch Bühnenhits: den Bauernschwank „Der fröhliche Weinberg", das Heldenmärchen „Schinderhannes", ein Zirkusrührstück „Katharina Knie", die Militärposse „Der Hauptmann von Köpenick" und schließlich die Widerstandsballade „Des Teufels General". Außerdem veröffentlichte „Zuck" Gedichte, Essays und Novellen. Seine Autobiographie „Als wär's ein Stück von mir", die 1965 herauskam, wurde mit einer Auflage von 210 000 einer der größten Bucherfolge der Nachkriegszeit. Streit über seine Stellung in der deutschen Literatur gab es dennoch, auch wenn er stets zurückhaltend geführt wurde. Die Kritiker einigten sich schließlich auf die Formel, daß Zuckmayer die einfache Form liebte, die einfache Geste, die einfache Sittlichkeit. Die großen Bühnenerfolge des vielfach ausgezeichneten Dramatikers werden solche Urteile überleben. Denn noch immer sind seine Stücke, die er gerne „Zeitmärchen" nannte, für „Beifallsstürme vom Parkett bis zu den Rängen" (Herbert Ihering) gut.

Das letzte Foto von „Zuck": Kurz vor seinem Tode besuchte der Volksdramatiker Carl Zuckmayer den Künstler Oskar Kokoschka. Gerührt küßte der Maler seinem greisen Freund die Stirn.

Die Gesichter von Mutter und Tochter sagen viel über ihre Arbeit. Irina Ionesco, Fotografin in Paris, hat ihre zwölfjährige Tochter voll im Kindersex-Geschäft etabliert. Die 12jährige Eva spielt in dem Streifen „Maladolescenza" eine kleine Hexe, die führend tätig wird in einer Sexorgie.

Kinderporno: Ein Geschäft wie nie zuvor

Als Vladimir Nabokov, berühmter Schmetterlingsjäger und Schriftsteller, in diesem Jahr starb, stand zu lesen: Lolitas Vater ist tot. Gemeint war der literarische Beschreiber jener kindlichen Verruchtheit, die in Erwachsenen phantasievolle Lüsternheit wachruft. In seinem Roman „Lolita" hat der bis zum Lebensende in Amerika wohnhafte exilrussische Dichter jenem tragikomischen Humbert Humbert ein Denkmal gesetzt, den seine Sehnsucht zum Nymphchen „Lolita" trieb (Nympholepsie). Das Buch wurde auch als Film ein Erfolg, damalige Hauptdarstellerin, in Strohhut und Bikini: Sue Lyon. Sie war fünfzehn, als sie auf der Leinwand den 52jährigen James Mason verführte (Einspielergebnis des „Lolita"-Films: 20 Millionen Mark). Doch nicht nur Nabokov ist tot, längst auch ist das Geschäft mit dem kindlichen Sex zur harten Porno-Ware degeneriert.

Als Dorado der „verkauften Lolitas" (SPIEGEL) gilt, wie auch anders, Kalifornien, die Wiege jeglicher verkaufbaren Sünde. Kinderpornographie ist dort ein Gebot der Stunde, in Zeitschriften und im Film, und oft genug auch in der schmuddeligen Realität. Der Kinder-Pornomarkt hat allein in den USA im Jahre 1977 einen Umsatz von 100 Millionen Dollar erreicht. In feiner Verkaufssprache werden jene Kindersex

Schon als elfjährige spielte Eva Ionesco im Film „Spermula" so drastisch, daß die Zensur einschritt. Aktphotos der Kleinen macht nur ihre Mutter und stellt sie in Galerien aus.

propagierenden Magazine „bald pussies" – nackte Muschis genannt. Motto: Für Geld tut man alles.

Kinder von Drogenabhängigen und Pornodarstellern sind oft die Leidtragenden dieses Pornomarktes. Aber auch die sogenannte bessere Mutter fehlt nicht, wenn es gilt, das Töchterlein gewinnbringend an den Mann zu bringen. Bestes Beispiel für das eiskalte Geschäft mit unschuldigen Kindern (die auf verrucht getrimmt werden) ist die Fotografin Irina Ionesco, die ihre zwölfjährige Tochter Eva in dem italienischen Schmuddel-Streifen „Maladolescenza" (deutscher Titel: „Spiele mit Liebe") dem Markt zum Fraße vorwarf. Auch David Hamilton, schon einmal wegen unzüchtiger Handlungen an Kindern zu 36 000 Mark Geldstrafe verurteilt, reitet seit Jahren auf der Kindersex-Welle. Seine Fotos kann man beschreiben als Parodie der Verführung, wobei die Kamera die Rolle des Vollzugs übernimmt. Die Geschäftemacher mit Kindern berufen sich auf die Historie: Gilles de Ray, französischer Edelmann, soll 300 Knaben mißbraucht und geschlachtet haben, im viktorianischen England gab es Luxusbordelle mit kindlicher Besatzung, und in Frankreich stürzten Minister über die berüchtigten „Rosa Feste", auf denen die Nymphchen tanzten.

Doch Kinderporno, wie in Amerika jetzt und teilweise auch schon in Deutschland, gab es noch nie. Louis Malle, dessen Film „Pretty Baby" 1978 auch in deutschen Kinos anläuft und der die Geschichte einer kindlichen Prostituierten (Jodie Foster) erzählt: „Ich halte es für sehr unehrlich, von der Kinderprostitution schockiert zu sein. Sie hat in unserer Kultur immer existiert. Sie scheint eine Notwendigkeit zu sein, vermutlich weil unsere Kultur von Männern beherrscht wird."

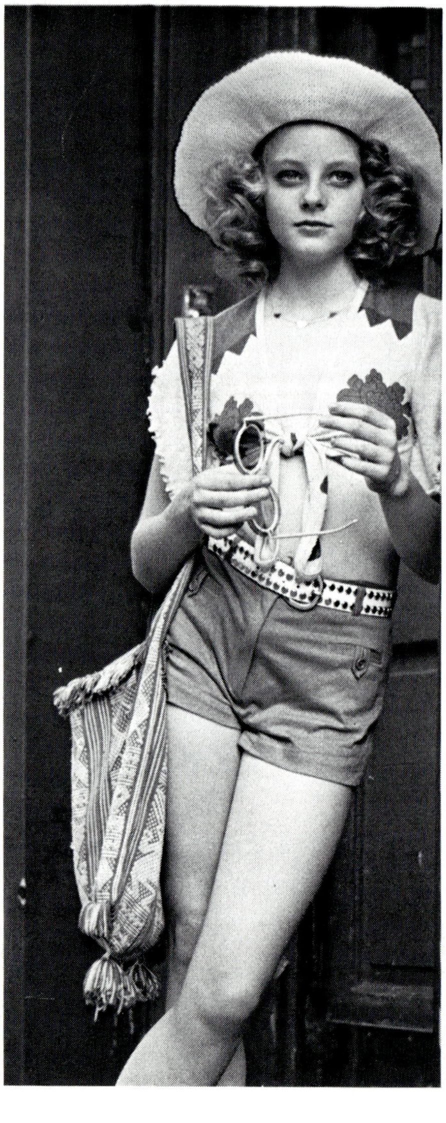

Jodie Foster, 14, einer der jungen Stars des amerikanischen Kinos, kam 1977 mit „Taxi Driver" und dem „Mädchen am Ende der Straße" in die Kinos. In Martin Scorseses „Taxi"-Film spielt sie eine kindliche rauschgiftsüchtige Hure, die an den Straßenecken steht und Kunden anlockt. Jodie allerdings dreht nie nackt – aber auch nie ohne ihre Mutter.

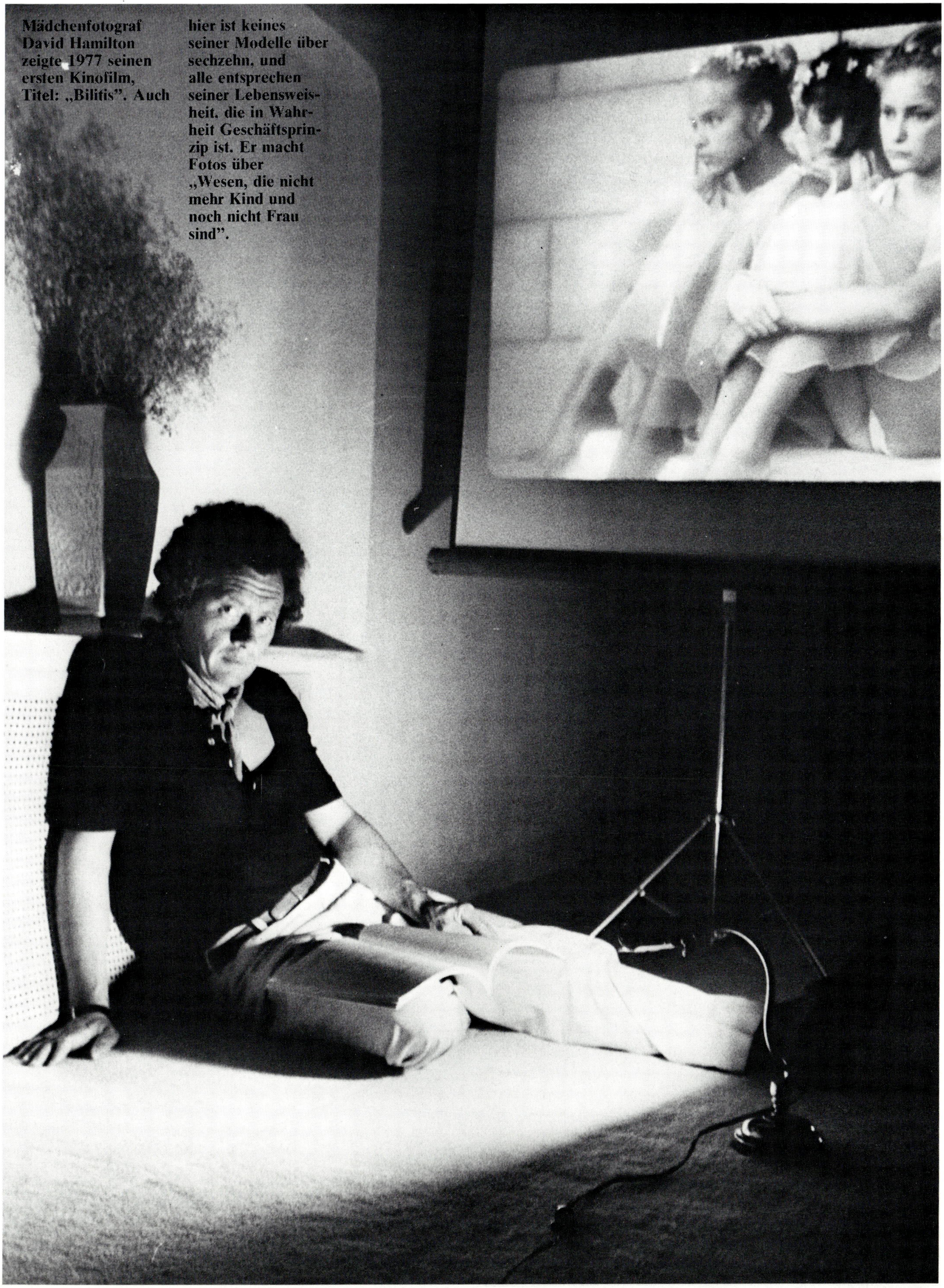

Mädchenfotograf David Hamilton zeigte 1977 seinen ersten Kinofilm, Titel: „Bilitis". Auch hier ist keines seiner Modelle über sechzehn, und alle entsprechen seiner Lebensweisheit, die in Wahrheit Geschäftsprinzip ist. Er macht Fotos über „Wesen, die nicht mehr Kind und noch nicht Frau sind".

„Ich lasse mich nur für Leistungen bezahlen, die ich selber erbringe" – mit so viel Selbstbewußtsein verärgerte der 56 Jahre alte Julius Hackethal Ärzte in der Bundesrepublik. Denn das geltende System erlaubt es, unterbezahlte Eigenleistungen, wie etwa die Erstuntersuchung oder das beratende Gespräch, durch hochbezahlte Apparate-Medizin zu kompensieren.

Hackethal – einer gegen alle

Der Chirurgie-Professor mit der eigenen „Praxis-Klinik" in Lauenburg an der Elbe gilt bei seinen etablierten Arztkollegen als Nestbeschmutzer, wenn nicht gar als Narr. Patienten allerdings sehen ihn als eine Art öffentlichen Ankläger gegen Mißstände in der medizinischen Versorgung. In zwei Büchern („Auf Messers Schneide" und „Nachoperation"), die beide das Jahr über auf der Bestsellerliste standen, attackiert er die Selbstzufriedenheit seines Berufsstandes. Er fordert die Ärzte auf, für Kunstfehler geradezustehen und das Geldverdienen deutlich von der Heilkunst abzugrenzen. Hackethal will eine „geballte Reformbewegung" in Gang bringen.

Mikrochirurgie – die Kunst des Unglaublichen

Zweimal gelang Chirurgen in den USA 1977 ein Kunststück, das bis dahin für undurchführbar gehalten wurde: Sie nähten zwei Männern den Penis wieder an, der ihnen von eifersüchtigen Nebenbuhlern abgeschnitten worden war. Mit so spektakulären Replantationen machte eine neuartige Operationsmethode von sich reden, die Mikrochirurgie. Sie wird mit feinsten Instrumenten unter dem Mikroskop ausgeführt. Das Operationsfeld – Adern, die weniger als einen Millimeter dick sind – erscheint so in 20- bis 30facher Vergrößerung. In der Bundesrepublik gibt es drei voll funktionsfähige Zentren für Mikrochirurgie, in München, Ludwigshafen und Hamburg.

Dieses Foto ist keine Spielerei mit dem Entsetzen. Die vier abgetrennten Finger gehören einer Arbeiterin, die mit ihrer linken Hand in eine Papiermaschine geraten war. Während männliche Arbeitskollegen die Bewußtlose wegtrugen, sammelten die weiblichen die Finger ein. In der Chirurgischen Klinik der Technischen Universität München wurden sie in einer 16stündigen Operation angenäht. Acht Wochen später konnten diese Finger bereits wieder einen Kugelschreiber halten.

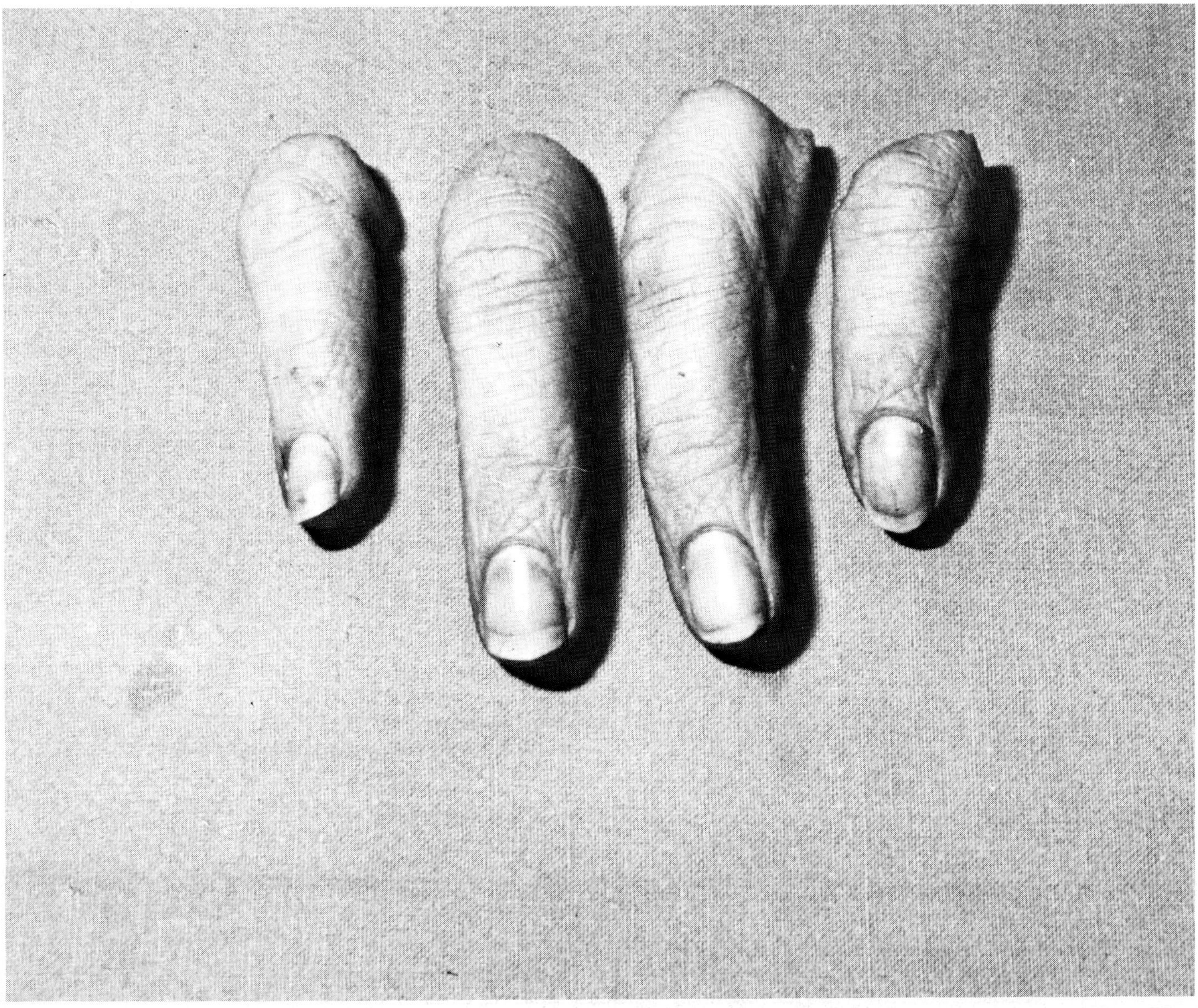

Als er Schlagzeilen machte, stieg ihm der Ruhm ein wenig zu Kopf. Man nannte ihn damals den „Cassius Clay der Chirurgie". Heute operiert der 55jährige Barnard kaum noch. Ihn plagt die Gicht in seinen Händen.

Barnard feiert Jubiläum

Als der Chirurg Prof. Christiaan Barnard in der Nacht zum 3. Dezember 1967 in Kapstadt dem 55jährigen Lebensmittelhändler Louis Waschkansky das Herz einer 24jährigen Frau eingesetzt hatte, wurde er auf der ganzen Welt umjubelt. Millionen Herzkranker hofften, daß auch ihnen ein Austauschmotor in der Brust ein besseres Leben bescheren könnte. Aber nur wenige Hoffnungen gingen in Erfüllung. Von 310 Herzen, die bis heute verpflanzt wurden, schlagen nur noch 60, denn der Körper duldete das fremde Fleisch nicht. Nur einer auf der Welt, der französische Weinhändler Emmanuel Vitria (rechts) hat seit neun Jahren mit seinem fremden Herzen Frieden geschlossen. Er lebt damit wie ein Gesunder. Ironie des Schicksals: Sein Arzt, der Marseiller Herzchirurg Prof. Edmond Henry, der ihm das Leben verlängerte, starb selbst vor fünf Jahren am Herzinfarkt. Inzwischen hat sich Prof. Barnard auf dem Gebiet der Herzverpflanzung Neues einfallen lassen: Er baut neben das kranke verschlissene Herz ein zweites fremdes Herz ein, sozusagen als Huckepack-Hilfsmotor. Barnard: „Es ist, als ob man ein Pferd hat, das müde wird, und man spannt ein zweites Pferd daneben. Wenn mit dem Spenderherzen etwas schiefgeht, kann sich der Patient immer noch auf sein eigenes Herz verlassen. Er ist dann nicht schlechter dran als vorher".

Der Franzose Emmanuel Vitria ist einer der wenigen Menschen auf der Welt, die zweimal im Jahr Geburtstag feiern. Seit neun Jahren lebt der 58jährige mit einem Herzen, das erst 30 Jahre alt ist. Nach seiner Herzverpflanzung ist Vitria durch Entkalkung seiner Knochen um 13 Zentimeter kleiner geworden.

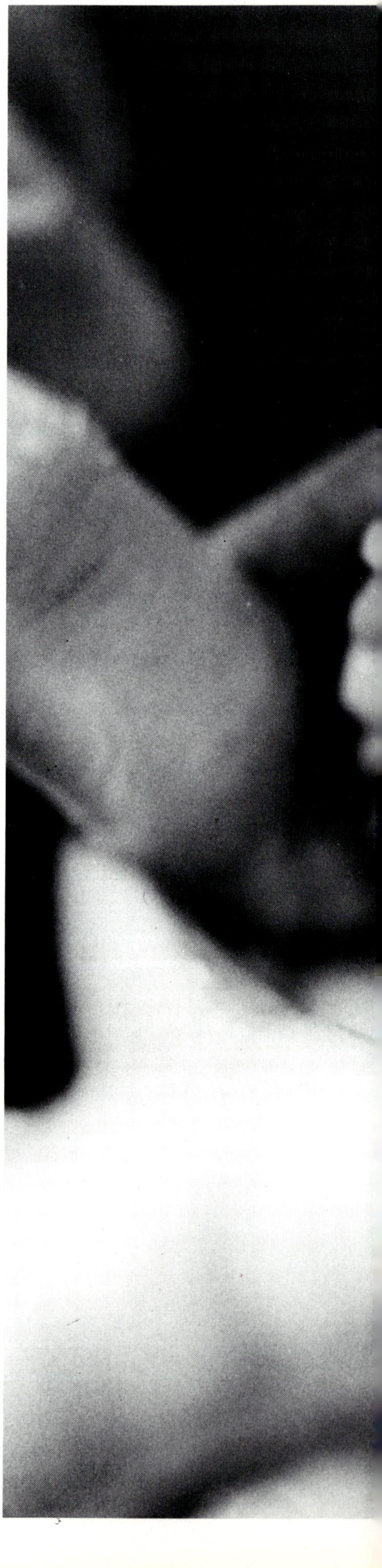

Augen für 26 Mark

Als Blinde waren sie in die Dorfschule von Chanua in Bangladesch gekommen – wenige Tage später konnten sie wieder sehen: 126 Bauern, die der Augenarzt Dr. Rabiul Hussain an einem einzigen Tag operiert hat. Dr. Hussain ist einer von vier reisenden Medizinern, die in den ärztlich kaum versorgten Landgebieten von Bangladesch (ehemals Ost Pakistan) die Schrecken einer Epidemie zu lindern suchen, die bislang mehr als eine Million Opfer gefordert hat: „Grauer Star", eine durch Vitamin-Mangel verursachte Trübung der Augenlinsen. Die mobilen Ärzte, die von deutschen Hilfsorganisationen finanziert werden, ziehen von Dorf zu Dorf und operieren die „Star"-Blinden unter primitiven Bedingungen in Klassenzimmern, oft im Schein einer Taschenlampe. Der Eingriff dauert nur Minuten. Die Hornhaut des Auges wird eingeschnitten und die getrübte Linse mit einer Pinzette herausgezogen. Eine dickglasige „Starbrille" ersetzt die entfernte Linse. Der finanzielle Aufwand, um einen Erblindeten wieder sehend zu machen: 26 Mark.

Ein Zahn geht vor Anker

Was hier im Munde eines Patienten getestet wird, könnte bald in Zahnpraxen Routine sein: Fehlende Zähne werden nicht mehr durch Brücken ersetzt, statt dessen steckt der Zahnarzt eine künstliche Wurzel wie einen Dübel in ein vorgebohrtes Loch im Kiefer und schraubt darauf den neuen Zahn. Das Problem, künstliche Fundamente für Zähne einzubauen, beschäftigt die Zahnmediziner seit Jahrzehnten. Egal was – ob Schrauben, Metallklingen oder Sockel aus Kunstharz – das Schicksal der meisten Kunstpfeiler war immer das gleiche: sie mußten wieder raus, weil der Knochen sie nicht duldete. Auch Implantate, die einheilten, verbanden sich selten richtig mit dem Knochen. Erst die neue künstliche Zahnwurzel scheint alle Probleme zu lösen. Wissenschaftler des Frankfurter Batelle-Instituts entwickelten einen porösen keramischen Werkstoff aus Kalzium-Phosphat, der mit dem Knochen eine innige Verbindung eingeht. Innerhalb vier Wochen wächst die Wurzel fest in den Kiefer ein. Auf ihr Gewinde wird dann die Porzellankrone geschraubt.

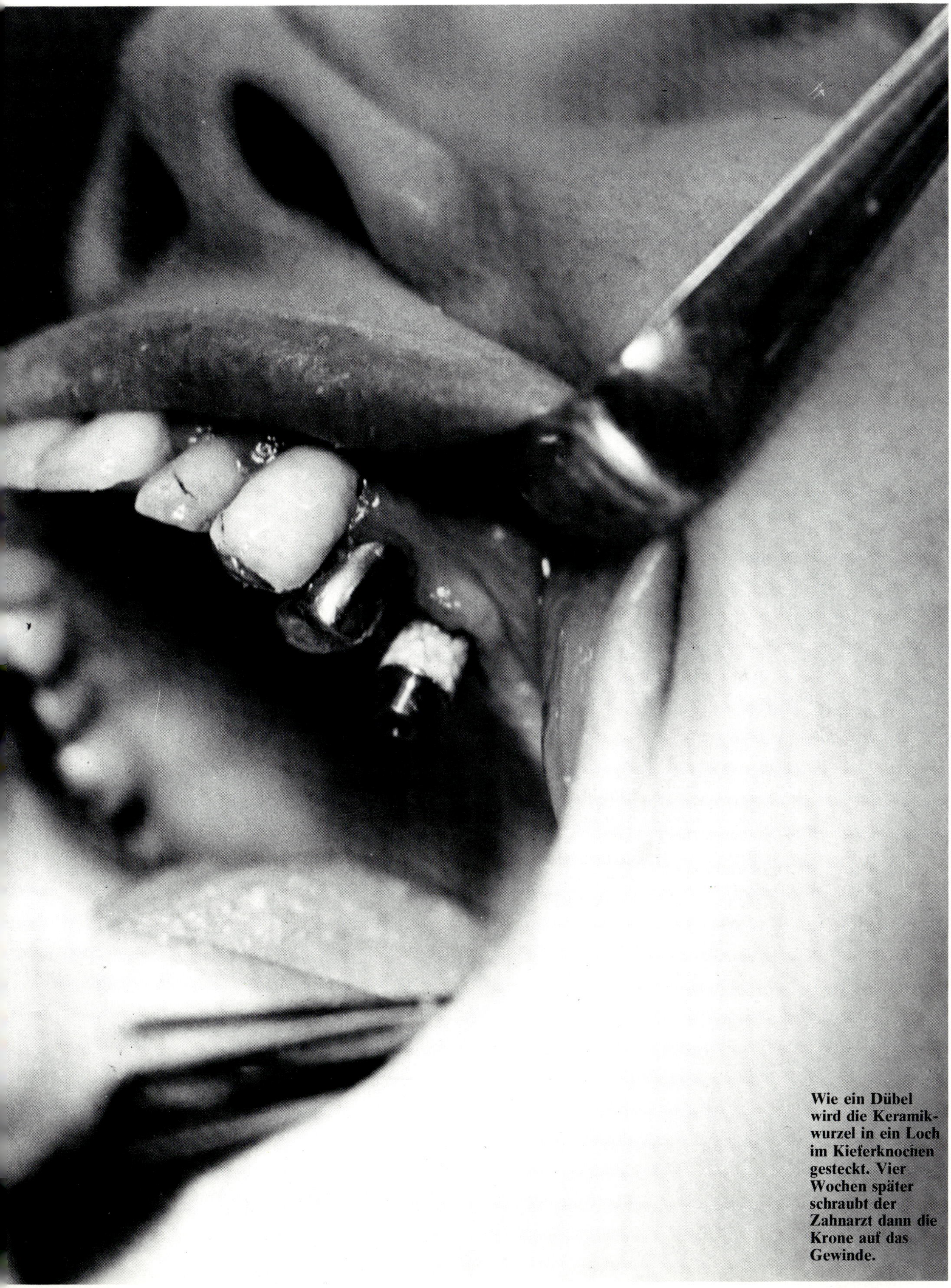

Wie ein Dübel wird die Keramikwurzel in ein Loch im Kieferknochen gesteckt. Vier Wochen später schraubt der Zahnarzt dann die Krone auf das Gewinde.

„Was wollen die Frauen? Lieber Gott! Was wollen sie?"

Sigmund Freud

Acht Jahre lang zeigten die Pariser Modemacher sittsame, wadenlange Säume. Dann kam der Schock. Im Herbst 1976, als an der Seine die Mode für Frühjahr und Sommer '77 präsentiert wurde, war der Mini plötzlich wieder da: Der Japaner Kenzo Takada („Jap") hatte seine Mannequins in superweiten Hemden, die gerade den Po bedeckten, über den Laufsteg geschickt. Der Skandal schien perfekt, denn das Publikum, die internationale Presse und Einkäufer aus aller Welt, reagierten verschreckt, lehnten die Kurzform rundweg ab. Dennoch setzte sich das Hemd durch. Anfangs noch zu langen Hosen getragen, tauchte es im Sommer dann als Strand-Mini auf. Kenzo machte weiter Kurzes. Für den Herbst zeigte er weite Lederjacken, kombiniert mit dicken Strumpfhosen. Ob kurz, knöchel- oder wadenlang, der Kampf ums Bein hat dennoch nicht stattgefunden. Denn Mode wird nicht mehr diktiert, die Macher stellen nur Ideen vor. Die Frauen machen dann daraus, was ihnen gefällt.

Falschgold

Vor 5000 Jahren erfanden die Sumerer den Goldschmuck. Seitdem hängt Gold am Hals und an den Ohren, schmückt Finger und Arme. Nun gibt es eine neue Art zu glänzen: Mit Goldschminke.

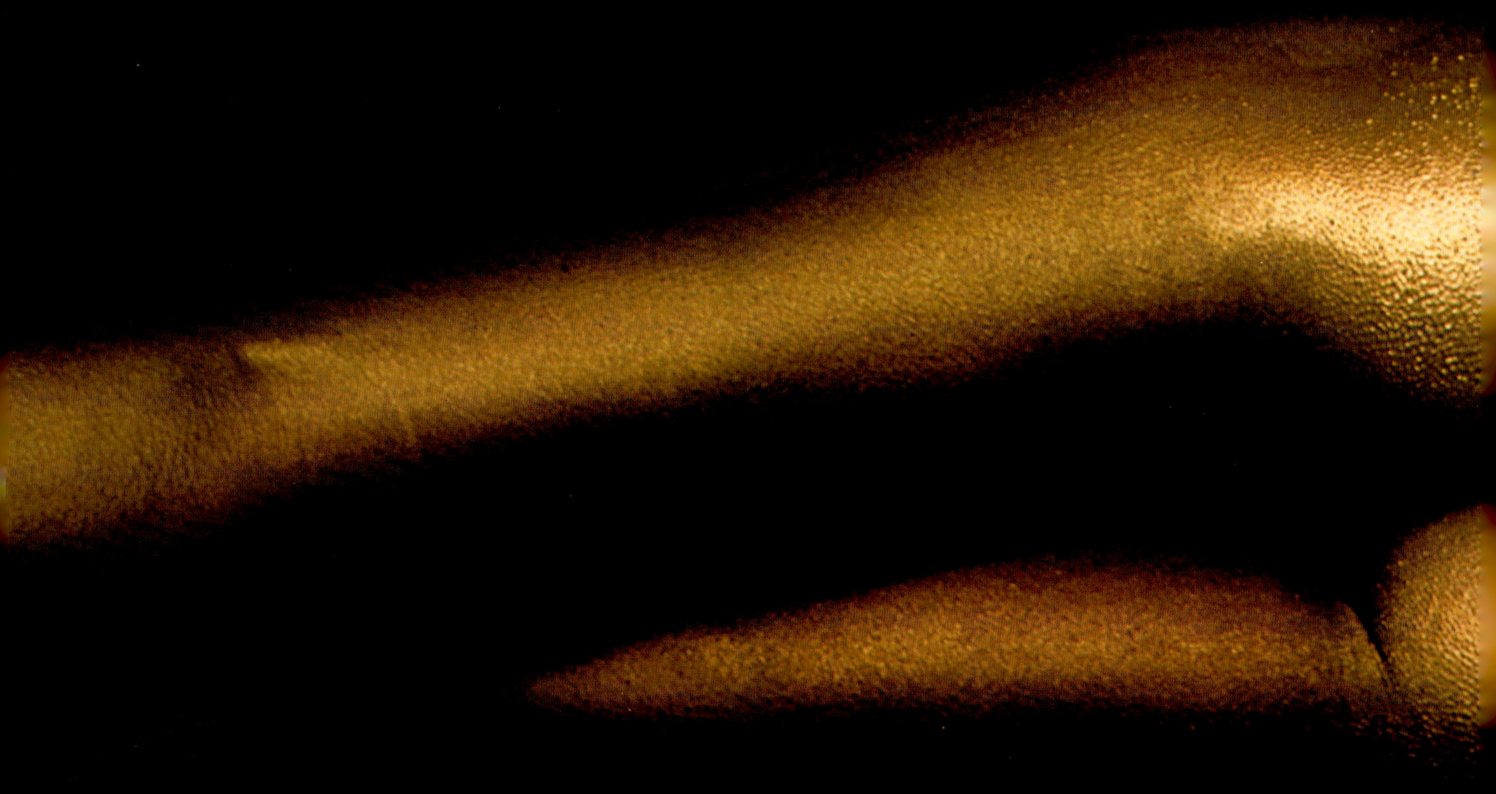

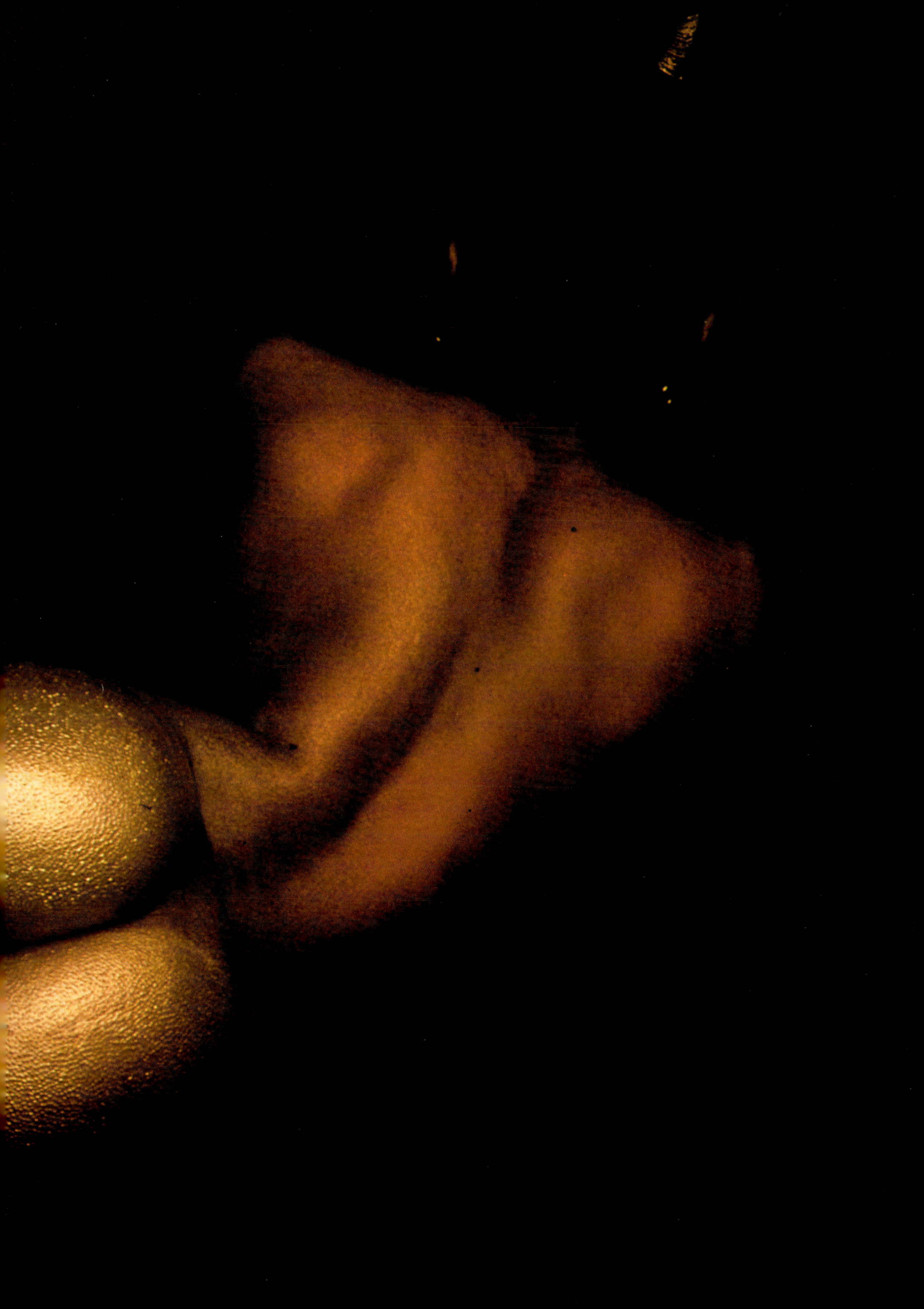

Die Modemacher aus Paris und London hatten im Sommer '77 raffinierte Einsichten: Durchsichtiges lag ihnen für die Frauen am Herzen. Teure Tüllspitze oder billige Plastikhaut – und fast nichts drunter. Um die Blöße bloß ein bißchen zu bedecken, genügten den Schöpfern schenkelhohe Satinstiefel und Tangahöschen. Denn ihre Devise war: was darunter steckt, kann jeder sehen.

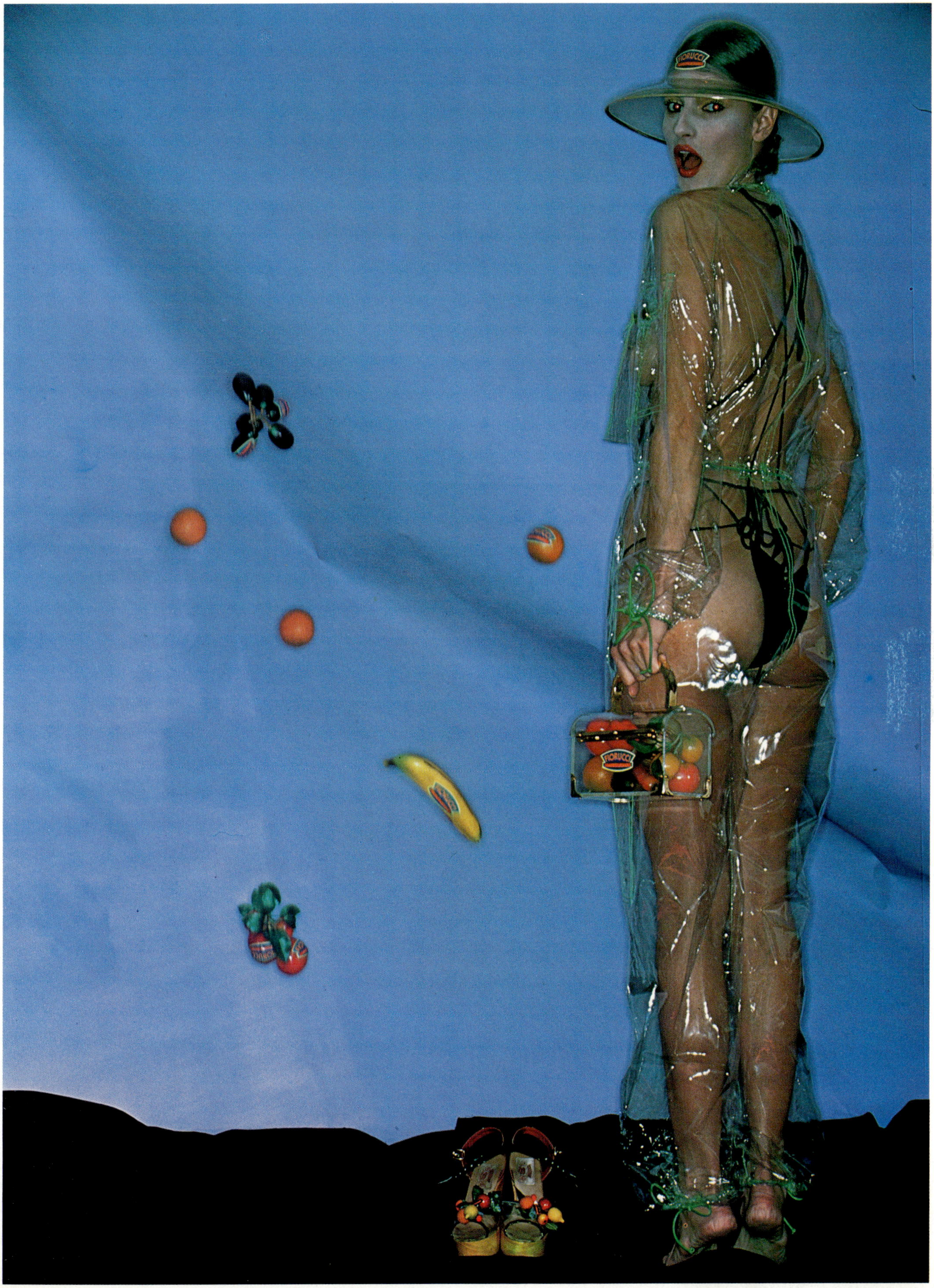
FIORUCCI
FIORUCCI

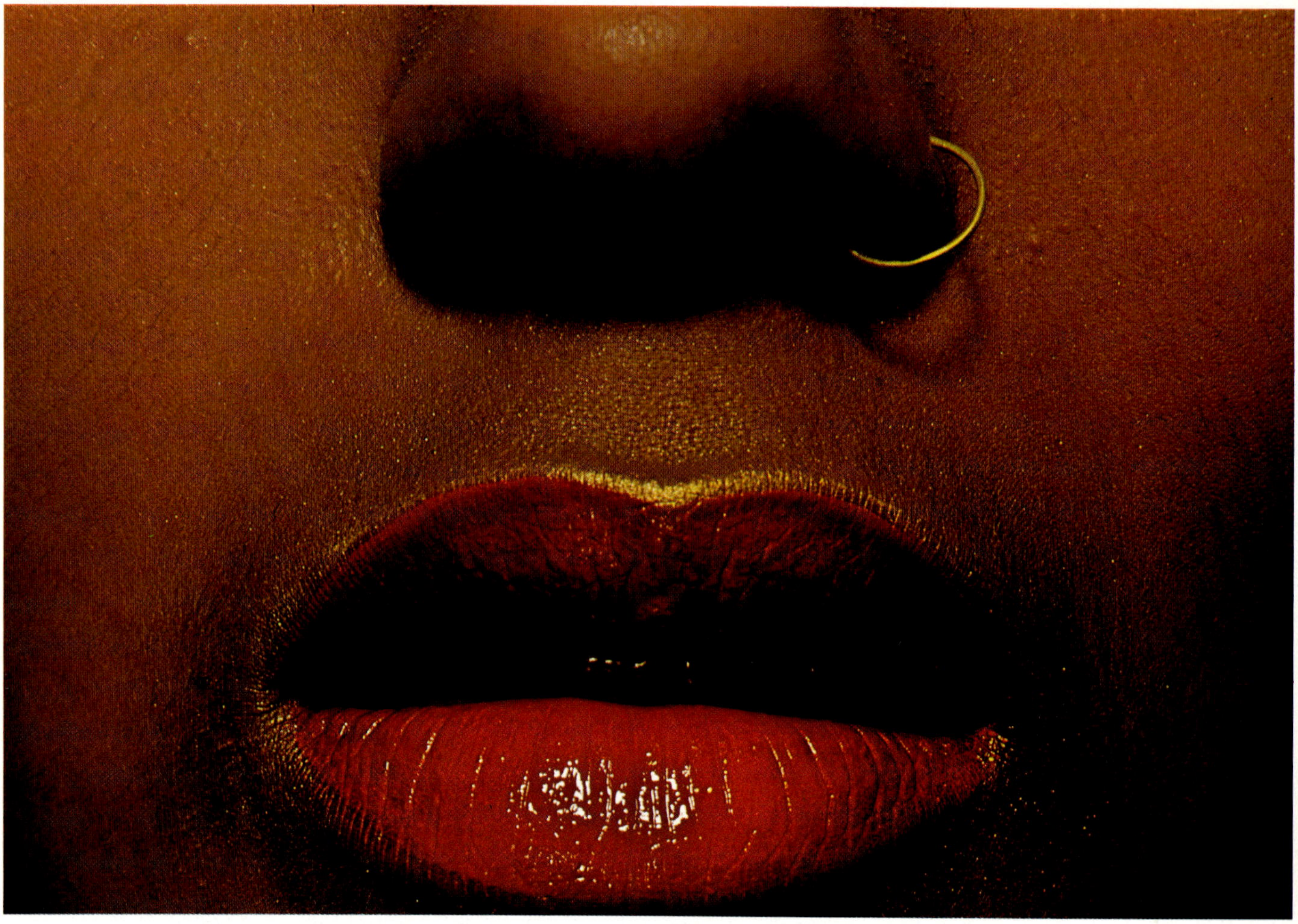

Die internationale Kosmetik-Industrie verfiel im letzten Jahr dem Goldrausch. Gülden sollten Lider glänzen, Goldstaub auf den Wangen glitzern. Hochkarätig ist die Goldschminke allerdings nicht – die Hersteller arbeiten mit Falschgold. Der Glitzereffekt entsteht durch den puderfeinen Staub von weniger kostbaren Metallen. Das neue Gold Make-up, das haben gründliche Labortests ergeben, ist selbst für empfindliche Haut unschädlich.

Der STERN bat zwei bekannte Visagisten, sich zum Thema „Gold auf der Haut" etwas einfallen zu lassen. Die Engländerin Barbara Daly sah die Goldschminke als erotische Verlockung. Sie ging damit verschwenderisch um und vergoldete ihr Modell von Kopf bis Fuß. Dem leuchtend roten Mund gab sie zusätzlich einen feinen Goldrand als verheißendes Signal. Der Franzose Serge Lutens sieht Frauen ganz anders: Aggressiv und herausfordernd. Gold auf der Haut ist ihm zu altmodisch. Die Frauen von heute, davon ist er überzeugt, haben es nicht mehr nötig, sich als verführerisches Objekt zurechtzuschminken. So machte er aus seinem Modell eine Rockerbraut. Der fast schwarz gemalte Mund soll nicht anziehen, sondern Selbstbewußtsein und Kühle signalisieren. Einzige Konzession des Franzosen an das Thema: Das vergoldete Motorrad.

Zurück zu den Anfängen der Bekleidung wollte der Hamburger Kürschner Dieter Zoern die Frauen führen. Für den Winter 77/78 bot er Pelzdecken – so groß wie Zweimannzelte – an, die einfach nur dekorativ umgehängt werden. Die Pelze sind in Streifen zusammengesetzt, ohne Futter gearbeitet und deshalb von beiden Seiten zu tragen. Diese Pelze sollen mehr als nur Kleidungsstück sein. Sie sollen auch als Bettvorleger oder als Zudecke benutzt werden.

Geiseln für einen Traum

Kinder als Geiseln – in Holland hat sich 1977 der Kampf der radikalen Molukken-Minderheit verschärft. Mit MPi-Schüssen beenden sie im Mai den Unterricht in der Volksschule von Bovensmilde. 105 Kinder und sechs Lehrer sind ihnen ausgeliefert. Ein anderer Terrortrupp kapert – zeitlich genau abgestimmt und fast an der gleichen Stelle wie 18 Monate zuvor – einen Zug der holländischen Staatsbahnen. Mit dem Doppelschlag wollen die jungen Molukken inhaftierte Landsleute freipressen und Hollands Regierung an eine alte Schuld aus der Kolonialzeit erinnern. Die christlichen Molukken auf ihren sagenumwobenen Gewürzinseln im Pazifik hatten bis 1950 treu für Holland und gegen den muslimischen Freiheitshelden Sukarno von niederländisch Indien – heute Indonesien – gekämpft. Als Holland auf Druck der Amerikaner dann abzog, versprach es seinen braunen Hiwis eine eigene Republik Südmolukken, evakuierte sie aber vor dem siegreichen Sukarno ins friesische Mutterland. Inzwischen 40 000, hofften sie vergebens auf Rückkehr in die Südsee. Immer heftiger widersetzten sich gerade die jungen, schon in Holland geborenen Molukken den Bestrebungen der Regierung, sie aus ihren ärmlichen Barackenlagern in freundliche, subventionierte Sozialwohnungen umzusiedeln: Dort hätten sie keinen Zusammenhalt mehr, würden ihre Sprache und südmolukkische Identität verlieren. Im Kleinkampf mit der Polizei geübt, von Holländern oft als Zwaartkopjes – Schwarzköpfe – verhöhnt, war es nur eine Frage der Zeit bis zum ersten organisierten Terroranschlag. Als der, im Dezember 1975, ergebnislos blieb, folgte der zweite: Mit Kindern als Geiseln, so schien es, blieb Hollands Regierung keine Wahl. In einer ihrer eigenen Siedlungen stürmten sie die holländische Schule. Doch ganz so hart, wie sie sich gaben, waren sie dann doch nicht. Am vierten Tag litten ihre kleinen Gefangenen an einer grippalen Darm-Epidemie. Eingehüllt in Decken, begann morgens um vier der Auszug der Kinder in die Freiheit. Am zwölften Tag war das Geiseldrama ganz vorbei: bei Nacht und Nebel stürmte Marineinfanterie Zug und Schule und befreite die erwachsenen Geiseln.

In Decken gehüllt dürfen 105 Kinder in der holländischen Molukkensiedlung Bovensmilde in die Freiheit gehen. Molukkische Terroristen hatten sie als Geiseln vier Tage gefangengehalten. Dann zwang eine Epidemie die Geiselnehmer zur Aufgabe.

Beim Großen Preis von Japan auf der Fuji-Rennstrecke war der junge kanadische Fahrer Gilles Villeneuve den 500 PS seines Ferrari nicht gewachsen. In einer engen Rechtskurve berührte er das Heck des vor ihm fahrenden Schweden Ronnie Peterson. Der Ferrari stieg darauf wie eine Rakete in die Luft, flog über den verdutzten Peterson hinweg, krachte auf die Piste, schleuderte wieder hoch und zerschellte an einem Erdwall. Doch Villeneuve stieg unverletzt aus dem Wrack.

GOODYEAR
Matras

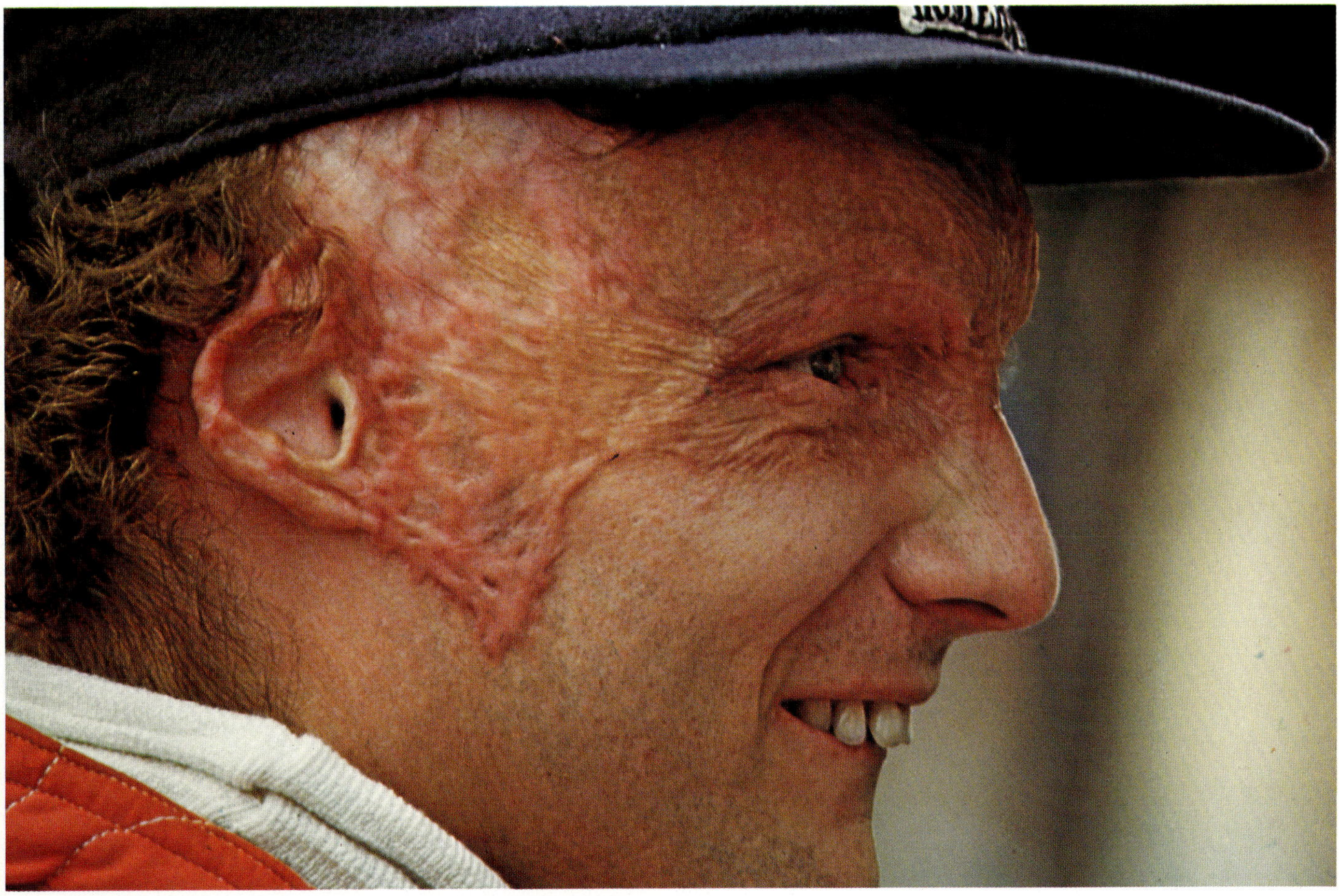

Niki Lauda, 28, immer noch schwer gezeichnet von seinem schweren Unfall im Sommer 1976 auf dem Nürburgring, wurde zum zweitenmal Weltmeister der Formel 1-Fahrer.

Wenn der kleine Österreicher die Gesichtsmaske und den mit Reklamespots vollgeklebten Helm überzieht, ist es, als zöge er eine Tarnkappe über sein verbranntes Antlitz. Er fährt nicht so draufgängerisch wie die anderen, dafür aber mathematisch genau wie ein Roboter. Ähnlich kühl verfährt Lauda auch mit seiner Umwelt. Seinem langjährigen Mäzen Enzo Ferrari knallte er die Kündigung auf den Tisch – so ist noch nie einer mit dem alten Herrn umgegangen. Laudas große Überlegenheit trug allerdings auch dazu bei, daß die Grand-Prix-Rennen langweilig wurden. Dafür stieg das Publikums-Interesse an Motorradrennen sprunghaft an, vor allem an den akrobatischen Geländefahrern.

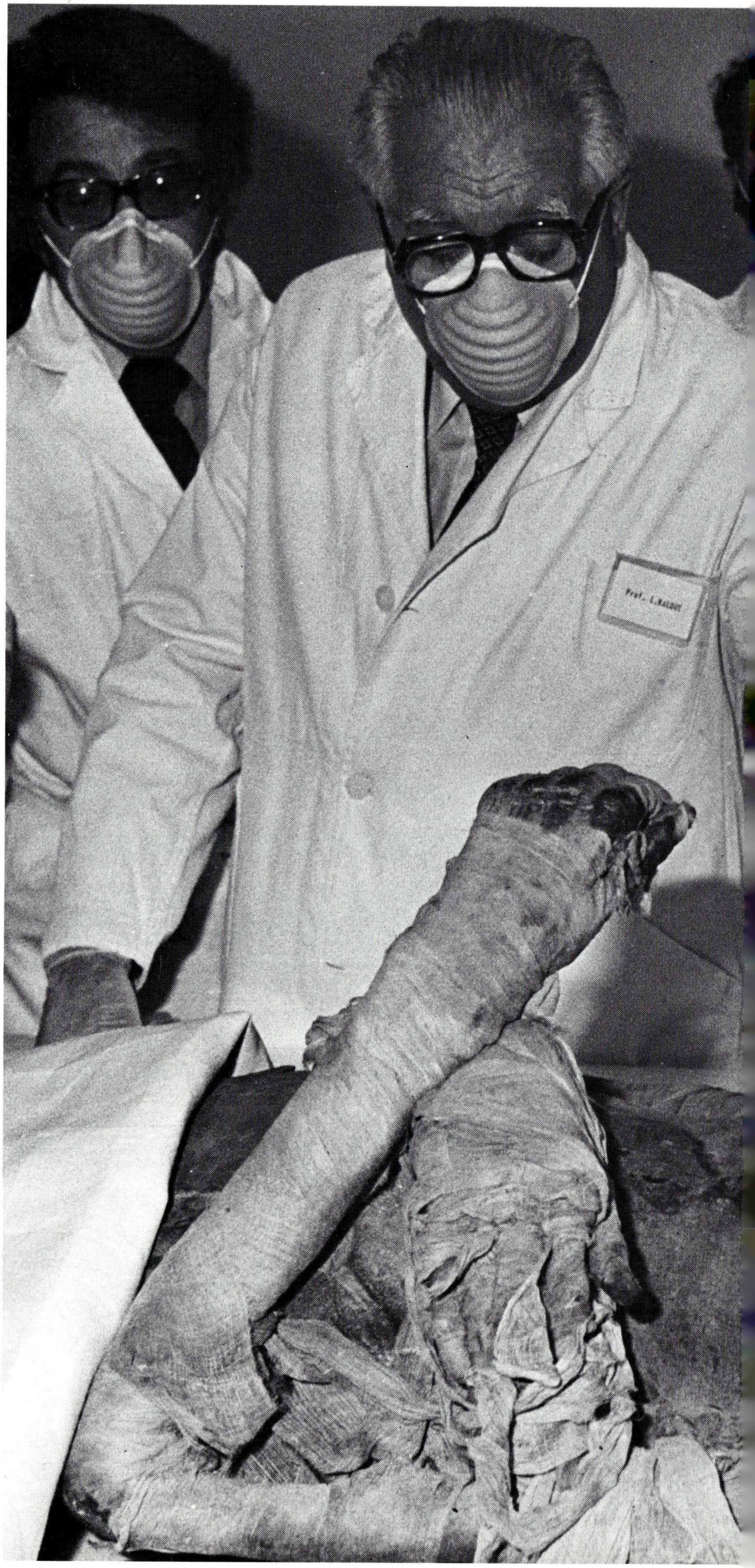

Staatsbesuch einer Leiche

3 200 Jahre nach seinem Tod reiste Pharao Ramses II. aus Kairo zum Staatsbesuch nach Paris und wurde dort mit militärischen Ehren empfangen. Danach wurde der Gast Wissenschaftlern anvertraut, denn der Anlaß seines Besuches war delikat: Der mumifizierte Leichnam drohte zu zerfallen. In Paris entdeckten Konservierungs-Experten unter den über 100 Meter langen Mumientüchern zwei Arten von Insekten, 60 verschiedene Schimmelpilze und zahlreiche Bakterien-Arten. Um weiteren Infektionen vorzubeugen, näherten sich die Forscher dem Herrscher nur mit Mundschutz. Durch Gamma-Strahlen gründlich desinfiziert, konnte Ramses II. im Mai, nach sieben Monaten in Paris, die Heimreise antreten.

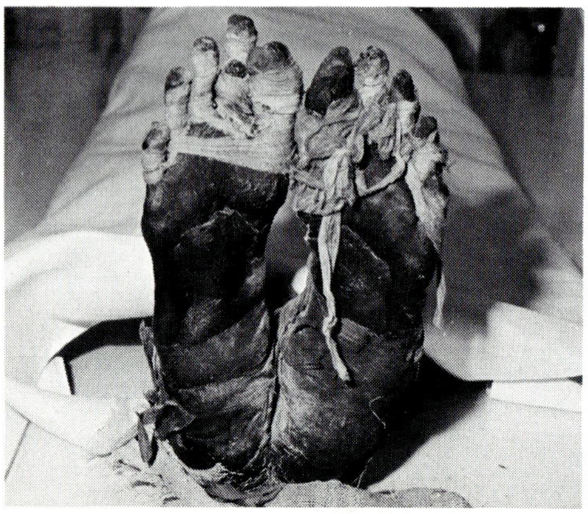

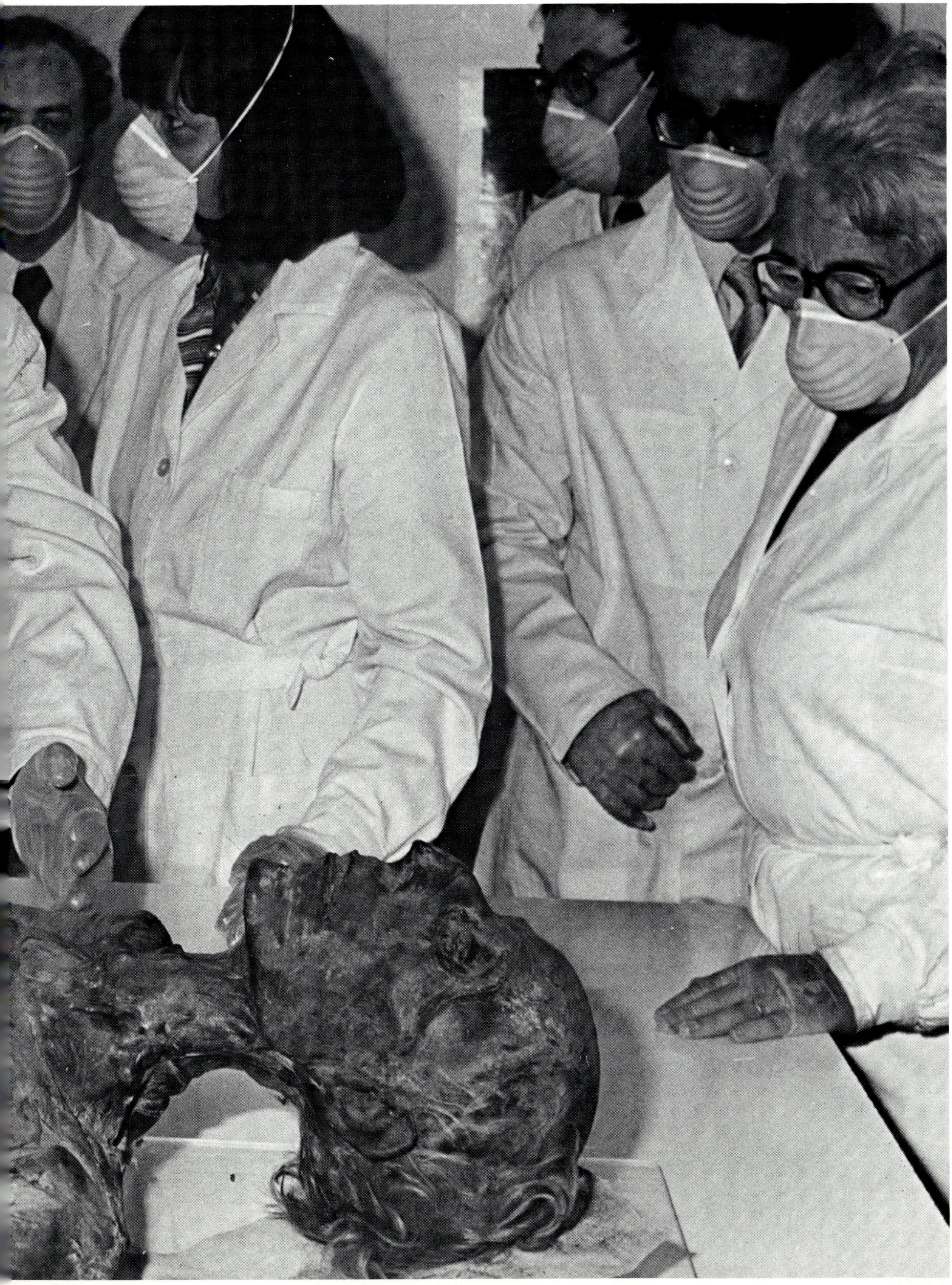

Hitler 1977

Auseinandersetzung mit der Vergangenheit, manchmal Aufwärmen der Vergangenheit und oft nur Geschäft. Hitler im amerikanischen Klamaukfilm mit Pornotouch – dargestellt von Billy Frick, schon 20mal bewährt in dieser Rolle. Ein unvollendetes Puzzle auf dem „Spiegel"-Titel zum Bericht über das Geschichtsbild unserer Kinder, die gar nichts oder Falsches von Hitler wissen. Zweimal mit Kindern auf dem Titel der „Quick", die eine amerikanische Hitlerbiographie abdruckt. Einmal Führer mit Kind, das Rührbild aus den Glanzzeiten, und dann das letzte Foto vom März 1945: Hitlerjungen, die mit Orden zu dekorieren und täppisch zu tätscheln ihr Führer ein letztes Mal aus seinem Berliner Befehlsbunker herauskroch – um sie dann wieder an die Front zu schicken. „Paris Match" zeigt ihn, wie er selber gern gesehen werden wollte, und die italienische „L'Europeo" als besoffnen geilen Superstar bei der Ankunft in Amerika, abermals dargestellt von Billy Frick. Der Hamburger Jahr-Verlag, gut im Geschäft mit Tondokumenten aus dem Dritten Reich und dem Nachdruck von NS-Propagandazeitschriften, vertreibt über ihn eine Hochglanz-Sonderdokumentation. Und der STERN druckt die Tagebücher seines Propagandaministers Goebbels aus den letzten Wochen vor dem Zusammenbruch – ein erschütterndes Dokument von Verblendung und Größenwahn.

Schicksalsmotive ertönen, in antikem Gewand steigt Adolf Hitler empor aus dem Grabe Richard Wagners – dargestellt von Heinz Schubert, der den Fernsehzuschauern bisher eher als Ekel Alfred bekannt ist. Eine Szene aus Hans-Jürgen Sybergs siebenstündigem Kolossalwerk „Hitler – ein Film aus Deutschland", das im November 1977 in London uraufgeführt wurde.

Auch das geschah 1977:
Am 22. Februar, am dreizehntausendundzweiundsiebzigsten Tag seiner Haft, schnitt sich Rudolf Heß, 82, der tagsüber noch im Spandauer Gefängnisgarten seine Runde gedreht hatte, die linke Pulsader auf. Der Selbstmordversuch war eine Demonstration: der kranke alte Mann wollte von einem deutschen Arzt behandelt werden. Seit seinem Englandflug Mai 1941 war der einstige Führerstellvertreter in Haft. 1946 vom Nürnberger Vier-Mächte-Tribunal zu lebenslänglich verurteilt, seit 1966 in Einzelhaft, von 107 Personen bewacht und betreut, hat der Greis keine Chance, freigelassen zu werden. Die Westmächte hätten ihn längst begnadigt, die Sowjets bestehen auf der Fortdauer der Haft. Ein anderer Lebenslänglicher kam frei: Am 15. August wurde der ehemalige SS-Obersturmbannführer Herbert Kappler, verantwortlich für die Erschießung von 335 Geiseln in Rom im März 1944, von seiner Frau aus dem römischen Gefängnisspital nach Deutschland entführt. Anneliese Kappler hatte sich zur Tarnung kahlgeschoren.

Geschäft mit der Geschichte

„Hitler – eine Karriere – nochmal verlängert." Das konnten die Deutschen 1977 auf Kinoplakaten lesen. 16 Wochen lang lief Joachim Fests Dokumentarfilm in Hamburg, 14 in München, 12 in Frankfurt. Millionen sahen stundenlang grandiose Aufmärsche, Paraden, Führerreden und nur wenige Minuten Krieg, Verfolgung, Verbrechen, Elend – über 8 Millionen Mark hat der Film bereits eingespielt. Doch was manchen als Beginn einer neuen Hitler-Welle erschien, war nicht nur Geschäft, war auch Aufklärung. Viele junge Menschen, die von Eltern und Lehrern nichts oder zu wenig über diese Zeit erfuhren, begannen zu ahnen, was in jenen 12 Jahren des Tausendjährigen Reiches mit ihren Eltern und Großeltern geschehen war – und durch sie: Denn jene waren es ja, die damals diesem einen Mann zujubelten, die Heil schrien und schließlich: „Ja, wir wollen den totalen Krieg". Mehr Aufklärung als Geschäft auch die Bücher über jene Zeit, die 1977 hierzulande erschienen: John Tolands Hitler-Biographie, auch wenn in ihr Gestalt und Geschichte von einer Detail-Lawine fast zugeschüttet werden; Bücher über Reinhard Heydrich, den SS- und Judenmordorganisator, über Hitlers graue Eminenz Martin Bormann; die Memoiren des Stalingrad-Generals Walther von Seydlitz, den die Sowjets später zur Zusammenarbeit im „Nationalkomitee Freies Deutschland" gewinnen konnten. Und die Tagebücher von Hitlers Propagandaminister Josef Goebbels, die Größenwahn und Menschenverachtung enthüllen wie kaum ein Dokument zuvor. Mehr Geschäft als Aufklärung jedoch die vielen Schallplatten mit Reden der Naziführer und die Nachdrucke von NS-Propaganda. Was Wunder, daß man im Ausland vieles nicht als Bewältigung, sondern Aufwärmen der Vergangenheit verstand und sich dann doch in die vermeintliche Hitlerwelle einhängte: In einer einzigen Augustwoche schmückte Hitler die Titel von vier großen ausländischen Zeitschriften. Das Interesse schlug um in Angst, in Italien bei vielen sogar in Haß, als der ehemalige SS-Obersturmbannführer Herbert Kappler von seiner Frau aus dem römischen Gefängnisspital entführt wurde.

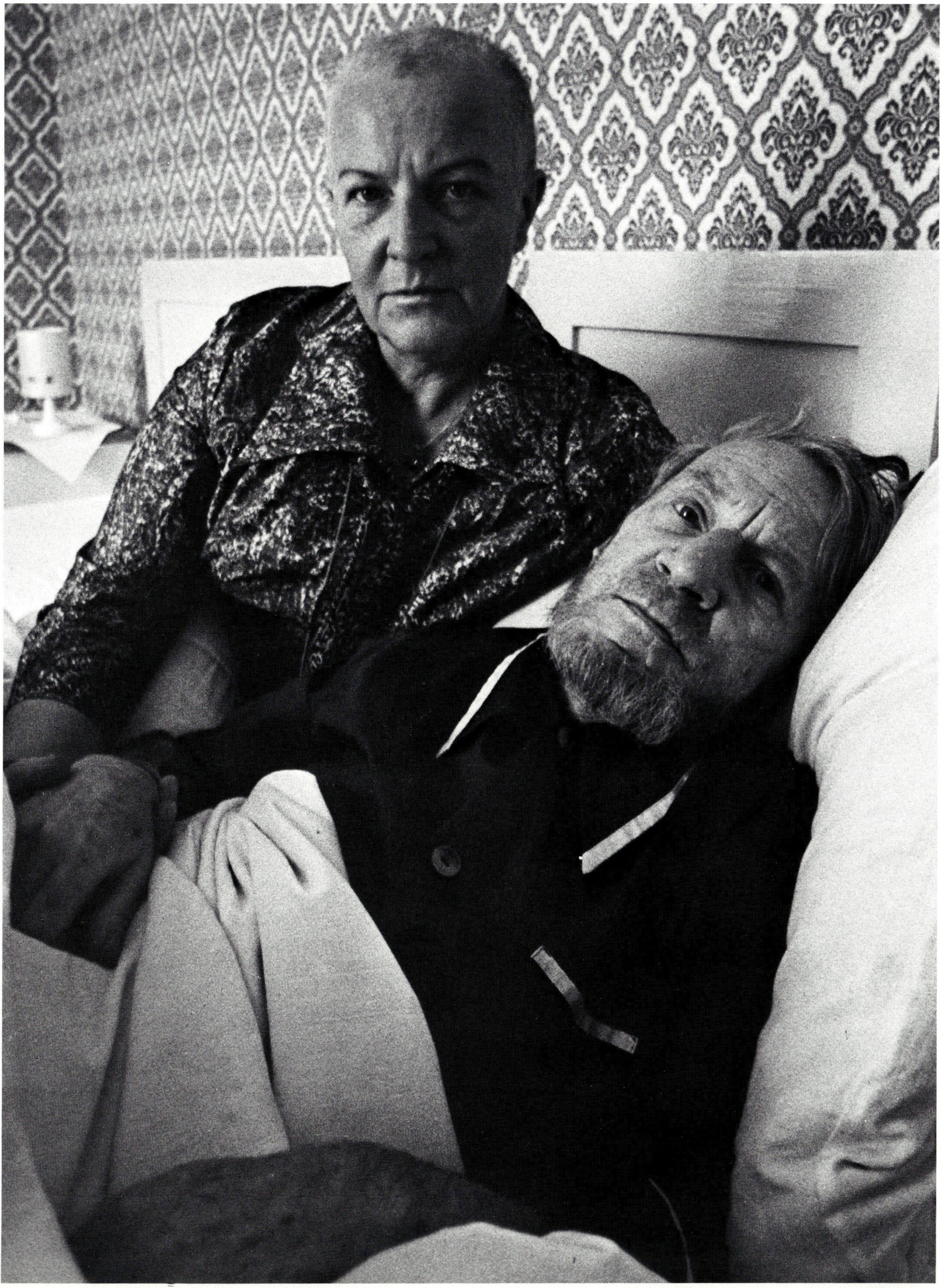

Ernte bis zum Überfluß

Weizenernte im US-Bundesstaat North-Dakota. Dank neuer Dünge- und Erntetechniken ist die amerikanische Weizenproduktion in den letzten fünf Jahren von 42 Millionen auf 55 Millionen Tonnen gestiegen. In den Anbaugebieten des amerikanischen Mittelwestens quollen im Herbst 1977 die Silos über, und an den Börsen sanken die Preise. Während Nordamerikaner und Europäer Schwierigkeiten haben, mit dem Überfluß fertig zu werden, nimmt in der Dritten Welt der Hunger zu. Bevölkerungsexplosion, steigende Arbeitslosigkeit, veraltete Landwirtschaftsmethoden und fehlgeleitete Industrialisierung stellen viele Länder in Asien, Afrika und Lateinamerika vor fast unlösbare Probleme.

Diese Länder sind mehr denn je auf die Hilfe der Industrienationen angewiesen. Doch wie diese Hilfe aussehen soll, darüber besteht zwischen Arm und Reich noch Uneinigkeit – ein Nord-Süd-Konflikt, der gefährlich ist für den Frieden der Welt.

Ernte wie vor hundert Jahren

Mit einem hölzernen Pflug bearbeitet dieser indische Bauer sein Feld – wie vor hundert Jahren. Millionen Menschen in Asien leben so kärglich wie er, Hunderttausende verhungern. Immer lauter fordern die armen Länder der Dritten Welt deshalb von den reichen Industrienationen größere Hilfe bei der Bewältigung ihrer wirtschaftlichen Probleme. Wichtigste Forderung ist ein weltweiter Rohstoff-Fonds, der die Produkte aus den Entwicklungsländern – Reis oder Kaffee, Kupfer oder Zinn – aufkauft, wenn die Nachfrage sinkt, um die Preise zu stützen. Verlangt wird ferner, daß die Rohstoffpreise automatisch angehoben werden, wenn die

Preise für Industriegüter steigen. Die meisten Industriestaaten lehnen solche „Subventionierungen" ab. Dadurch vertieft sich die Kluft zwischen den reichen und den armen Ländern.

Um diesen Nord-Süd-Konflikt zu entschärfen, soll eine internationale Experten-Kommission unter Leitung des SPD-Vorsitzenden Willy Brandt Vorschläge zur Lösung des Problems ausarbeiten.

Die „Zeitmaschine" feierte ihr 100. Jubiläum. Am 29. November 1877 hatte der Amerikaner Thomas Alva Edison den Satz „Mary had a little lamb" auf eine Walze gesprochen und als erster den technisch reproduzierten Klang seiner Stimme gehört. Zehn Jahre später entwickelte der Deutsche Emil Berliner die Schallplatte. Kurz nach der Jahrhundertwende lauschte der Hund Nipper, gemalt von einem gewissen Francis Barraud, der „Stimme seines Herrn" (His Master' Voice). Mit dem Bild erwarb die „Gramophone Company Limited" für 100 Pfund eines der berühmtesten Markenzeichen der Welt. Unter diesem Zeichen sollte später die Primadonna des 20. Jahrhunderts singen: Maria Callas. Die am 4. Dezember 1923 als Tochter eines emigrierten griechischen Apothekers geborene Maria Kalogeropoulos stand schon mit 17 Jahren auf der Bühne; aber erst 1947 wurde sie durch eine Aufführung in der riesigen Arena von Verona bekannt. In den fünfziger Jahren reichte ihre bloße Namensnennung aus, um die Ticker der Agenturen in Bewegung zu setzen – wie nur die Primadonnen des 19. Jahrhunderts wurde Maria Callas zu einer geradezu mythischen Figur. Ihre Stimme strahlte eine alle Erfahrungen übersteigende Einheit aus brillantester Koloraturtechnik, physischer Kraft und suggestiver Vortragskunst aus. Die alte Kunst des Belcanto-Gesangs wurde durch die fanatische Griechin noch einmal lebendig. Schon mit 42 Jahren nahm die Sängerin, dem psychischen Stress ihres Berufes noch weniger gewachsen als dem physischen, Abschied von der Bühne. Sie drehte einen Film (‚Medea' unter Pasolini), kam durch eine Romanze mit dem Reeder Aristoteles Onassis erneut in die Schlagzeilen, gab Unterrichtsstunden und scheiterte sowohl im Studio als auch auf der Bühne bei dem Versuch eines Come-Back. Am 16. September ist die einsam in Paris lebende Sängerin an einem Herzanfall gestorben.

Die Partei hat immer recht...

Einige Wochen im Herbst war die Bundesrepublik ein anderes Land: Es gab keine Parteien mehr, es gab nur noch die Gemeinsamkeit des Krisenstabes. Doch nach der Befreiungsaktion von Mogadischu und dem Mord an Hanns Martin Schleyer war es mit der Solidarität vorbei. Der Alltag kehrte zurück und mit ihm Parteiengezänk und politischer Kahlschlag. Bundeskanzler und SPD-Vize Helmut Schmidt mußte sich gegen den Vorwurf zur Wehr setzen, er schwebe über der eigenen Partei und setze sich souverän über die Beschlüsse der Genossen hinweg, wenn es ihm passe. Und er hatte alle Hände voll zu tun, die Steine aus dem Weg zu räumen, die ihm Jusos und Kernkraftgegner in den Weg legten. Seinem Koalitionspartner, dem F.D.P.-Chef Hans Dietrich Genscher, ging es nicht viel besser. Denn selbst die trickreiche Regie des liberalen Oberhaupts konnte ein Übel nicht zudecken, das der Partei schwer zu schaffen macht: der Mangel an einem überzeugenden eigenen F.D.P.-Profil. An

die Stelle klarer, unverwechselbarer Programmansagen trat immer stärker der bloße Wille zum Mitregieren – nach der Devise „Was es auch sei, die F.D.P. ist immer dabei". Auch die Oppositionsparteien CDU und CSU konnten ihr Formtief nicht überwinden. Statt die Schwächen der Regierungskoalition offenzulegen, konzentrierten sich die Christdemokraten auf Grabenkämpfe und die Demontage ihres Kanzlerkandidaten – hier der machtbewußte Franz Josef Strauß, dort der führungsschwache Helmut Kohl. Das Fazit: Kein gutes Jahr für die Parteien. Der Dialog mit dem Bürger ist gestört, der Vertrauensverlust größer geworden. Die Bürgerinitiativen können auf weiteren Zulauf hoffen.

Bis spät in die Nacht brannten die Lampen im Kanzleramt, als sich die Spitzen der Bundestagsparteien im Herbst nach den Terroranschlägen zum Krisenmanagement mit Regierungschef Helmut Schmidt trafen. Die Harmonie war zu Ende, als Hanns Martin Schleyer ermordet und die Befreiungsaktion von Mogadischu gut ausgegangen war.

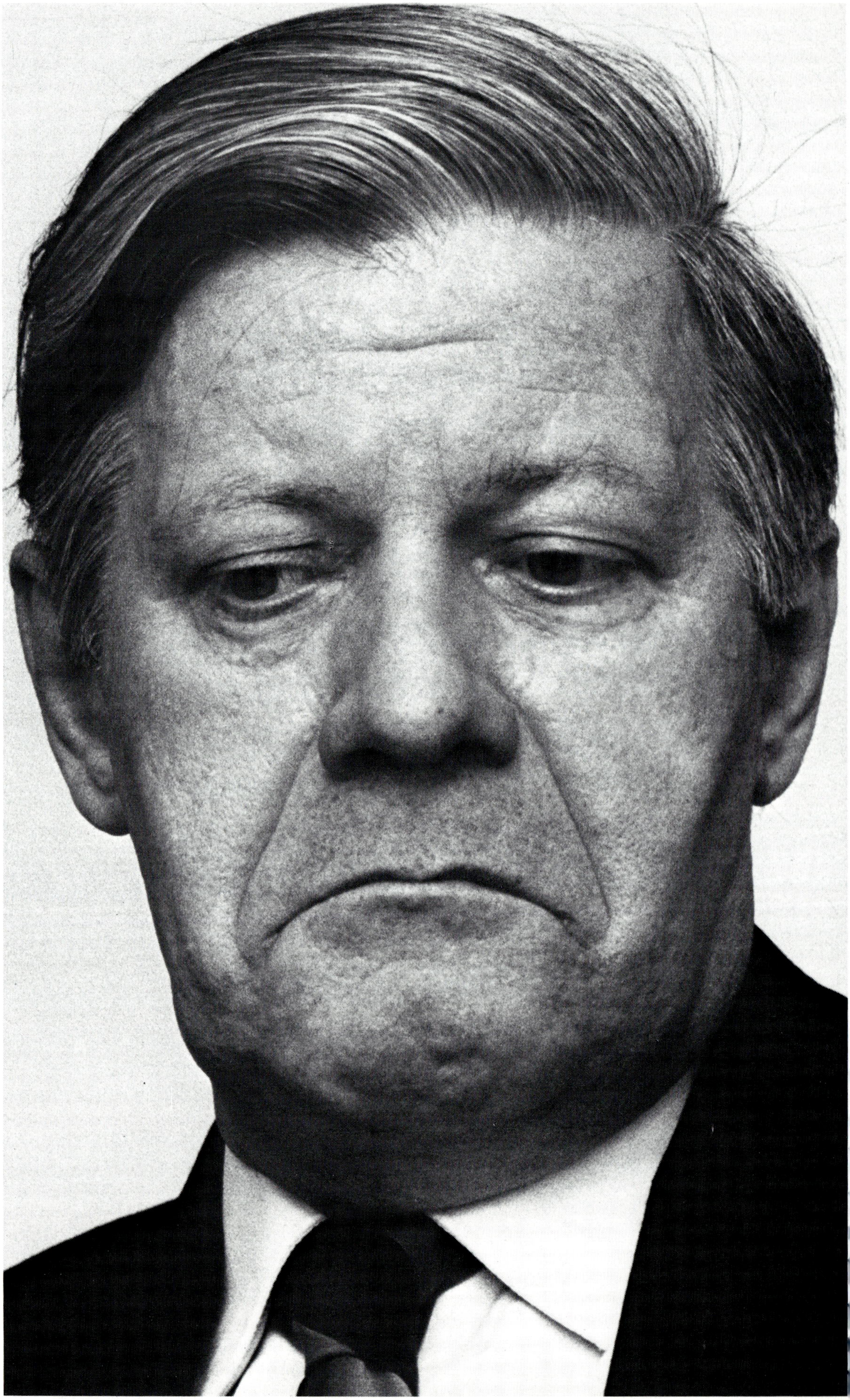

Skepsis im Frühjahr

Ein hartes Jahr stand Helmut Schmidt bevor: Als Bundeskanzler mußte er sich mit der Wirtschaftskrise und der steigenden Arbeitslosigkeit, mit Atomkraftgegnern und Terroristen herumschlagen. Als SPD-Vize konnte er nicht sicher sein, ob die Genossen seiner Politik folgen würden.

Zuversicht im Herbst

Weil er den Terroristen Paroli bot, gewann Helmut Schmidt im Herbst das Vertrauen der Bürger in den „starken Staat" zurück. Auf dem SPD-Parteitag in Hamburg vergaßen die Genossen jede Kritik, die sie in den Monaten zuvor im Übermaß geübt hatten. Sie applaudierten stehend und wählten Helmut Schmidt mit überwältigender Mehrheit erneut zum Partei-Vize.

Viel Kopfschmerzen bereitete dem SPD-Vorsitzenden Willy Brandt und dem Bundesgeschäftsführer Egon Bahr die Wahl des Berliner Rechtsanwalts Klaus-Uwe Benneter zum Juso-Vorsitzenden. Zum erstenmal hatte sich beim SPD-Nachwuchs der „Stamokap"-Flügel durchgesetzt. Das Gastspiel des Anhängers der Theorie vom Staatsmonopolistischen Kapitalismus (= der Staat als Diener der Großkonzerne) war kurz: Benneter amtierte nur 39 Tage. Der Parteivorstand suspendierte ihn und beantragte ein Ausschlußverfahren.

Der CDU-Vorsitzende und Kanzlerkandidat Helmut Kohl und CSU-Boß Franz Josef Strauß waren sich nie grün. Kohls Demontage begann mit dem Beschluß von Kreuth, die CSU bundesweit zur Vierten Partei auszubauen. Die nach diesem Spektakel mühsam gekittete Einheit der Christenunion hielt nicht lange. Strauß halfterte den Mainzer Ex-Landeschef systematisch ab, Kohl disqualifizierte sich durch Führungsschwäche und schlechte Leistungen als Oppositionsführer. Nach dem Willen des machtbewußten CSU-Chefs ist Helmut Kohl nur noch ein Kanzlerkandidat auf Abruf - wenn erst die Landtagswahlen in Hessen und Bayern gelaufen sind.

eit
Pirkl

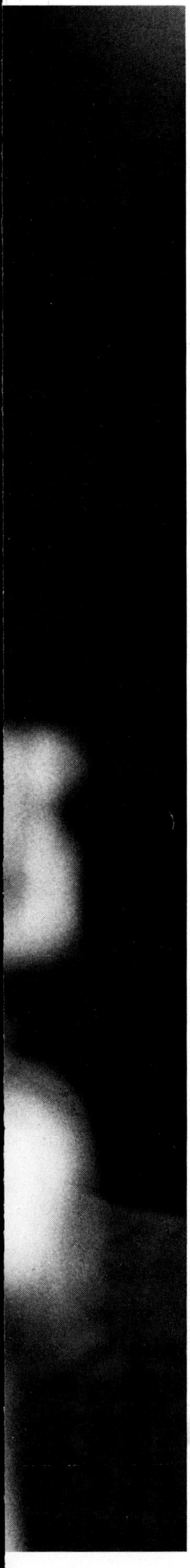

Die Liberalen sind nicht zu beneiden

Zwar schmücken sie sich, die Liberalen, noch mit dem Ministerstander, aber ihre Zukunft ist ungewiß. Denn seit die Weichen in der Ostpolitik gestellt, die Zwergschulen abgeschafft, der Abtreibungsparagraph 218 reformiert und die Ehescheidung erleichtert sind, hat die F.D.P. die Orientierung verloren. Sogar auf ihrem klassischen Feld der Sicherung des Rechtsstaates verharrt die Partei ratlos in der Defensive. Statt dem modischen Zeitgeist, der mehr Staat und weniger Freiheit fordert, mutig entgegenzutreten, stimmen die Freidemokraten eilfertig Gesetzen zu, die den Rechtsstaat auszuhöhlen und Duckmäuser zu züchten drohen. Zu den Profilnöten haben sich inzwischen auch noch Personalsorgen gesellt. Der einstige Garant liberaler Fortschrittlichkeit, Innenminister Werner Maihofer, sitzt seit der peinlichen Abhöraffäre Traube zwischen allen Stühlen: Die Linken haben ihr einstiges Vorbild fallengelassen, die Rechten beobachten ihn mit Argwohn. Ernährungsminister Josef Ertl war immer schon das zwar liebenswerte, aber nie ganz ernstgenommene Aushängeschild der Partei. Und Ex-Wirtschaftsminister Hans Friderichs lockte das sichere Geld der Dresdner Bank ohnehin mehr als eine ungewisse F.D.P.-Zukunft. Sein Nachfolger Otto Graf Lambsdorff muß erst noch beweisen, ob er ein Paradepferd aller Freidemokraten und nicht nur der Wirtschafts-Liberalen sein kann.

So bleibt nur einer, dem das Kunststück gelingen kann, der Partei wieder einen klaren Kurs zu geben: Hans-Dietrich Genscher. Der F.D.P.-Chef wird dabei auch das leidige Problem lösen müssen, das der Partei stets von neuem zu schaffen macht: Mit wem sollen es die Liberalen halten, mit der SPD oder der CDU?

Der F.D.P. machen Profilnöte und Personalsorgen zu schaffen. Innenminister Werner Maihofer, einst das Aushängeschild liberaler Reformfreudigkeit, ist seit der Lauschoperation Traube in den eigenen Reihen ein toter Mann, Ex-Wirtschaftsminister Hans Friderichs hat den harten Stuhl an Helmut Schmidts Kabinettstisch mit dem bequemeren Sessel des Chefs der Dresdner Bank getauscht, und sein Nachfolger im Regierungsamt, Otto Graf Lambsdorff, muß den Vorwurf aus den eigenen Reihen entkräften, er habe nur offene Ohren für die Wünsche der Wirtschaftslobby.

Ernst Bloch, 1885–1977 Denker der Hoffnung

„Wer sind wir? Wo kommen wir her? Wohin gehen wir?" Mit diesen Fragen, die so alt sind wie die Philosophie, beginnt Ernst Blochs epochales Werk „Das Prinzip Hoffnung". Rundum, stellt der Denker fest, herrscht Angst. Warum? Weil dem Menschen die Voraussetzung für alles gute Gelingen fehlt: Die Hoffnung. Die Menschen, schreibt Bloch, können nicht mehr hoffen.

Doch Hoffen ist erlernbar, und Bloch lehrt es uns. Er fügte den drei philosophischen Grundfragen zwei weitere hinzu: „Was erwarten wir?" und „Was erwartet uns?" Um diese Fragen kreist Blochs ganzes Denken. Sie inspirierten ihn zu seiner Philosophie von der „Konkreten Utopie", in der das Wort „noch nicht" den Schlüsselbegriff bildet. Die Menschen meinen, weil sie nicht hoffen können, die Schöpfung sei schon vollbracht. Doch Bloch, der Marxist und Prophet sagt, die Genesis habe **noch nicht** einmal richtig begonnen, die Welt sei **noch nicht** „Heimat" für die Menschen geworden und das Gute in ihnen sei **noch nicht** erwacht. Dieser Mensch, der **noch nicht** ist, was er sein soll, irrt wie die Kinder Israels „durch die Wüste" auf der Suche nach dem gelobten Land, dem Reich der Freiheit, dem Kommunismus wie ihn die biblischen Propheten und Karl Marx visionär beschrieben haben.

Bloch, Sohn eines jüdischen Eisenbahners aus Ludwigshafen, floh vor Hitler nach Amerika, wo er ein armseliges Emigrantenschicksal erlitt. 1948 ging Bloch in die DDR. Damals glaubte er: „Ubi Lenin, ibi Jerusalem!" (Wo Lenins Geist herrscht, ist das gelobte Land). Er wurde Professor in Leipzig. Doch statt Lenins Geist, bekam er den Ungeist eines sich sozialistisch nennenden Regimes zu spüren. Wie weiland Sokrates wurde er als „Verderber der Jugend" verketzert. 1961, nach dem Bau der Mauer, floh er in den Westen und ließ sich 76jährig in Tübingen nieder. Er starb, 92 Jahre alt, am 4. August. Er war neben Jaspers und Heidegger der bedeutendste deutsche Denker dieses Jahrhunderts. Abends zuvor hatte der fast erblindete Denker noch seiner Lieblingsmusik gelauscht: Beethovens Fidelio-Ouvertüre mit dem Trompetensignal, das den Gefangenen im Kerker die Freiheit verkündet.

Thurau bringt die Deutschen wieder aufs Fahrrad

Kein deutscher Sportler hielt sich 1977 so lange in den Schlagzeilen wie der Frankfurter Berufsfahrer Dietrich Thurau. Bei der Tour de France raste der Jungmann mit der für diesen Sport idealen Anatomie (1,85 m groß, 75 kg schwer, 5,6 Liter Lungenvolumen) auf den ersten 18 Etappen allen davon. Während die radsportbesessenen Franzosen ihn einfach zu einem der ihren machten, indem sie seinen Namen französisch Didi Türoh aussprachen, ließen sich seine deutschen Landsleute von der Welle der Begeisterung wieder aufs Rad heben. Im Handel herrschte bis in den November hinein ein seit 25 Jahren nicht mehr gekannter Andrang auf Fahrräder. Alle Marken und Preisklassen waren gefragt, vom Billig-Rad für hundert Mark bis zum Titan-Ross für 5 000 Mark. Schon 1976 hatten die Deutschen auf der Suche nach einem gesundheitsfördernden und speckschleifenden Trimmsport dem Fahrradhandel ein wahres Rekordjahr verschafft. 1977 stiegen die Umsätze dank Thurau noch einmal um zwanzig Prozent an. Knapp vier Millionen Räder wurden in der Bundesrepublik gekauft. Der Anteil der noch vor wenigen Jahren sehr beliebten Klappräder ging rapide zurück. Die Deutschen wollen jetzt so fahren wie Thurau und bevorzugen sportliche Räder, möglichst mit Kettenschaltung.

Dietrich Thurau hat einmal nachgerechnet, daß er auf Lebenszeit ausgesorgt hätte, wenn er an dem von ihm ausgelösten Boom mit nur einem Prozent beteiligt wäre. Was soll's, er kann leicht darauf verzichten. Eine einzige Sechstagenacht wird ihm mit 5 000 Mark honoriert, im ganzen Jahr brachte er es auf eine halbe Million Mark.

Dietrich Thurau, ein 22jähriger Schriftsetzer aus Frankfurt, ist seit dem Sommer 77 in Frankreich noch berühmter als in Deutschland. In 18 Etappen der Tour de France trug der drahtige Deutsche das Gelbe Trikot des Spitzenreiters. Erst in den Alpen fiel er zurück und kam als Fünfter in Paris ins Ziel – nie war ein deutcher Fahrer erfolgreicher.

Thuraus Rennrad hat zehn Gänge. Es wiegt nur 8,7 Kilogramm. Nach seiner Jubeltour durch Frankreich waren solche teuren Flitzer aus Leichtmetall in den Fahrradgeschäften sehr gefragt, auch von jungen Damen.

75 Jahre Tour de France. Schon immer wurde das schwerste Radrennen der Welt in den Alpen entschieden. 1977 säumten wieder Zehntausende die Bergstrecken und gingen begeistert mit, wenn das Feld im Wiegetritt die Höhen erklomm, dicht gefolgt vom Autotroß der Betreuer und Journalisten.

de la Réserve

Mit 37 Meter Länge ist der Weltraum-Pendler so groß wie ein ausgewachsenes Verkehrsflugzeug. In seinem nach oben aufklappbaren Laderaum kann er 29 Tonnen Nutzlast befördern – darunter das wissenschaftliche Weltraum-Labor „Spacelab", das die Deutschen in Bremen entwickeln und bauen. Um die antriebslose Landung zu üben, montieren die Astronauten ihre Weltraumfähre auf den Rücken eines Jumbo-Jets und klinken sich in etwa 7000 Meter Höhe aus. In den Weltraum werden sie allerdings mit eigener Kraft starten: Ein Außentank, noch größer als der Shuttle, versorgt dessen Triebwerke mit Kraftstoff, bis er abgeworfen wird.

Landung auf Biegen und Brechen

Im Februar 1977 ging für die Raumfahrt die Ära der Wegwerf-Raketen zu Ende. Der „Space Shuttle" startete zu seinem Jungfernflug – vorerst allerdings noch auf dem Rücken eines Jumbo-Jets. Der Weltraum-Pendler, so die wörtliche Übersetzung, soll die Raumfahrt wirtschaftlicher machen. Anstatt nach jedem Flug in der irdischen Lufthülle zu verglühen wie alle bisherigen Weltraum-Raketen, soll der Shuttle, ein erstaunlich plumpes Fahrzeug mit den Maßen eines Verkehrsflugzeugs vom Typ DC-9, nach jedem Unternehmen wie ein Flugzeug auf einer Piste landen und bis zu hundertmal erneut ins Weltall starten.

Die wiederverwendbare Raumfähre stellt allerdings nur den teuersten Teil einer gewaltigen Kombination dar, zu der ein 47 Meter langer Außentank und zwei fast ebenso lange Hilfsraketen gehören – vergleichweise billige Teile, die wie bisher nach jedem Schuß ins All verloren gehen. Dieser Kompromiß zwischen Wegwerf-Technik und Wiederverwendung hat eine kuriose Folge: Die Fähre kehrt ohne ihren voluminösen Außentank zur Erde zurück – und daher auch ohne Treibstoff, also ohne Antrieb. Für die beiden Astronauten im Cockpit bedeutet das: Sie müssen ihr 68-Tonnen-Gefährt wie ein Segelflugzeug zu Boden bringen – das größte Segelflugzeug, das es je gab. Nach einem mißglückten Landeanflug können sie keinesfalls wieder durchstarten und einen zweiten Versuch wagen wie die Piloten der Verkehrsflugzeuge. Flieger haben für diese halsbrecherische Landetechnik einen drastischen Kommentar: „Der erste Anflug endet auf alle Fälle mit einer Landung – so oder so."

Bis zum Ernstfall haben die Astronauten noch reichlich Zeit zum Üben. Frühestens im März 1979 wird der Space Shuttle erstmals mit eigener Kraft in den Weltraum starten. In den achtziger Jahren soll er Satelliten im Fließbandverfahren in den Himmel katapultieren – zum halben Preis heutiger Weltraum-Passagen.

Für die sowjetischen Kosmonauten war 1977 zunächst ein Jahr der Mißerfolge. Erst im Dezember gelang ihnen der bis dahin mehrfach mißlungene Versuch, mit einem Raumschiff an ihrer seit langem kreisenden Außenstation „Saljut 6" anzulegen. Kommandant Juri Romanenko (links) und Bordingenieur Georgi Gretschko verlebten Silvester im Weltall und berichteten in mehreren Fernsehsendungen von wissenschaftlichen Arbeiten, denen sie in der Schwerelosigkeit der Umlaufbahn nachgingen. So klagten sie über eine Fliegenplage in ihrem Raumschiff – einige der Versuchstiere hatten sich offenkundig unplanmäßig vermehrt.

Wernher von Braun erlebte das Jahresende nicht mehr – er starb im Juni. Der Mann, der mehr als jeder andere für die bemannte Raumfahrt tat, erlebte nie die Schwerelosigkeit der Raumfahrt. Um wenigstens einen Eindruck davon zu erhalten, flog er mit einer Transportmaschine, die durch bestimmte Flugmanöver kurzzeitig Schwerelosigkeit simulierte.

Zwar sickern auch aus der Sowjet-Union Pläne für eine wiederverwendbare Weltraum-Rakete unter dem Namen „Kosmoljot". Aber die beiden Kosmonauten Juri Romanenko und Georgi Gretschko, die am 10. Dezember 1977 in eine Umlaufbahn um die Erde starteten, flogen immer noch mit einer abgewandelten Version jener „Wostok"-Rakete, die schon den ersten Sputnik beförderte. Sie koppelten an der Weltraum-Station „Saljut 6", die seit September um die Erde kreiste.

Allerdings ist es unter Experten durchaus noch umstritten, welcher Weg in den Weltraum sich am Ende als kostengünstigster erweist. Der deutsche Raketenbauer Lutz Kayser zum Beispiel hält nichts von wiederverwendbaren Raumfahrzeugen. Er setzt auf Primitiv-Raketen, die im Fließband-Verfahren aus billigen Serienteilen zu beliebigen Größen zusammengeschraubt werden. Allen Zweiflern bewies Kayser am 17. Mai 1977, daß seine Billig-Rakete zum mindesten fliegt: An diesem Tag gelang der erste Start von seinem in Zaire gepachteten Erprobungsgelände. Der schwäbische Tüftler drängt ebenfalls ins Satelliten-Geschäft der achtziger Jahre – und will dabei den amerikanischen Space Shuttle in den Kosten pro Abschuß deutlich unterbieten.

Der Mann, der den Grundstein zur bemannten Raumfahrt legte, wird das allerdings nicht mehr erleben. Wernher von Braun starb am 16. Juni in einem amerikanischen Krankenhaus an Krebs. Er baute in Peenemünde Hitlers „Vergeltungswaffe" V 2, startete nach dem Krieg Amerikas erste Großrakete und beschloß sein Lebenswerk schließlich mit dem Bau der Saturn-Rakete, die erstmals Menschen zum Mond brachte. Wernher von Braun wußte auch, wie es weitergehen wird. Schon in den fünfziger Jahren beschrieb er, wie die bemannten Raumstationen der Zukunft aussehen werden: große Räder von über hundert Meter Durchmesser, in deren „Felge" Menschen wohnen. Ständige Drehung des Rades um seine „Nabe" verschafft ihnen mit der entstehenden Fliehkraft einen Ersatz für die fehlende Schwerkraft. Ein besseres Konzept für bemannte Erdaußenstationen ist auch der Nasa bisher nicht eingefallen. Nur der Zeitpunkt der Verwirklichung ist noch ungewiß.

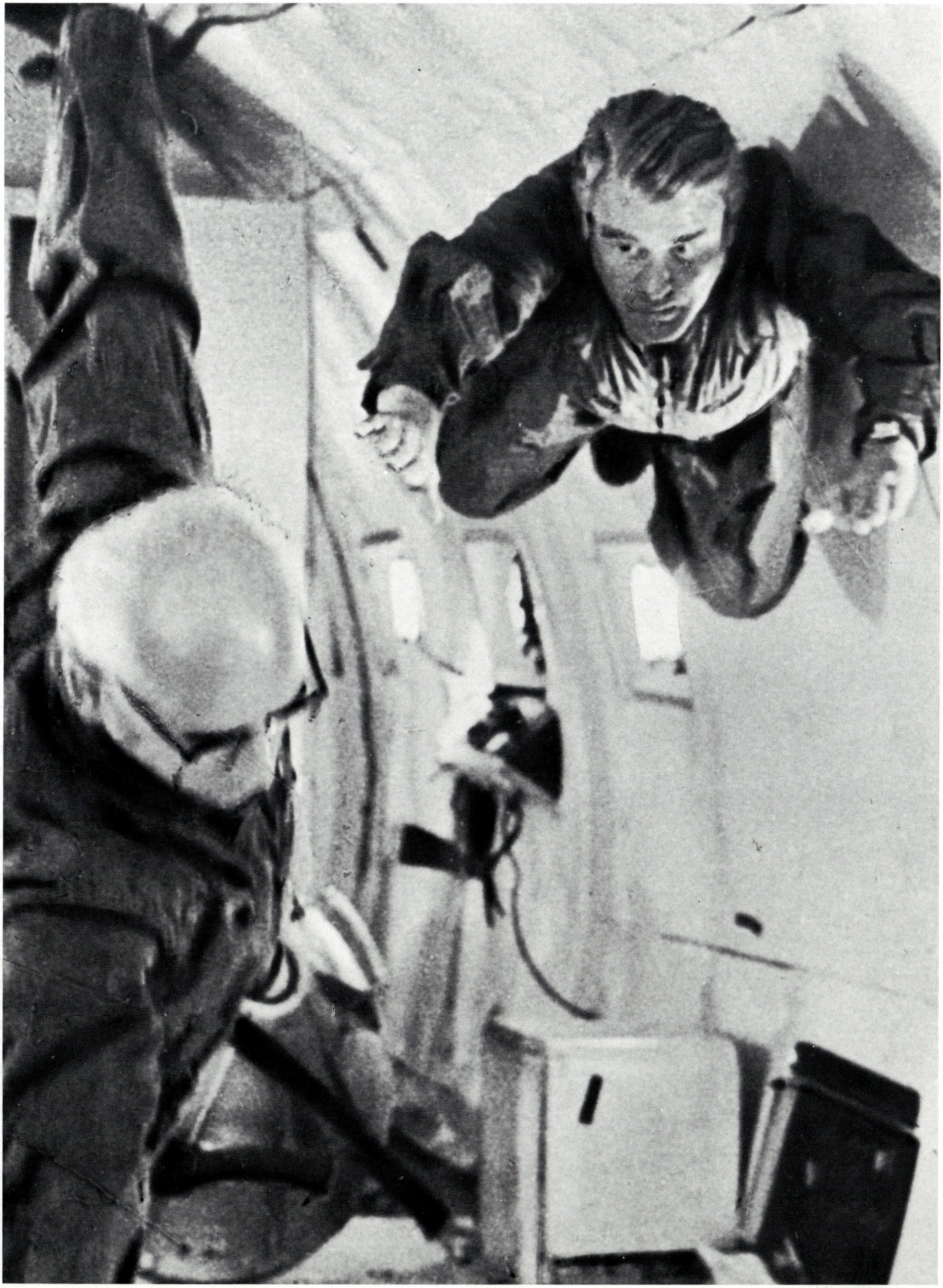

Punk Rock: Urschrei der Lost Generation

„Mensch, Du kannst doch nicht von Liebe faseln, wenn Du für Leute Musik machst, die von der Unterstützung leben." So definiert, in erstaunlich klaren Worten, Johnny Rotten von den „Sex Pistols" den neuen Trend der Popmusik in diesem Jahr – den Punk Rock. Entstanden ist dieses wüste, kaputte und kompromißlose Geschrei, wo auch sonst, in den Londoner Slums. Dort eben, wo jene Jugendliche leben, die kein Licht am Ende des Tunnels sehen. Punk (Mist) Rock ist der Urschrei einer Generation ohne Zukunft, mit obszönen Texten gegen alles, was überkommene Ordnung beinhaltet – Staat, Gesellschaft, Kirche. Die Namen der Sänger sind ebenso deutlich – verachtungsvoll: „Schleimige Kröte" oder „Räudige Ratte". Da ist keine Spur mehr von den glitzernden Sex-Idolen des Rock'n Roll wie Elton John, Rod Stewart oder Mick Jagger. Und doch hat dieser tollwütige Punk Rock, bei dem es als schlecht gilt, mehr als drei Akkorde spielen zu können, traditionelle Wurzeln: Guter Rock'n Roll war schon immer Musik von unten gegen die da oben.

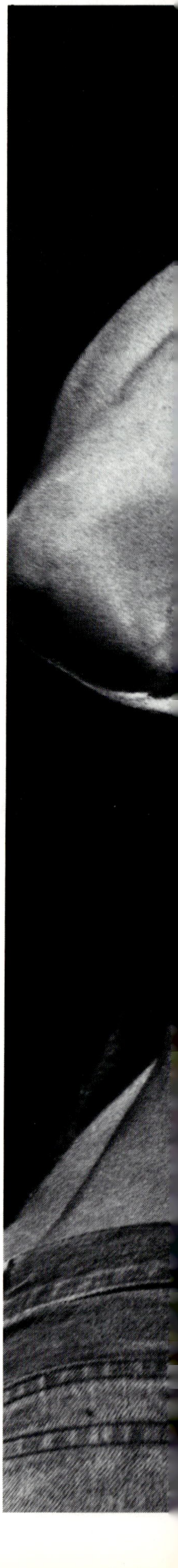

Während Iggy Pop, von seinen Jüngern als „Urvater des Punk Rock" verehrt, auf der Bühne in Ekstase gerät, tragen die Mädchen und Jungen von London ganz cool Punk als Mode: Gefärbte Haare, Stahlketten um den Hals und Sicherheitsnadeln im Gesicht. Und während die simple Musik durch die tristen Clubs von London schrillt, wird auf der Tanzfläche die Provokation der Erwachsenenwelt geübt – in eindeutigen Sexstellungen und behängt mit Fummeln, die möglichst häßlich aussehen sollen. Doch die erwachsenen Profis schliefen nicht: Punk als Musik und Mode wurde sofort vermarktet und meistbietend verkauft.

Aufgebahrt wurde der tote Elvis Presley vor der Beerdigung in der Familiengruft. Dort liegt auch seine Mutter begraben, die er über alles liebte und die – wie er – im Alter von 42 Jahren gestorben war. Das Foto des toten Elvis wurde von einem Verwandten aufgenommen, der sich damit ein Zubrot in fünfstelliger Dollar-Höhe verdiente.

Elvis, wenn auch am Schluß fett geworden und bei seinen Auftritten nur noch eine durch Eiskrem und Popcorn aufgeschwemmte Karikatur seiner selbst, hinterließ ein Vermögen von rund 100 Millionen Dollar.

Elvis Presley, 1935–1977

Als er starb, lag er im Badezimmer seines Hauses „Graceland" in Memphis, US-Bundesstaat Tennessee. Er war 42 Jahre alt geworden, bevor sein Herz nicht mehr mitmachte und Elvis Presley, Sänger, einen Schlaganfall nicht überlebte. Das war am 16. August 1977, die Meldung ging um die Welt, denn Elvis Presley war berühmt. Bei seiner Beisetzung drängten sich drei Tage später 30 000 Menschen auf dem Friedhof, 80 000 säumten die Straßen, durch die der Leichenzug fuhr. Die meisten Rundfunksender brachten Sonderprogramme mit den größten Hits des Sängers. Gerüchte wurden heiß gehandelt: Elvis sei an einer Überdosis Drogen gestorben oder: da er völlig verfettet war, über zwei Zentner wog, habe ihn der Tod nach einer radikalen Diätkur ereilt. Die Elvis-Legende hat, durch Tatsachen beweisbar, folgenden Klang: Im Winter 1953 sang ein Achtzehnjähriger, ziemlich schüchterner Junge in Memphis für seine Mutter ein paar Lieder per Wunschkonzert im Radio und bezahlte dafür 4 Dollar. Der Manager einer Plattenfirma namens „Sun Records" nahm die Lieder auf Band, weil er schon immer „schwarzen Sound in einem weißen Jungen" suchte, und spielte sie seinem Boss Sam Phillips vor. Der wartete mit seinen Entscheidungen ein Jahr, es eilte ja auch nichts, rief dann diesen Lastwagenfahrer namens Elvis Presley zurück ins Studio und nahm mit ihm die Platte „Thats All Right, Mama" auf. Die erschien 1955 und wurde ein lokaler Erfolg. Elvis war 20.

Es folgten: Ein Manager namens Colonel Parker, ein Plattenvertrag mit RCA, eine TV-Show bei Ed Sullivan (nach dieser griffen sich amerikanische Eltern entsetzt ans Herz und ihre Kinder hatten ein neues Idol), Dienstzeit bei der Army, Heirat, 33 Filme, Scheidung, insgesamt siebzig Platten (Beispiele: „Jailhouse Rock" oder „Heartbreak Hotel") mit einer verkauften Auflage von 500 Millionen Stück. Als er seinen Stil – statt hüftschwingendes Rock'n Roll-Ekel – dicker Entertainer mit Las-Vegas-Touch – änderte, wurde Elvis Presley schon „King" genannt und das blieb er, trotz aller Eskapaden, bis zum Schluß, da er einsam und verlassen tot im Badezimmer lag.

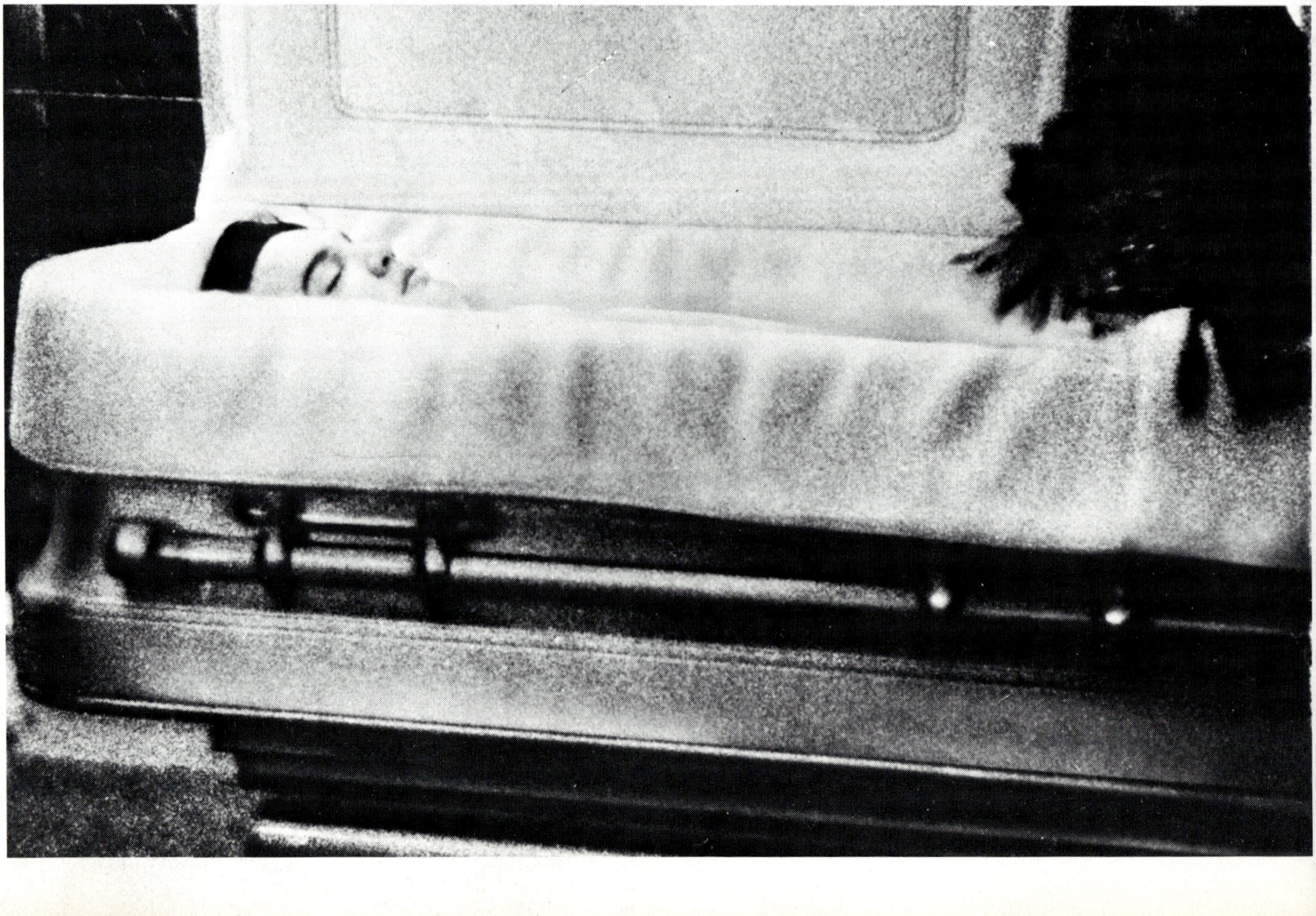

USAF
USAF

Eingemottet

Rund 400 Milliarden Dollar steckten die Staaten dieser Erde im letzten Jahr in die Rüstung. Doch Rüstungsgüter sind totes Kapital. Veraltete Waffensysteme sind Schrott oder müssen eingemottet werden wie diese strategischen Fernbomber der US-Air Force vom Typ B-52 auf dem Flugzeugfriedhof von Tucson/Arizona. Das Wettrüsten verpulvert Milliarden, die zur Entwicklung der dritten Welt nützlicher angelegt werden könnten.

Der Wahnsinn, der den Frieden sichert

Als Jimmy Carter zu Beginn des Jahres 1977 ins Weiße Haus einzog, da wollte er im Aufgalopp mit Moskau endlich ein zweites Abkommen über die Begrenzung der strategischen Rüstung (SALT II) aushandeln. Doch seine revolutionären Vorschläge, mit denen er nicht nur auf eine Begrenzung, sondern auf einschneidende Reduzierungen („deep cuts") der Anzahl von weitreichenden atomaren Vernichtungswaffen abzielte, machten die sowjetischen Führer mißtrauisch. Sie wollten doch keine ihrer teuren Raketen oder Bomber verschrotten. Das Jahr verging, und der amerikanische Präsident mußte erkennen, daß er sich zu viel vorgenommen hatte. Auch seine guten Absichten zur Eindämmung des internationalen Waffengeschäfts und zur Beschränkung der Zahl der Atomwaffenmächte blieben unhonoriert.

Zwar wurde auf vielen Ebenen über Rüstungskontrolle, Waffenverbote, Truppenabbau, Kriegsvölkerrecht und Kriegsverhütung verhandelt. Aber es kam nur zu wenig greifbaren Ergebnissen. Stattdessen entstand am Horn von Afrika, zwischen Äthiopien und Somalia, ein neuer Kriegsherd. Der Bürgerkrieg in Nordirland und in Angola ging weiter. Im Süden Afrikas versucht eine weiße Minderheit noch immer, ihre Vorherrschaft über die schwarze Mehrheit mit Waffengewalt zu verlängern oder gar zu retten. Im Nahen Osten freilich setzten die Begegnungen zwischen dem ägyptischen Staatspräsidenten Sadat und dem israelischen Premierminister Begin am Jahresende zum ersten Mal seit Gründung des eigenen jüdischen Staates ein vielversprechendes Friedenszeichen.

Ja, und der Friedens-Nobelpreis wurde 1977 auch wieder verliehen. Das norwegische Preiskomitee sprach ihn den beiden irischen Friedenskämpferinnen Mairead Corrigan und Betty Williams zu, die ihn eigentlich schon im Jahr zuvor hätten erhalten sollen, angeblich aber zu spät nominiert worden waren. Mit der Auszeichnung dieser beiden mutigen Frauen machte das Preiskomitee wieder einmal deutlich, daß Friedensarbeit vor allem Millimeterarbeit ist – eine Erkenntnis, die vom Schneckentempo aller Verhandlungen über Entspannung, Kriegsverhütung und Rüstungskontrolle bestätigt wird. Spektakuläre Einzelleistungen können weder den Krieg noch die ständige Kriegsgefahr aus der Welt schaffen.

Alfred Nobel, der Stifter des Friedenspreises, hatte gehofft, er ganz persönlich werde den Krieg als Mittel der Konfliktlösung für immer ausschalten. Der Erfinder des Dynamits glaubte nämlich, er habe mit seinem Sprengstoff die Produktion so verheerender Waffen ermöglicht, daß sich künftig die militärische Lösung politischer Machtkämpfe von selbst verbiete. Noch ganz im Erfinderrausch schrieb er über seine Hoffnung an Bertha von Suttner, die Vorkämpferin der internationalen Friedensbewegung: „Meine Fabriken könnten dem Krieg früher ein Ende bereiten als ihre Kongresse. Am selben Tag, an dem zwei Armeekorps in der Lage sein werden, in Sekundenschnelle einander zu vernichten, werden alle zivilisierten Völker vom Krieg zurückschrecken und ihre Armeen auflösen."

Bertha von Suttner wußte es besser. Sie wußte, daß der Friede nicht „erfunden" werden kann, daß er propagiert, organisiert und am Konferenztisch ausbalanciert werden muß. Als sie 1905 den Friedenspreis verliehen bekam, da war dessen Stifter schon lange tot. Nobel hatte schließlich erkennen müssen, daß sein Dynamit jedes Großfeuer ausblasen kann, nicht aber die in den Köpfen von Menschen fortglimmende Lunte des Krieges und der Gewalt. Die Zerstörungskraft des Dynamits war nicht groß genug, um die Völker zur Vernunft zu bringen. Das Trommelfeuer des Ersten und die Bombenteppiche des Zweiten Weltkrieges bewiesen, daß gesteigerte Sprengkraft vor allem gesteigerte Zerstörungswut auslöst. Erst die bis zum Unvorstellbaren gesteigerte Vernichtungskraft der Atomwaffen hat die beiden Militärbündnisse NATO und Warschauer Pakt, voran die Supermächte USA und Sowjetunion, auf den Weg der Entspannung und der Krisenkontrolle gezwungen. Doch neue Waffensysteme und die rasende technische Entwicklung machen alle Gespräche über Abrüstung, Rüstungsbegrenzung und Truppenabbau immer schwieriger.

Die Staaten dieser Erde steckten 1977 rund 400 Milliarden Dollar in die Rüstung. Zum Vergleich: Die von allen westlichen Industrienationen geleistete Entwicklungshilfe erreichte bestenfalls zwölf Prozent dieser Summe. Die alljährlich wachsenden Verteidigungshaushalte der Großmächte bescherten der Menschheit eine Anhäufung von Massenvernichtungswaffen, die ausreichen würde, um die Erdbevölkerung zwölfmal umzubringen. In der Klasse der strategischen Atomwaffen mit einer Reichweite von Kontinent zu Kontinent besitzen die Amerikaner 8 500, die Sowjets 4 000 einzeln lenkbare Sprengköpfe. Die Zahl der taktischen Atomwaffen, es handelt sich dabei um Geschosse geringerer Sprengkraft und Reichweite, übersteigt 30 000; zwei Drittel davon gehören den Amerikanern. In Westeuropa allein lagern 7 000 taktische Atomsprengkörper unter US-Verschluß.

Nach wie vor rechtfertigen Atomstrategen diese Overkill-Kapazität und das anhaltende Wettrüsten mit der Behauptung, beides garantiere den Weltfrieden. Den Angreifer treffe die sichere Vergeltung des Angegriffenen, Angriff sei also Selbstmord. „Gleichgewicht des Schrekkens" nennt man das. Doch Friedens- und Konfliktforscher in aller Welt fürchten, diese Art von Abschreckung könne versagen, und die Menschheit werde – sollte die Rüstungskontrolle scheitern – noch vor Ablauf dieses Jahrhunderts in einen Atomkrieg gestürzt.

Der Radarteller auf dem Rücken der Boeing 707 ist das Erkennungszeichen für AWACS: „Airborne Warning And Control System" – das neue fliegende Frühwarnsystem der NATO. 27 solcher Maschinen (Stückpreis 220 Millionen DM) sollen die Vorwarnzeit beim Anfliegen östlicher Düsenbomber von drei auf zwölf Minuten verbessern.

Ein kräftiger Motor des Wettrüstens ist die gegenseitige „Schlimmstfallbeurteilung" der Verteidigungsplaner in West und Ost: Sobald die eine Seite von einem neuen Waffenprojekt des Gegners erfährt, versucht man sich seine extremsten Auswirkungen auszumalen und kommt dabei häufig auf Möglichkeiten, die selbst die Erfinder des neuen Systems noch gar nicht im Auge hatten. So wird denn nach einem Gegenmittel gesucht, das noch um etliches wirksamer ist, als eigentlich zur Abwehr nötig wäre. Dabei schaukeln beide Seiten das Rüstungsniveau und die Qualität der Waffen immer weiter hinauf, nur weil jede der anderen das Schlimmste zutraut.

Längst haben Waffentechniker und Rüstungsproduzenten, zusätzlich angetrieben vom verschärften Konkurrenzkampf und von wachsenden Sorgen um die Arbeitsplätze, mit ausgeklügelten Neuerfindungen und Verbesserungen den Politikern das Verhandlungskonzept für eine wirksame Rüstungskontrolle verdorben. Ausgerechnet das erste SALT-Abkommen von 1972, das im Herbst 1977 auslief, aber stillschweigend als fortgeltend betrachtet wird, trug noch einiges dazu bei, das Wettrüsten anzuheizen. Zwar bewahrte es beide Supermächte davor, Milliarden für ohnehin unwirksame Raketenabwehrsysteme zu verschwenden. Auch konnten sich Moskau und Washington damals auf Obergrenzen für die Anzahl von Interkontinentalraketen und Atom-U-Booten einigen. Aber die Mengenbegrenzung bestimmter Waffen lud dazu ein, deren Qualität zu verbessern: immer raffiniertere Mehrfachsprengköpfe, noch größere Wurflast und Sprengkraft, wachsende Treffsicherheit. Außerdem verbot SALT I keineswegs, ganz neue Waffensysteme auszutüfteln – eine Lükke, die von den Amerikanern noch stärker genutzt wurde als von den Sowjets. Besonders eine amerikanische Neuentwicklung ließ die Verhandlungen über ein zweites SALT-Abkommen bald ins Schleppen geraten: die „Cruise Missiles" (auf deutsch: Marschflugkörper). Diese späten Nachfahren der deutschen V-Waffen des Zweiten Weltkriegs sind unbemannte kleine Düsenflugzeuge, ausgerüstet mit konventionellen oder atomaren Sprengköpfen. Sie fliegen unterhalb der Schallgrenze, können noch in Baumhöhe jedem Hindernis ausweichen und entgehen so leicht der gegnerischen Radarkontrolle. Je nach Brennstoffvorrat lassen sie sich auf Reichweiten zwischen 100 oder 3 000 Kilometer programmieren.

Die von Messerschmitt-Bölkow-Blohm entwickelte Flugabwehr-Rakete „Roland" wurde zum ersten großen Exporterfolg der deutschen Wehrtechnik in den USA. Von einem „Marder"-Schützenpanzer aus abgeschossen holt sie im Umkreis von sechs Kilometer jedes Flugzeug vom Himmel.

Vor allem ihre raffinierte elektronische Ausrüstung macht sie für die Militärs interessant. Ein Bordcomputer, der den auf einer eingefütterten Landkarte markierten Kurs abtastet, ihn laufend mit den Konturen des überflogenen Gebietes vergleicht und notfalls die Flugbahn korrigiert, steuert die „Cruise Missiles" mit einer Treffsicherheit von zwölf Metern ins Ziel. Dem für die Marine entwickelten Typ „Tomahawk" trauen die Fachleute zu, daß er – mit Atomsprengköpfen bestückt – die auf Westeuropa

zielenden Mittelstreckenraketen der Sowjets zerschlägt – auch die ganz neuen vom Typ SS-20, die durch Anbau einer weiteren Stufe leicht in eine Interkontinentalwaffe zu verwandeln sind.

Inzwischen läßt sich nämlich zwischen taktischen und strategischen Waffen keine eindeutige Grenze mehr ziehen. Fliegenden „Cruise Missiles" vermag niemand anzusehen, womit sie geladen sind und wie weit sie wollen. Der neue sowjetische Schwenkflügelbomber (NATO-Bezeichnung: „Backfire"), von Moskau als Mittelstreckenflugzeug deklariert, könnte durch Zwischenlandung – etwa auf Kuba – auch für strategische Aufgaben gegen Nordamerika eingesetzt werden. Den SALT-Partnern fällt es immer schwerer, die Waffenbestände der jeweils anderen Seite richtig einzuordnen und zu kontrollieren. Die Methoden der Verifizierung künftiger Abkommen hinken hinter der waffentechnischen Entwicklung her.

Während der Dezember-Tagung der NATO in Brüssel zeichnete sich denn auch schon ab, daß SALT II nur noch sinnvoll sein wird, wenn es zugleich ein drittes Abkommen garantiert, in dem auch Begrenzungen für taktische Atomwaffen mittlerer Reichweite festzulegen wären. Die Amerikaner haben ihren europäischen Verbündeten fest versprochen, daß deren Sicherheitsinteressen bei den künftigen Verhandlungen gewahrt würden. Das gilt sowohl für eine mögliche europäische Option auf „Cruise Missiles" als auch für die Verhandlungen über Atomwaffen mittlerer Reichweite, die für die Vorneverteidigung Westeuropas angesichts der sowjetischen Überlegenheit an konventioneller Kampfkraft als unentbehrlich gelten.

Die in den USA entwickelten, Neutronensprengkörper halten NATO-Militärs für eine geradezu ideale Waffe zur Abwehr eines sowjetischen Panzerangriffs auf Westeuropa. Wenn Präsident Carter ihre Produktion anordnet – was eine politische Entscheidung der Bundesrepublik voraussetzt, weil diese Waffe vor allem auf ihrem Territorium lagern müßte –, dann sollen die Kurzstreckenrakete „Lance" und die 115-Millimeter-Haubitzen der US-Army damit bestückt werden. Die Neutronensprengkörper sind kleine Wasserstoffbomben, deren Explosionsdruck und Hitzeentwicklung gedämpft wurden. Fachleute sprechen von einer „Waffe mit gesteigerter Strahlung".

Bei ihrem Einsatz halten sich, wie versichert wird, die Zerstörungen in Grenzen. Ihre Strahlen dringen durch dicke Betonwände und Panzerplatten, ohne sie zu beschädigen. Nur in einem Umkreis von 130 Metern fällt alles in Schutt und Asche. Doch der Killer-Radius ist weit größer als der Trümmer-Radius. Menschen und Tiere würden in einem Zwei-Kilometer-Umkreis vernichtet. Von der Strahlung getroffene Panzerbesatzungen und Infanteristen wären alsbald außer Gefecht gesetzt und einem qualvollen Tod preisgegeben. Weil die Neutronenwaffen Sachen schonen und Leben vernichten, fand SPD-Bundesgeschäftsführer Egon Bahr viel Zustimmung, als er von einer „Perversion des Denkens" sprach. Freilich: Die jetzt schon in Deutschland lagernden taktischen Atomwaffen würden im Fall ihres Einsatzes noch viel fürchterlichere Folgen auslösen.

Die entscheidenden Einwände gegen die Neutronenwaffe erschweren denn auch die zähen Wiener Verhandlungen zwischen NATO und Warschauer Pakt über eine gleichgewichtige Verringerung der Zahl und der Bewaffnung ihrer Truppen in Mitteleuropa (MBFR). Eine Ausrüstung der NATO-Truppen mit Neutronensprengkörpern würde den Wert der sowjetischen Panzerwaffe schlagartig vermindern und damit die Russen zwingen, die Verhandlungen in Wien zu blockieren, bis sie selber im Besitz von Neutronenwaffen sind oder den Nachteil anderweitig ausgeglichen haben. Die Bundesregierung arbeitet deshalb entschlossen auf eine Belebung der MBFR-Verhandlungen hin, die auch am Jahresende noch nicht aus der Diskussion über die von beiden Seiten vorgelegten Zahlen über ihre jeweilige Truppenstärke hinausgekommen waren. Sollte es in Wien Fortschritte geben, dann, so hofft Bonn, könnten in Mitteleuropa Kräfteverhältnisse geschaffen werden, die eine Stationierung von Neutronenwaffen überflüssig machen.

Die Frage lautet wieder einmal, ob sich am Ende die Politiker von den Militärs und der Rüstungslobby auf eine neue Stufe des Rüstungswettlaufs drängen lassen. Worum es dabei geht, könnten alle Beteiligten in den Memoiren des früheren sowjetischen Partei- und Regierungschefs Chruschtschow nachlesen. Als er 1959 den damaligen US-Präsidenten Eisenhower auf Camp David besuchte, fragte er, warum wohl die Verteidigungshaushalte laufend steigen müßten. Und Eisenhower erklärte es ihm in schönster Offenheit: „Meine Militärs sagen: ‚Herr Präsident, für ein neues Waffensystem brauchen wir so und so viele Dollar.' Ich sage: ‚Es tut mir leid, aber dafür fehlt uns das Geld.' Sie sagen: ‚Wir besitzen verläßliche Informationen, daß die Sowjetunion schon Gelder für ein ähnliches System bereitgestellt hat.' Also lasse ich mich breitschlagen." Wie das denn in Moskau liefe, wollte Eisenhower wissen. „Ganz genauso", antwortete sein sowjetischer Gast. – Und aus diesem Teufelskreis hat uns auch das Jahr 1977 nicht herausgeholfen.

Rückkehr auf den gefährlichsten Müllplatz der USA: Über dem Eniwetok-Atoll in der Südsee haben die Amerikaner 43 Atom- und Wasserstoffbomben gezündet. Im September 1977 begannen US-Räumkommandos, die Insel Runit für die Heimkehr der evakuierten Einwohner wieder herzurichten. Mit Schutzanzügen und Geigerzählern näherten sich die Soldaten den Trümmern. Die Natur hat sich zwanzig Jahre nach dem letzten Test besser erholt, als befürchtet worden war. Eniwetok erinnert daran, daß die Amerikaner ihren Rüstungsvorsprung vor den Sowjets nicht halten konnten. Vier Jahre brauchte Moskau, um die Atombombe nachzubauen. Bei der H-Bombe ließ sich der Vorsprung nur ein halbes Jahr halten. Und so wie Moskau den US-Vorteil bei den Raketen-Mehrfachsprengköpfen wettmachte, so wird es auch noch bei den „Cruise Missiles" und den Neutrone waffen gleichziehen.

ANTI
C

Katamarane sind die Windhunde auf dem Wasser. Die verhältnismäßig billigen und leicht auf dem eigenen Auto zu transportierenden Doppelrumpfboote fanden im letzten Jahr viele neue Freunde. In stürmischer See kann das nur drei Zentner schwere und 5,10 Meter lange Boot wohl mal kentern, aber es kann praktisch nicht sinken.

Die Moral der Ingrid van Bergen u.a.

Aus der Anklageschrift: „Die Angeschuldigte feuerte am 3.2.1977 gegen 01.30 Uhr im Anwesen am Mühlteich 5a in Starnberg aus dem Revolver Smith & Wesson Nr. 3 J 8631, Kaliber 38 Special, zwei Schüsse auf ihren im Wohngeschoß telefonierenden Freund Klaus Knaths, um ihn zu töten."

Sie hat ihn damit auch getötet, die Filmschauspielerin Ingrid van Bergen, 46, den Hausmakler Klaus Knaths 33. Ihr Motiv war Eifersucht, die nicht mehr so junge blonde Mutter von zwei Kindern hatte Angst vor jüngeren Nebenbuhlerinnen. Zitat eines Ex-Geliebten aus dem Gerichtssaal 270 im Münchner Justizpalast: „Ich heirate doch kein Altersheim".

Ingrid van Bergen, die vor allem durch den Film „Rosen für den Staatsanwalt" und mehrere schnelle Ehen bekannt wurde, hatte einen festen Platz in der nicht allzu wählerischen Münchner Gesellschaft, von der sie in Gestalt des Anwalts Rolf Bossi verteidigt und in Gestalt der Rechtsanwalt-Gattin Florentine Zametzer belastet wurde. Es blieb, sozusagen, alles in der schicken Familie. Problem: Ein Mann war erschossen worden, dies ist nach dem Gesetz nicht erlaubt, und deshalb mußte Sühne geleistet werden.

Was beim sogenannten Prozeß des Jahres (der in anderer, eben nicht prominenter Besetzung in der Bundesrepublik dutzende Male stattfindet) in München noch so passierte, warf weniger ein Licht auf den Fall der Ingrid van B., sondern vermittelte Erkenntnisse über gesellschaftliche Zustände. Denn: was Soziologen in schwer verständliches Deutsch packten und somit nur einer Elite zugänglich machten, schaffte Bergen-Verteidiger Bossi mit wenigen Phrasen. Da saß ein Produkt des deutschen Wohlstandes, groß geworden nach dem Krieg, in das Film-Dorado der fünfziger Jahre geworfen und dort dank eines makellosen Stylings, hier: Körper, begehrt und anerkannt. Das Produkt hier: Ingrid van Bergen, hielt sich für wertvoll an sich, und kein Gedanke an Vergänglichkeit. Doch die Konsumenten, blind jedem neuen Trend folgend, gehorchten dem Gesetz des Wegwerfens. Ingrid van Bergen, jenseits der eigenen 40er und etwas hilflos in den coolen siebziger Jahren herumstolpernd, wurde zum Wegwerfprodukt. Dagegen wehrte sie sich, suchte und fand kurzzeitig Bestätigung in den abgestandenen Leidenschaften diverser Liebhaber. Das Objekt Fau aber verlor an Glanz, unaufhaltsam, und auch als sogenannte Schauspielerin wurde von ihr nur die geschminkte Verkörperung der fünfziger Jahre verlangt. Als sie, wieder mal an Endstation glaubend, nur als kurzer Zwischenaufenthalt betrachtet wurde, schoß sie sich eine Endstation frei. Der Richter im Münchner Schwurgericht, der sich weder durch Bossis Phrasen noch durch Volkes Stimme beeinflussen ließ, verurteilte das Wegwerfprodukt

Fast dekorativ zeigte sich Ingrid van Bergen am schmalen Fenster des Polizeibusses, der sie vom Untersuchungsgefängnis zum Gerichtssaal brachte. Beherrschend im kaum geschminkten Gesicht der Schauspielerin, sind die großen Augen. In ihren Glanzzeiten, den fünfziger Jahren, wurde sie als deutsche Marylin Monroe vermarktet. 1977 wurde sie wegen Totschlags an ihrem Geliebten zu sieben Jahren Gefängnis verurteilt.

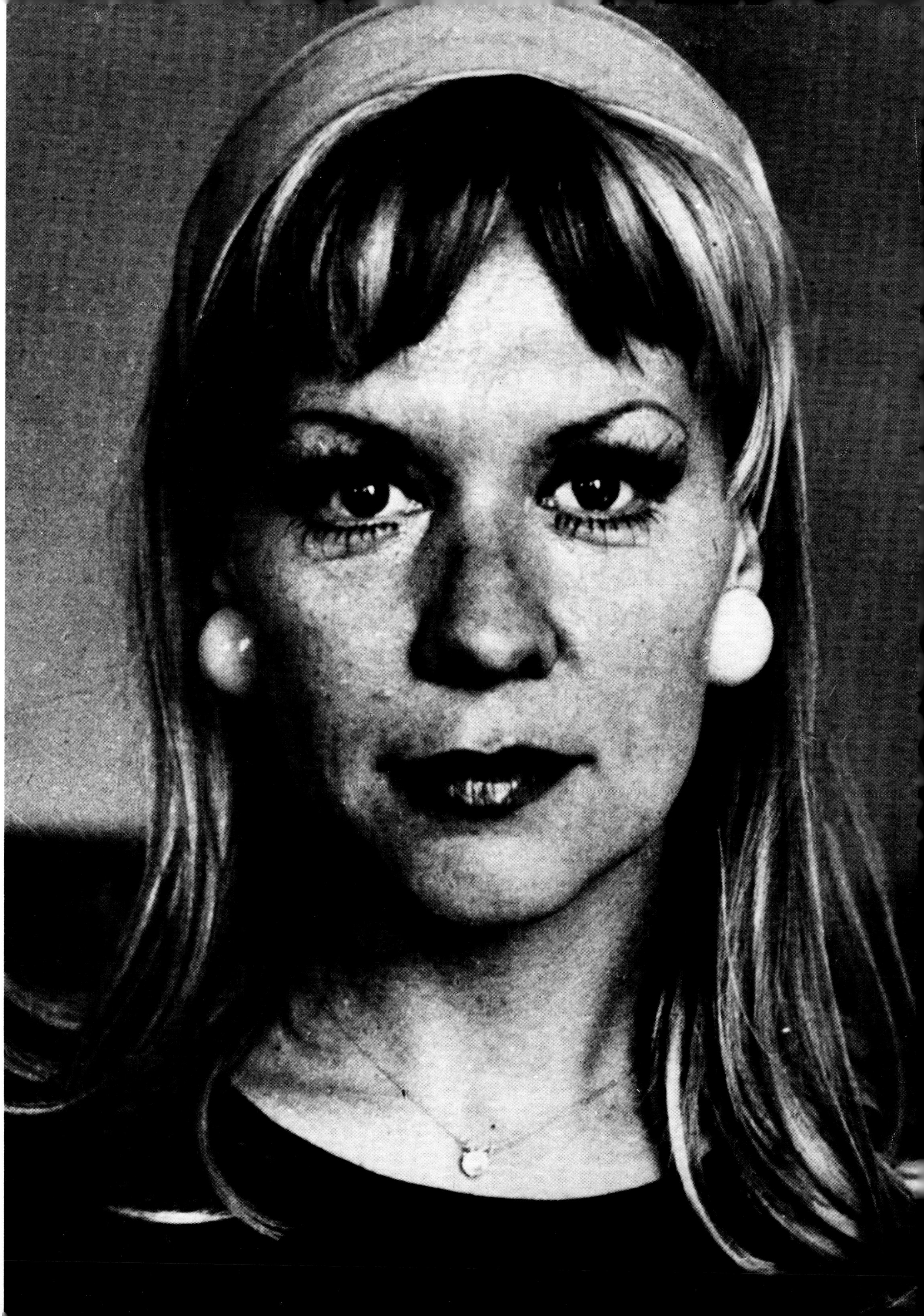

Roman Polanski, weltberühmter Regisseur, stand in diesem Jahr stellvertretend am Pranger für das, was im Glitzersumpf Hollywood heimlich geübter Alltag ist. Der Macher von „Ekel" und „Rosemarys Baby" war angeklagt, die 13jährige Schülerin Samantha Gailey im Haus seines (abwesenden) Freundes Jack Nicholson verführt zu haben. Nach vielen Gerichtsterminen, bei denen ihm unter anderem auch „oraler Verkehr" und Gebrauch von willenslähmenden Drogen vorgeworfen worden war, bekannte sich Polanski der Verführung schuldig. Für neunzig Tage wanderte er daraufhin in eine Einzelzelle zwecks „psychiatrischer Untersuchung". Dann sollte das endgültige Urteil verkündet werden.

Ingrid van Bergen zu sieben Jahren Freiheitsstrafe. In einer Umfrage befanden 57 Prozent der Bevölkerung das Urteil als zu milde, 36 Prozent für angemessen und fünf Prozent für zu hoch. Im SPIEGEL zitierte Gerhard Mauz den Gerichtsberichterstatter aus den zwanziger Jahren, Ypsilon Sling: „Der Mensch, der schießt, ist ebenso unschuldig wie der Kessel, der explodiert, die Eisenbahnschiene, die sich verbiegt, der Blitz, der einschlägt, die Lawine, die verschüttet. Alles tötet den Menschen, auch der Mensch tötet den Menschen."
Auch für Alain Bernardin, Besitzer des berühmten Stiptease-Tempels „Crazy Horse" in Paris, zählte Geld viel und Mensch weniger. Eines seiner mit 200 Dollar pro Nacht bezahlten Lust-Objekte, die in Polen geborene Galia Padesewska, 28, verabschiedete sich aus dem Glitzerleben falscher Bedürfnisse und unerfüllbarer Sehnsüchte mit 36 Tabletten des Schlafmittels „Binoctal". In ihrer Arbeitswelt, wo ein apfelrunder Popo und ein fester Busen gefragt waren und alles andere unerwünscht, hielt Galia (Geburtsname Halina Szulc) den Streß nicht mehr aus. Nach ihrem Selbstmord – am Grab versammelte Bernardin publikumswirksam seine Truppe schwarzbekleidet – vermuteten Freunde, sie habe eine panische Angst vor dem Alter gehabt und deshalb jung sterben wollen.
Die Wegwerf-Produkte Ingrid van Bergen und Galia Paderewska haben sich gewehrt, jedes auf seine Art.

Galia Paderewska gehörte zu den schönsten Girls im Pariser „Crazy Horse Saloon". Die gebürtige Polin mit dem kurzgeschorenen blonden Haar verkaufte ihren perfekten Körper, nur mit Halsband und Straps bekleidet, jeden Abend im berühmten Striptease-Tempel einem lüsternen, wenn auch internationalen Publikum. Die 28jährige Tänzerin beging Selbstmord mit Schlaftabletten, ein Abschiedsbrief wurde nicht gefunden. Galia verdiente 7 000 Mark im Monat. Sie hinterließ einen weißen Nerz im Wert von 20 000 Mark und ein Sparbuch mit Einlagen über 30 000 Mark. Als sie begraben wurde, weinten ihre Kolleginnen. Ganz in schwarz.

Die neue Welle heißt: Wind und Wasser pur genießen – ohne Motorlärm. Windsurfen kostet keinen Segelschein und keinen Liegeplatz. Zehntausend vergnügen sich schon in deutschen Gewässern auf dem vier Meter langen Kunststoffbrett. Beide Hände am Gabelbaum, so wird der Segelmast gesteuert. Könner bringen es auf 50 Stundenkilometer.

Skateboardfahren kam aus Amerika. Als die ersten Rollbretter im Frühling 1977 bei uns verkauft wurden, war der neue Sport in Kalifornien schon zur Landplage geworden. Die Stadtväter von San Francisco verboten schließlich das Skaten, weil die Fußgänger sich nicht mehr sicher fühlten. In Amerika werden deshalb abgesperrte Betonpisten für Skater gebaut.

Die schnellen Flitzer auf den schmalen Brettern

Österreichs Franz Klammer (Bild) und Ingemar Stenmark (Schweden) waren ’77 die Ski-Könige. As bei der Abfahrt war Franz Klammer mit zeitsparenden krummen Stöcken und dem Loch in der Ski-Schaufel. Zweimal gewann der Schwede Ingemar Stenmark, 21, den Weltcup, und auch in diesem Winter fährt er wieder allen davon. Der große Stille aus dem Norden ist im Gespräch eher schüchtern und verschlossen. Ein Eigenbrötler, der im Sommer auf einem Drahtseil in der Turnhalle seiner lappländischen Heimatgemeinde trainiert und im Winter fast schwerelos wie ein Seiltänzer durch die Tore gleitet.

Mächtiger als Stalin

Im Sommer überraschte Breschnjew mit einem spektakulären und lautlosen Coup: er bootete Präsident Podgorni aus dem Politbüro aus und machte sich selbst zum Staatsoberhaupt. Die kollektive Führung, in die sich nach Cruschtschows Sturz Kossygin (rechts) als Regierungschef, Podgorni (links) als Staatspräsident und Breschnjew als Parteichef geteilt hatten, gehört seither der Vergangenheit an. Breschnjew gebietet über mehr legale Machtmittel als Stalin.

Sechzig Jahre nach der Oktoberrevolution ist die Sowjetunion unter Leonid Breschnjews Führung immer noch die unattraktivste Großmacht. 1977 brachte wieder eine Mißernte, verlangsamtes Wirtschaftswachstum bei steigenden Rüstungslasten, schwache Arbeitsmoral und Produktivität. Nicht nur der Westen hatte eine Wirtschaftskrise. Am Jahresende kursierte das Gerücht in Moskau: Breschnjew ist krank.

Madrid, Mai 1977: Eine Million Menschen feiert auf der „Fiesta de la Libertad" die neugewonnene Freiheit. Es ist die erste öffentliche und legale Kundgebung der Sozialistischen Partei nach vier Jahrzehnten Diktatur. In atemberaubendem Tempo tritt Spanien den Weg in die Demokratie an. Noch einmal tauchen die Schatten des Bürgerkrieges auf, doch die Realität des modernen Spanien siegt über die Vergangenheit. Eine junge, selbstbewußte Generation nimmt ihr Schicksal in die eigenen Hände.

Ein König ebnet den Weg zur Demokratie

Ministerpräsident Adolfo Suarez, mißtrauisch beobachtet von der Armeeführung, setzt die Demokratisierung mit Rükkendeckung des Königs gegen die alte Franco-Garde durch. Im Juni 1977 geht er als Sieger aus den ersten freien und geheimen Parlamentswahlen hervor, die seit 41 Jahren in Spanien stattfanden.

In einer unblutigen Revolution, die ein Jahr zuvor niemand für möglich gehalten hätte, zerbrach Spanien die morschen Fundamente der Diktatur und fand den Weg zurück zu Freiheit und Demokratie. Zum erstenmal seit 41 Jahren konnten 1977 alle Spanier wieder an die Urnen gehen und sich in freier und geheimer Wahl eine Volksvertretung geben. Damit wurde der Franco-Staat, anderthalb Jahre nach dem Tode des Diktators, endgültig liquidiert. Für die alte europäische Nation begann eine neue historische Epoche.

Die demokratische Umwälzung war vor allem das Werk eines Mannes, der bis zu Francos Tod ein politisches Schattendasein geführt hatte: König Juan Carlos. Ihm gelang das Kunststück, in einer republikanisch gesinnten Zeit und Umwelt eine neue Monarchie zu begründen und gleichzeitig das unselige Erbe der Diktatur zu überwinden. Nominell mit den gleichen Vollmachten wie Franco ausgestattet, ebnete er mit Mut,

Jubelnd begrüßt die junge Generation die Rückkehr Spaniens zur parlamentarischen Demokratie. Die Kommunisten erreichen trotz beeindruckender Massenkundgebungen nur neun Prozent der Stimmen. Die Sozialisten werden mit 29 Prozent stärkste Oppositionspartei.

Entschlossenheit und Geschick den Weg zu einer neuen freiheitlichen Staatsordnung.

Ministerpräsident Adolfo Suarez, ein persönlicher Freund des Königs, setzte die Reformpläne in praktische Politik um. Obwohl Suarez in der Franco-Hierarchie bis zum Falange-Minister aufgestiegen war, repräsentierte er wie Juan Carlos die moderne spanische Managergeneration, die das hohle Pathos und den Polizeiknüppel der Diktatur nicht mehr ertragen konnte, die nach Westeuropa blickte und Spanien aus der jahrzehntelangen Isolierung herausführen wollte – ein Mann des Regimes, der das Regime entmachtete.

Durch ein Referendum im Dezember 1976 verschaffte sich Suarez die notwendige Rückendeckung für die „politische Reform" und leitete dann mit atemberaubender Geschwindigkeit und Konsequenz die Demokratisierung des Landes ein, ohne sich durch die Drohungen des „Bunkers", der alten Franco-Garde in Militär und Beamtenschaft, abschrecken zu lassen.

Innerhalb weniger Monate demontierte Suarez das Gerüst der Diktatur. Er schaffte die politische Polizei (Brigada Social) ab, stellte die Pressefreiheit wieder her, ließ Streikrecht und freie Gewerkschaften zu und legalisierte die politischen Parteien, einschließlich der Kommunisten. Schließlich löste er die „Bewegung" auf, die aus der Falange hervorgegangene Einheitspartei des Franco-Staates. Es war eine Revolution mit Samthandschuhen, aber sie war nicht weniger tiefgreifend und umwälzend als manche andere Revolution, die Ströme von Blut kostete. Sie konnte nur gelingen, weil die überwältigende Mehrheit der Spanier hinter ihr stand.

Den größten Schock unter den alten Franco-Anhängern löste die Wiederzulassung der kommunistischen Partei und die Rückkehr vieler Emigranten aus, darunter KP-Generalsekretär Santiago Carrillo und die greise Ehrenpräsidentin der KP, Dolores Ibarruri („La Pasionara"). Sie repräsentierten für die Rechte den Bürgerkriegsgegner, und einige Zeit schien es, als würden die Schatten der Vergangenheit die Realitäten der spanischen Gegenwart verdrängen. Doch KP-Chef Carrillo hatte das stalinistische Erbe schon im Pariser Exil abgeschüttelt und sich zum entschiedensten Sprecher des „Eurokommunismus" gemausert. Wie kein anderer betonte er die Unabhängigkeit von Moskau, schwor die Partei auf die Monarchie ein und akzeptierte öffentlich die rot-gelb-rote Flagge des Franco-Staates, gegen die die Republikaner im Bürgerkrieg gekämpft hatten. „Die Fahne des Staates, der uns legalisiert hat", rief er seinen Anhängern auf allen Massenkundgebungen zu, „ist ab heute auch unsere Fahne. Wir sind keine Revanchisten und werden alles tun, damit es nie mehr zu einem Bürgerkrieg in Spanien kommt."

Bei den Cortes-Wahlen vom 15. Juni 1977 wurden die Kommunisten allerdings genauso abgeschlagen wie die Franco-Anhänger, die sich in der „Alianza Popular" (AP) geammelt hatten. Die KP erhielt neun Prozent, die AP sogar nur acht Prozent der Stimmen. Knapper Wahlsieger mit 34 Prozent wurde die „Zentrumsunion" von Ministerpräsident Suarez, ein Wahlbündnis mehrerer kleiner Parteien. Zweitstärkste Partei wurden die Sozialisten mit 29,4 Prozent, ein Ergebnis, das sie selbst kaum zu erhoffen gewagt hatten. Denn nach 41jährigem Schweigen hatten sie, wie alle Parteien, nur eine Anlaufzeit von wenigen Monaten.

König Juan Carlos gelingt das Kunststück, eine neue Monarchie in Europa zu begründen. Anfänglich als Zögling Francos belächelt, gewinnt er rasch an Format und Popularität. Im Zarzuela-Palais bei Madrid führt er ein bürgerliches Familienleben mit seiner griechischen Frau Sophie und den Kindern Felipe, Elena und Christina.

Den großen Erfolg verdankt die Sozialistische Arbeiterpartei Spaniens (PSOE) vor allem ihrem jugendlichen Führer, dem 37jährigen Rechtsanwalt Felipe Gonzalez. Er gab der traditionsreichen Partei (sie ist fast genauso alt wie die SPD) ein modernes Image, das sich bewußt abhob von den verstaubten Klischees der Bürgerkriegsära.

Am 22. Juli wurde das neue Parlament durch König Juan Carlos feierlich eröffnet. Ehemalige Bürgerkriegsgegner saßen nun Seite an Seite mit Abgeordneten der jungen Generation in den Cortes. Sie machten sich an die schwierige Aufgabe, eine neue Verfassung für Spanien auszuarbeiten, die vierte in diesem Jahrhundert. Eine wichtige Verfassungsreform, über die sich alle einig sind, nahm Ministerpräsident Suarez, der auch die neue Regierung bildete, schon vorweg: die Wiedergewährung der Autonomie für Katalonien, der nordöstlichen Region Spaniens mit der pulsierenden Metropole Barcelona. Eine Million Menschen feierte das Ereignis auf den Straßen der Stadt. Auch das Baskenland soll die Selbstverwaltung als autonome Region innerhalb Spaniens erhalten, ein Privileg, das die Basken ebenso wie die Katalanen vor dem Bürgerkrieg besaßen.

Außenpolitisch durchbrach Spanien die Isolierung, in der Franco es gehalten hatte. Die Regierung Suarez nahm erstmals diplomatische Beziehungen zur Sowjetunion und den anderen Ostblock-

Als Juan Carlos nach Francos Tod vor den Cortes zum König von Spanien vereidigt wurde, glaubten nur wenige, daß er sich aus der Umklammerung des Regimes lösen können werde. Doch in anderthalb Jahren liquidierte er die Diktatur und ebnete den Weg zur parlamentarischen Staatsform. Selbst eingefleischte Republikaner akzeptierten die Krone, denn sie ist heute die beste Garantie für eine demokratische Entwicklung Spaniens.

Die 82jährige Dolores Ibarruri, Ehrenpräsidentin der spanischen KP, ließ den Tränen freien Lauf, als sie nach 38jährigem Exil aus Moskau nach Madrid zurückkehrte. Im Bürgerkrieg hatte sie sich als „La Pasionara" legendären Ruf als beste Propagandistin der „Roten" erworben. Nach ihrer Rückkehr in die Heimat geriet die alte Stalinistin in Konflikt mit KP-Generalsekretär Carillo, der die Partei auf „eurokommunistischen" Kurs gebracht hatte.

staaten auf und stellte in Brüssel den Antrag auf Aufnahme in die Europäische Gemeinschaft. Bei Staatsbesuchen in den wichtigsten europäischen Hauptstädten, darunter Bonn, fanden König und Regierungschef herzliche Sympathie für ihre Politik. Auch der Europarat nahm Spanien 1977 nach langer Sperre als Mitglied auf. Die Verleihung des Nobelpreises für Literatur an den spanischen Dichter Vicente Aleixandre war eine Verbeugung des geistigen Europa vor dem neuen Spanien.

Freilich steht die junge spanische Demokratie auch vor schweren inneren Problemen. Rechts- und Linksextremisten versuchten, den Weg in die Liberalisierung durch Terror zu blockieren. Attentate, Überfälle und Entführungen forderten 1977 über 50 Todesopfer. Rechtsradikale ermordeten bei einem einzigen Anschlag fünf Anwälte in Madrid, die linksradikale Untergrundorganisation GRAPO tötete wahllos Polizisten, und die baskische ETA, die von allen politischen Parteien des Baskenlandes verurteilt wird, ermordete den Industriellen Javier de Ybarra, nachdem sie ihn entführt hatte. Auch auf den Kanarischen Inseln entfesselte eine Separatistenbewegung mit Bombenattentaten Terror und Unruhe.

Trotz dieser blutigen Ereignisse dachte die Regierung jedoch keinen Augenblick daran, den Demokratisierungsprozeß zu stoppen oder gar Francos Militärjustiz wieder einzuführen.

Ebenso tiefgreifend wie die politischen Reformen war die kulturelle Liberalisierung, die Spanien nach der Aufhebung der Zensur erlebte. Theater, Kinos, Kabarets und Literatur brachen mit den strengen Tabus der Franco-Ära und genossen die neue Freiheit in vollen Zügen. Zwar bleibt die offene Pornographie nach wie vor verboten, doch der nackte menschliche Körper, lange Zeit undenkbar in Spanien, ist heute fast zum unerläßlichen Requisit für jede Zeitschrift und jede Bühne geworden. Spanien holt nach, was es solange entbehren mußte.

Das Erstaunlichste aber ist die Gelassenheit, mit der die Spanier all die Umwälzungen verkrafteten, die in einem Jahr über sie hereinbrachen. Auf die Frage, ob sie glücklich seien, antworteten 80 Prozent Ende 1977 uneingeschränkt mit „Ja". Mehr als zwei Drittel glaubten, daß sich die Demokratie in Spanien fest verankern werde.

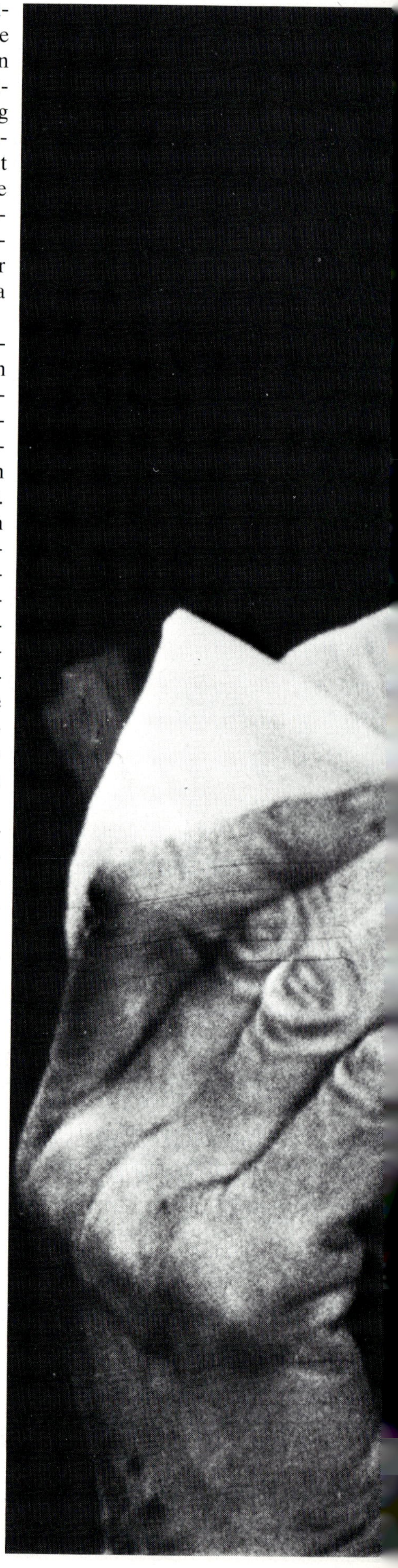

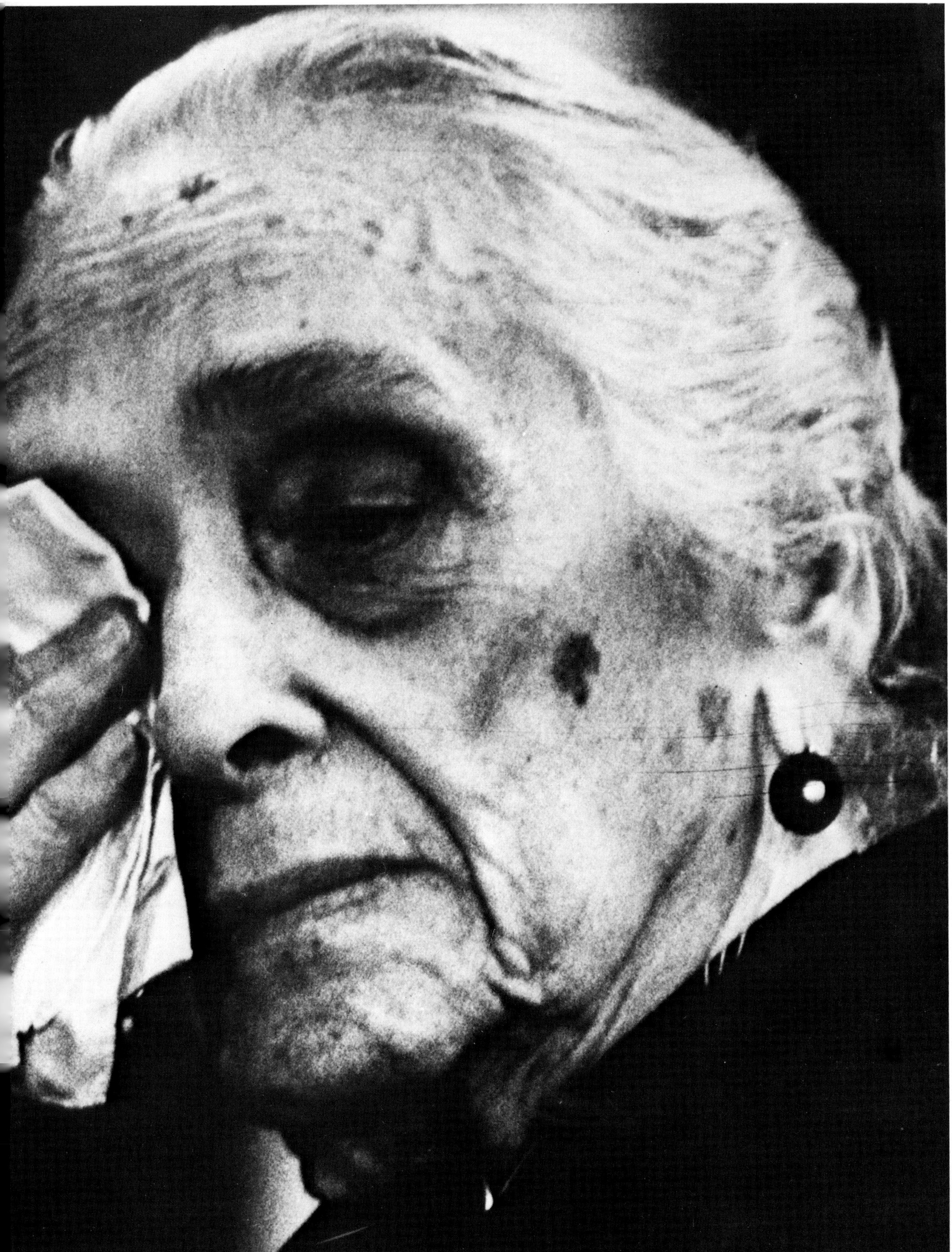

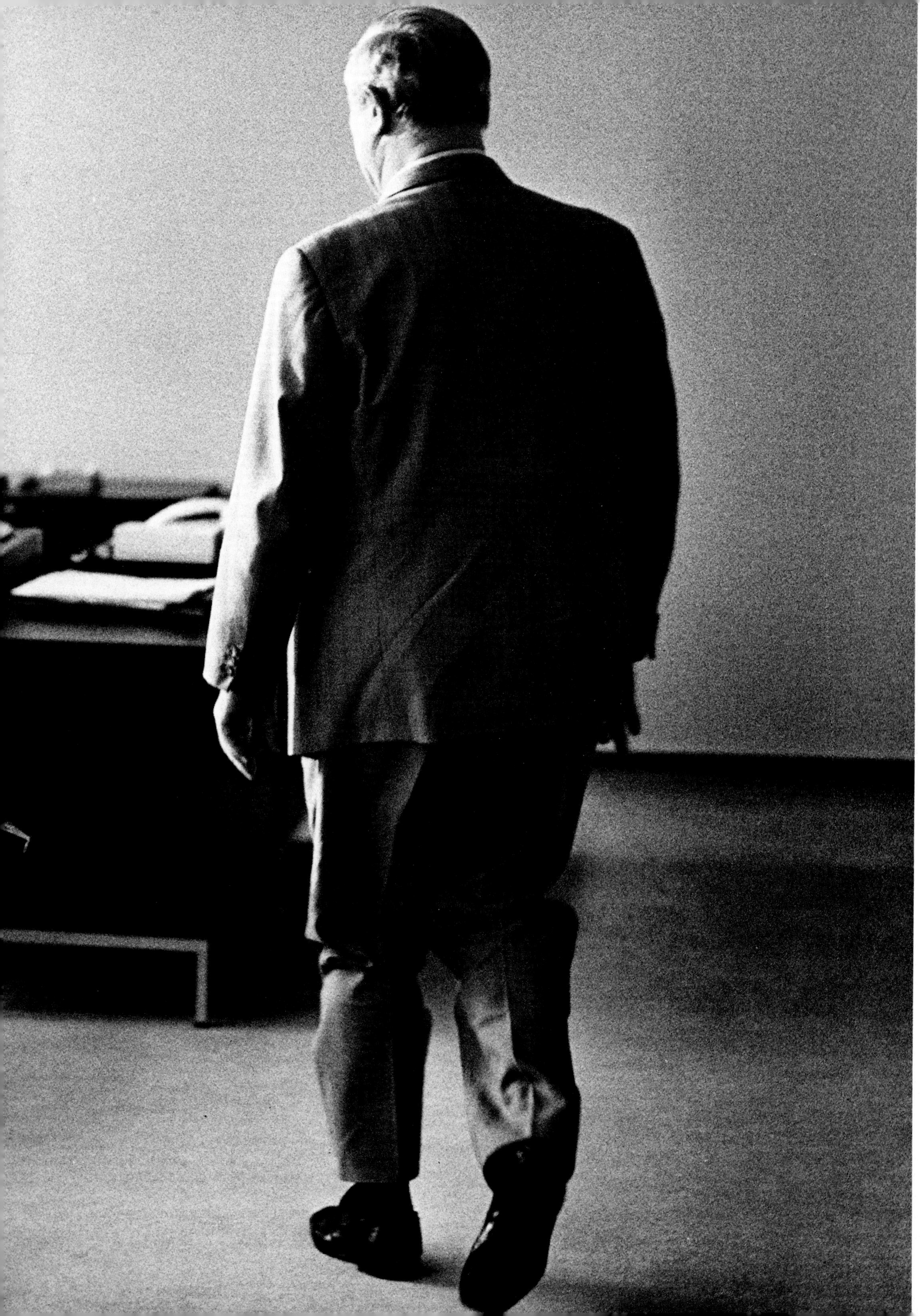

... vor allem der Liebe wegen

Verteidigungsminister Georg Leber ist nur noch bedingt abwehrbereit. Die Spionage-Affäre Renate Lutze und sein kläglich gescheiterter Versuch, den Skandal herunterzuspielen, haben den altgedienten SPD-Genossen waidwund geschossen. Dabei war der eigentliche Anlaß für die Ministerkrise keineswegs neu. Denn bereits vor eineinhalb Jahren, in der Nacht zum 2. Juni 1976, waren Renate Lutze und ihr ebenfalls in der Verrats-Branche erfolgreich tätiger Ehemann Lothar-Erwin als Agenten des DDR-Geheimdienstes enttarnt und festgesetzt worden. Mit von der Partie: der Angestellte im Führungsstab der Marine Jürgen Wiegel. So richtig los brach der Sturm aber erst im Dezember 1977, als ein vertrauliches Gutachten der Abteilung Sonderermittlungen des Verteidigungsministeriums und damit das wahre Ausmaß der Schnüffelei bekannt wurde.

Das Agenten-Trio habe, so die Fahnder, zwischen 800 und 1000 Akten aller Geheimhaltungsstufen in Kopien von der Bonner Hardthöhe, dem Sitz des Leber-Ministeriums, an das Ostberliner Ministerium für Staatssicherheit gefrachtet. Auch Intimstes der Nato war dabei. So befanden sich unter der fetten Lutze-Beute Unterlagen über langfristige und kurzfristige Bundeswehrplanungen, militärische Zustandsberichte von 1972 bis 1974, die Auswertung der Nato-Stabsrahmenübung „Wintex 75" einschließlich der zutage getretenen Mängel in der militärischen und zivilen Zusammenarbeit, das Konzept für die Entwicklung des Kampfpanzers der nächsten Generation und der Krisenplan der Armee für die Zeit vor dem Verteidigungsfall. Besonders bitter war für Leber und seine Offiziere die Erkenntnis, daß etwa 75 Prozent der ausgespähten Geheimnisse Prinzipien der westlichen Verteidigungsstrategie enthielten, die entweder gar nicht oder nur geringfügig geändert werden können.

Zugeschlagen hatte eine der zahlreichen, unscheinbaren Vorzimmerdamen in Bonner Behörden und Ministerien: Renate Lutze, 37, Sekretärin des Ministerialdirektors Herbert Laabs. Die Agentin besaß einen Nachschlüssel zu dem Tresor mit den brisanten Geheimakten. Renate Lutze ist nicht die einzige Sekretärin in Bonn, die zur Spionin wurde. Vor ihr waren schon die Berufskolleginnen Gerda Ostenrieder, Helge Berger (beide schnüffelten im Auswärtigen Amt) und Dagmar Kahlig-Scheffler (sie spionierte im Kanzleramt) aufgeflogen – Agentinnen aus Liebe, denn die einsamen Bonner Damen gerieten alle über die „menschlichen Beziehungen", vom DDR-Geheimdienst immer häufiger als Lockmittel eingesetzt, in die Fänge des MfS.

Die DDR-Spionin Renate Lutze kopierte vertrauliche Dossiers über die Stärke der Bundeswehr und Nato-Geheimakten aus dem Panzerschrank des Verteidigungsministeriums und provozierte dadurch einen Spionage-Skandal, in dem Minister Georg Leber jetzt um seinen Sessel fürchten muß.

Rund 3000 Ost-Agenten tummeln sich nach amtlichen Schätzungen zur Zeit in Westdeutschland. Der größte Teil, etwa 80 Prozent, steht im Sold des Ostberliner Geheimdienstes. Gegenüber dem Vorjahr haben sich die Kontaktaufnahmen fast verdoppelt.

Bevorzugtes Mittel der Anwerbung war die schriftliche oder telefonische Ansprache von Bundesbürgern, die sich in Zeitungsinseraten um neue Arbeitsplätze bemüht hatten. Für die rege Spionagetätigkeit im Bundesgebiet gibt es im wesentlichen zwei Gründe: Die Bundesrepublik ist für östliche Geheimdienste wichtiges Operationsfeld, weil sie an der Nahtstelle zwischen der westlichen Gesellschaft und dem kommunistischen Herrschaftsbereich liegt. Und außerdem wirkt sich aus, daß die DDR-Spione weder mit der Sprache noch mit den Lebensgewohnheiten Schwierigkeiten haben.

Angesetzt werden die Agenten vor allem auf Regierungs- und Verwaltungsapparate des Bundes und der einzelnen Länder und natürlich auf die Bundestagsparteien CDU, SPD und F.D.P. Im Visier der MfS-Offiziere befinden sich mit Vorliebe Bundeswehr, Grenzschutz, Zoll und Polizei. Dabei konzentriert sich die Militärspionage auf die Aufklärung über Verkehrswege (Brücken, Straßen), Truppenstärke sowie Ausrüstung der Armee. In der Wirtschaft waren überwiegend die Elektroindustrie und die Firmen bevorzugtes Zielobjekt der Ausspähung, die elektronische Datenverarbeitungsanlagen herstellen.

Doch in den letzten Monaten ist die Arbeit der Ost-Agenten schwerer geworden. Mit neuen Aufklärungsmethoden ist ihnen die Spionageabwehr des Verfassungsschutzes hart auf den Fersen. Wurden 1976 noch 88 Spione enttarnt, so wird die Zahl für das Jahr 1977 eher höher liegen.

Existenzkampf an den Universitäten

Tausende von Demonstranten, Fahnen und Transparenten, Spottverse und Sprechchöre forderten Solidarität, riefen auf zum Widerstand. Die längst tot geglaubte Studentenrevolte war zu neuem Leben erwacht. An den deutschen Universitäten herrschte wieder Kampfstimmung, Vorlesungen oder Seminare wurden entweder boykottiert oder nur schlecht besucht, die Studenten gingen auf die Straße. Streik hieß die Parole – wie schon zur Zeit der Außerparlamentarischen Opposition. Nur der Grund des Protestes ist nicht mehr derselbe: Vor zehn Jahren rebellierten die Jungakademiker gegen den Schah-Besuch, den Vietnam-Krieg oder Notstandsgesetze. Heute kämpfen sie um die eigene nackte Existenz.
An den Hochschulen häufen sich die Klagen über zu niedrige Stipendien, fehlende Jobs und miese Berufsaussichten. Massiv unter Druck gesetzt fühlen sich die Studenten außerdem durch die in den Hochschulgesetzen der Länder vorgesehene zeitliche Begrenzung des Studiums (Regelstudienzeit) auf acht Seme-

Mit Sit-ins, schlecht besuchten Vorlesungen und Seminaren machten Studenten im Herbst 1977 auf ihre Misere aufmerksam. Numerus Clausus und miese Studienbedingungen belasten die Jungakademiker seit Jahren. Weil auch die Aussichten auf einen angemessenen Arbeitsplatz gering sind, gingen sie bundesweit auf die Straße.

ster für die meisten Fächer (bisher durchschnittlich 10 bis 11 Semester) und die Einführung eines verschärften Ordnungsrechtes, das Störer mit der Entfernung aus der Universität bedroht. Kein Zweifel, daß diese Maßnahmen den Beifall der meisten Bürger außerhalb des Campus finden, die Studenten dagegen sehen sich entmündigt und entrechtet. Die Regelstudienzeit, so monieren sie, lasse ihnen weder Zeit zu jobben (darauf sind aber viele angewiesen, bei denen das Stipendium oder der elterliche Scheck nicht reichen) noch zu politischem Engagement an der Hochschule. Und das Ordnungsrecht solle Kritik abwürgen und Anpasser und Duckmäuser züchten. Aus der Sicht der Studenten sind alle diese staatlichen Eingriffe nichts anderes als eine weitere Verschärfung der Unterdrückung. Die Auflehnung dagegen ist daher zugleich eine Abrechnung mit der westdeutschen Gesellschaft, in der sich viele Studenten und Jugendliche nicht mehr heimisch fühlen. „Die junge deutsche Generation", hieß es im amerikanischen Nachrichtenmagazin Time, „ist zutiefst unglücklich, vielleicht unglücklicher als die Jugend in irgendeinem anderen Land Europas."
Diese Jugend wird nicht mehr von der Idee angespornt, mehr Demokratie zu wagen, wie noch die Apo der sechziger Jahre. Die Gesellschaft zu verändern, lebenswerter zu machen – diese Ziele von einst sind lange vergessen. Die Jugend von heute hat kaum noch Berührungspunkte mit der Generation der Erwachsenen, versteht deren Lebensauffassung nicht und findet nur noch selten eine Sprache, die bei den Älteren auf Gehör stößt. Die Jugend hat sich abgekapselt, ist überzeugt davon, daß „doch nichts zu ändern" sei. Ein Teil hat resigniert und jedes Interesse an der Politik aufgegeben, ein anderer, allerdings kleinerer Teil, wird immer radikaler und bildet das Rekrutierungsfeld für die Sympathisantenszene der Terroristen.
Am deutlichsten wird die fatale Wandlung vom Engagement für den Staat zum Haß auf den Staat an den Universitäten. Dort ist aufmerksam registriert worden, daß der Freiheitsraum des einzelnen in den letzten Jahren ständig eingeschränkt worden ist. Immer neue Staatsschutzgesetze, eine immer härter werdende Gangart der Polizei, Berufsverbote, Schnüffeleien und das Fotografieren von friedlichen Demonstranten durch Verfassungsschützer – das alles hat die studentische Jugend verbittert und in ihrem Haß auf die Gesellschaft bestärkt.
Gefördert wird die Verweigerung der Studenten durch die hohe Arbeitslosigkeit und die damit verbundene Angst vor der Zukunft. Die Zahl der Hochschüler ist auf über 800 000 angestiegen; 1980 werden es über eine Million sein. Schon heute kann allenfalls noch die Hälfte aller Jungakademiker damit rechnen, einen ihrer Qualifikation entsprechenden Studienplatz zu bekommen. In diesem Jahr werden sich fast 100 000 ausgebildete Hochschulabsolventen damit abfinden müssen, einen Job auszuüben, der unter ihrem Niveau liegt.
Verantwortlich gemacht wird für diese düstere Entwicklung vor allem die SPD, die ihr fortschrittliches Image bei den Studenten weitgehend verloren hat. Da andererseits die Christdemokraten an den Hochschulen kaum Boden wettmachen konnten, ist ein Vakuum entstanden, in das die linksradikalen Gruppen geschickt hineinstoßen. Weil die Parteien und selbst ihre Jugendorganisationen wie zum Beispiel Jungdemokraten (F.D.P.) und Jungsozialisten (SPD) als Verkörperung des verhaßten Systems abgelehnt werden, haben in vielen Universitäten die parteiunabhängigen „Basisgruppen" der Spontis den größten Zulauf. Ihnen sind die dogmatischen Sektierer sowjetischer, chinesischer oder albanischer Machart genauso zuwider wie die etablierten Studentengruppen. Sie verbindet das sorgsam gepflegte Gefühl, von Staat und Gesellschaft verstoßen und verfolgt zu sein; Programme und Konzepte zur Verbesserung des Studentenalltags gibt es nicht.
Bei dieser im Grunde unpolitischen Haltung wird es schwer werden, den unterbrochenen Dialog mit der studentischen Jugend wiederaufzunehmen. Doch wer verhindern will, daß immer mehr Jugendliche in Zynismus und Resignation oder sogar in den Terrorismus abdriften, der muß zum Gespräch zurückfinden und dabei in Kauf nehmen, daß für lange Zeit noch das Mißtrauen eine ehrliche Aussprache behindert. Geduld ist die gefragte Tugend.

„Nehme jede Arbeit an" – der Hilferuf gilt nicht nur für viele Studenten, die einen Job während der Semesterferien brauchen, um existieren zu können.

Er gilt auch für Jugendliche mit keinem oder schlechtem Schulabschluß, weil Abiturienten Stellen besetzen, in denen früher Realschüler ausgebildet wurden. Realschüler nehmen dafür Hauptschülern Lehrplätze weg. Den Jugendlichen ohne Abschluß droht immer häufiger eine mehrjährige Arbeitslosigkeit.

nehme jede
Arbeit an!

Was kaputt macht: Alkohol und Drogen

Schlagzeilen des Jahres um die einst schönste Frau von Hollywood: „Rita Hayworth: Wieder eine Entziehungskur, ob es diesmal klappt?" oder „Ritas final act?" oder: „Rita Hayworth soll entmündigt werden" oder „Ihr einziger Trost ist jetzt Wodka" oder „Sie spricht mit Sträuchern – und auf einer Party erkannte sie ihren letzten Liebhaber nicht".

Die blumigen Formulierungen enthüllten, was nicht zu leugnen war und schlicht hieß, daß Rita Hayworth, 59, zur Alkoholikerin geworden war. Legenden, sonst gerne als Entschuldigung gebraucht für Nicht-Wissen, entsprachen diesmal sogar der Wahrheit: Denn Margarita Carmen Camino (Geburtsname), seit „Blut und Sand" als Partnerin von Tyrone Power unter dem Namen Rita Hayworth bekannt und verankert in der Filmgeschichte, hatte sich weder mit ihren Falten noch mit mangelnden Angeboten Hollywoods abfinden können und zur Flasche gegriffen. Die als schönste Filmdiva Hollywoods gepriesene Frau, deren berühmte Filme („Gilda", „Die Lady von Shanghai", „König der Toreros", „Es tanzt die Göttin") wie ihre berühmten Männer (Orson Welles, Ali Khan, Dick Haymes, James Hill) nach Dutzenden gezählt werden, hatte den unaufhaltsamen Abstieg nicht verkraftet. Um sie herum war Hollywood gestorben, zum Glitzersumpf degeneriert. Die jungen Heroen des amerikanischen Filmes konnten mit der alternden „Venus des Atomzeitalters", der ehemaligen „Miss Dynamit", nichts mehr anfangen. Der Geist der Flasche brachte ihr die großen Zeiten wieder, als die Männer Rita Hayworth zu Füßen lagen und sich die Filmproduzenten um sie rissen. Im Sommer wurde sie in eine Trinkerheilanstalt eingeliefert. Doch schon im Herbst präsentierte sich eine, zwar faltenreiche, aber lächelnde Rita Hayworth wieder in Freiheit: „Ich will jetzt trocken bleiben und in Ehren alt werden." Nach solchen Bekenntnissen gab es auch gleich ein Angebot: die Rolle der Evita Peron in einem gleichnamigen Film. In Hollywood dürfen eben nicht einmal die kaputten Legenden sterben, sie werden immer noch gebraucht.

Wenn der ehemalige Star des deutschen Kabaretts, Wolfgang Neuss, mit kaputten Zähnen, strähnigen Haaren und allwissenden Augen in die Kamera lächelt, wird das bitterernste Drogenproblem zum zynischen Gag: „Seht her, ich bin's – noch." Der 54jährige, der in Berlin in einer fast unmöblierten kargen Zwei-Zimmer-Wohnung von der Sozialhilfe lebt (DM 265,– im Monat, Miete frei), hat einst in Filmen („Wirtshaus im Spessart") und auf Tourneen Zehntausende verdient. Heute träumt er vergammelt und verwittert von einer kleinen Zukunft, die wohl nicht mehr stattfinden wird, denn: „meinen Joint will ich auch auf der Bühne rauchen."

1977 starben in der Bundesrepublik über 400 Jugendliche zwischen 16 und 25 Jahren durch einen tödlichen Schuß harter Drogen. So wie dieser junge Mann, der auf einer Parkbank in Berlin tot aufgefunden wurde, beendeten sie ihr Leben im letzten vermeintlichen Rausch – in schmuddeligen Hinterzimmern, auf dreckigen Klos, auf der Straße. Es stirbt sich leicht in diesen Zeiten.

Und immer noch gleich schwer. Wo sind die Propheten von gestern geblieben, die predigten, daß die Einstiegsdroge Haschisch nun doch wirklich nichts Schlimmes sei? Das Heroin frißt die Kinder von Karl Marx und Coca Cola.

Marie-Christina „Putzi" von Opel, 25, Urenkelin des Autoerfinders Adam Opel, erwischte es im Sommer 1977 in St. Tropez. Am „Ort, an dem Gott trotz strahlenden Wetters abwesend ist" (Osservatore Romano) wird nicht nur kräftig gehascht, sondern auch mit dem Stoff gehandelt. In „Putzis" Villa fanden französische Polizisten gleich 1600 Kilogramm in schlichten Säckchen und nahmen die millionenschwere Erbin daraufhin in Haft. Dort sitzt sie, in Marseille, leidet unter Depressionen und sehnt sich nach dem Lebensgefährten Michael Karg, der ebenfalls seit Juni 1977 die Welt durch Gitterstäbe betrachten darf. Leidtragende der gemeinsamen Sucht: die gemeinsame Tochter Vanessa, 2.

Truman Capote, 53, (bürgerlich: Truman Streckfus Persons) hatte es im Jahr 77 besonders schwer. Die begehrte New Yorker Society schnitt den Schriftsteller („Kaltblütig"), weil er in Fortsetzungen unter dem Titel „Answered Prayers" pikante Histörchen aus besseren Kreisen erzählte, und dem Alkohol verdankte er, daß er den Führerschein los wurde. Seine prachtvoll-kitschige Wohnung vertauschte er deshalb auch zeitweise mit einem Sanatorium für gehobene Trinker. Dort sollte ihm die Alkoholsucht entzogen werden, was Truman kaltblütig kommentierte: „Ich bin und bleibe ein Alkoholiker – aber ein genialer".

Drei Morde, die Deutschland veränderten

Jürgen Ponto, Siegfried Buback und Hanns Martin Schleyer waren die prominentesten Opfer der deutschen Terroristen im Jahr 1977. Am 7. April, dem Gründonnerstag, wurde Buback auf dem Weg zu seiner Behörde von zwei vermummten Motorradfahrern niedergeschossen. Im MP-Dauerfeuer starben auch sein Fahrer und ein Sicherheitsbeamter. Den Mördern des Bankiers Jürgen Pontos ebnet am 30. Juli sein Patenkind, die 26jährige Susanne Albrecht, Tochter eines angesehenen Hamburger Rechtsanwalts, den Weg. Hanns Martin Schleyer wurde am 5. September entführt. Bei dem Überfall starben sein Fahrer und drei Begleitpolizisten. Nach 45 Tagen Geiselhaft wurde auch Schleyer durch Genickschüsse umgebracht.

Hanns Martin Schleyer, der bullige Arbeitgeberpräsident, war im Privatleben ein umgänglicher Mann, ein Kumpeltyp. Zuhause schmuste er oft mit seinem Enkel Jan-Nikolaus, dem Kind seines ältesten Sohnes Hanns-Eberhard Schleyer, einem Rechtsanwalt in Stuttgart. Hanns-Eberhard Schleyer wurde im Verlauf des Entführungsdramas von den Kidnappern damit beauftragt, ein Lösegeld von umgerechnet 35 Millionen Mark bereitzustellen. Die Übergabe der Summe scheiterte an einer gezielten Indiskretion der Bundesregierung, die verhindern wollte, daß auch Hanns-Eberhard Schleyer in Lebensgefahr geriet.

Der Tatort des Schleyer-Überfalls: die Vincenz-Statz-Straße im Kölner Villenvorort Braunsfeld. Die Opfer des Überfalls, drei Begleitpolizisten und der Fahrer des Wagens von Schleyer, liegen blutüberströmt auf dem Pflaster. Für sie kommt jede Hilfe zu spät.

Die Polizei findet am Tatort 117 Patronenhülsen. Insgesamt aber feuerten die Terroristen über 300 Schuß ab, wie die Kriminalpolizei aufgrund der Einschußspuren ermittelt.

Lufthansa

Mit der Entführung des Lufthansa-Jets „Landshut" erreicht das Drama um Hanns Martin Schleyer seinen Höhepunkt. Vier arabische Terroristen bringen 87 Geiseln in ihre Gewalt, darunter Frauen, Kinder und Kranke. Während des fünftägigen Irrflugs erschießt der Chef der Terroristen, ein Palästinenser, der sich „Captain Martyr Mahmud" nennt, Flugkapitän Jürgen Schumann. In Dubai hockte Schumann noch lässig in der offenen Kabinentür und lächelte darüber, daß Mahmud ihn mit einer Pistole bedrohte. Bei der nächsten Zwischenlandung in Aden versucht der Lufthansa-Kapitän dann auf eigene Faust, Hilfe für die Maschine heranzuholen. Jemenitische Soldaten bringen ihn mit vorgehaltener Waffe zurück zur Maschine. Nach einem kurzen Strafgericht feuert der 23jährige Mahmud Kapitän Schumann eine Kugel in die Nasenwurzel. Schumann, der Frau und zwei Kinder hat, ist sofort tot. Bei der Landung in Mogadischu wird seine Leiche über eine Notrutsche von Bord gebracht. In der darauffolgenden Nacht stürmt ein GSG-9-Kommando die „Landshut", befreit die Geiseln und tötet drei der Terroristen, darunter auch Mahmud.

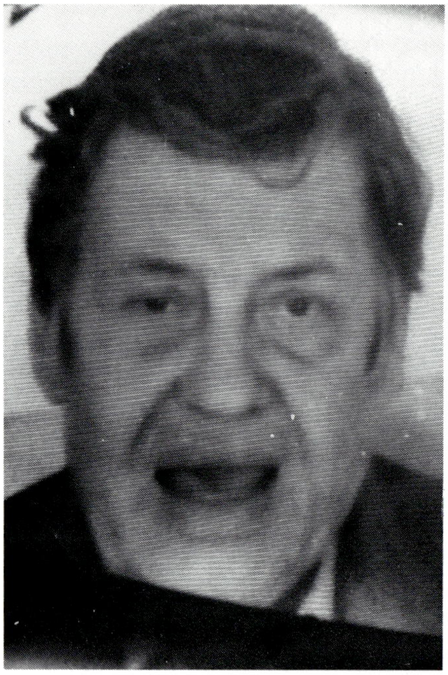

Um zu beweisen, daß ihre Geisel noch lebt, verschicken die Entführer Polaroid-Fotos und Video-Aufnahmen von Hanns Martin Schleyer. Mehrfach bittet Hanns Martin Schleyer die Bundesregierung, auf die Forderung der Entführer einzugehen und seine Freilassung durch die Abschiebung von elf inhaftierten RAF-Mitgliedern zu erkaufen. Doch Kanzler Helmut Schmidt läßt sich auf den Tausch nicht ein.

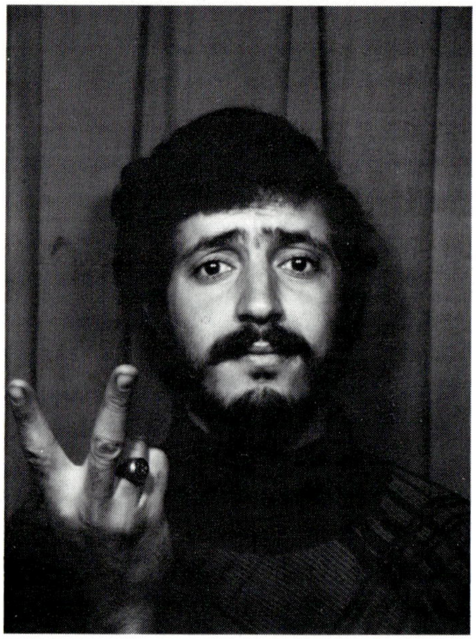

Der Anführer der „Landshut"-Kidnapper ist der 23jährige Palästinenser Zuhair Youssif Akache. Sein Wissen über Flugzeuge erwarb er auf einem Mechaniker-Lehrgang in London. Dort machte der dunkellockige Araber mit dem Schnauzbart von sich eine Aufnahme in einem Fotoautomaten. Auf die Kaperung des Lufthansa-Jets bereiteten sich Akache – fortan „Captain Martyr Mahmud" – und seine Mit-Terroristen in Palma de Mallorca vor. Sie gaben sich als Touristen aus und machten Erinnerungsfotos: Der Terrorist Wabil Harb, Sohn reicher Kaufleute aus Beirut, genießt in einem Strandcafé die Ruhepause (oben), seine Kumpanin Suhaila Sayeh eine in Israel geborene Araberin, lächelt an eine Mauer gelehnt in die Kamera. Sie ist die einzige, die später die Erstürmung des Flugzeugs durch ein GSG-9-Kommando überlebt.

Während des Irrflugs durch Nahost schoß Entführerchef Mahmud an Bord der „Landshut" mit der Kamera eines Passagiers ein „Erinnerungsfoto". Das Bild – es wurde nach der Erstürmung der Maschine vom Bundeskriminalamt entwickelt – zeigt von links die Stewardessen Anna-Maria Staringer, Gaby Dillmann und – nicht mehr ganz getroffen – Hannelore Piegler.

Schnappschuß vor dem Tod: im Cockpit der „Landshut" wurde Kapitän Schumann (links) von seinem Mörder fotografiert. Neben ihm Kopilot Vietor. Der erinnerte sich später, wie das Bild zustande kam: „Es war in Dubai, wir warteten, wie es weitergehen soll. Plötzlich stand Mahmud, wie sich der Chef der Entführer nannte, mit der Kamera in der Hand hinter uns und blitzte, als wir uns umdrehten. Es war furchtbar heiß. Deshalb hatte sich Schumann eine Serviette als Schwitztuch um den Hals gebunden."

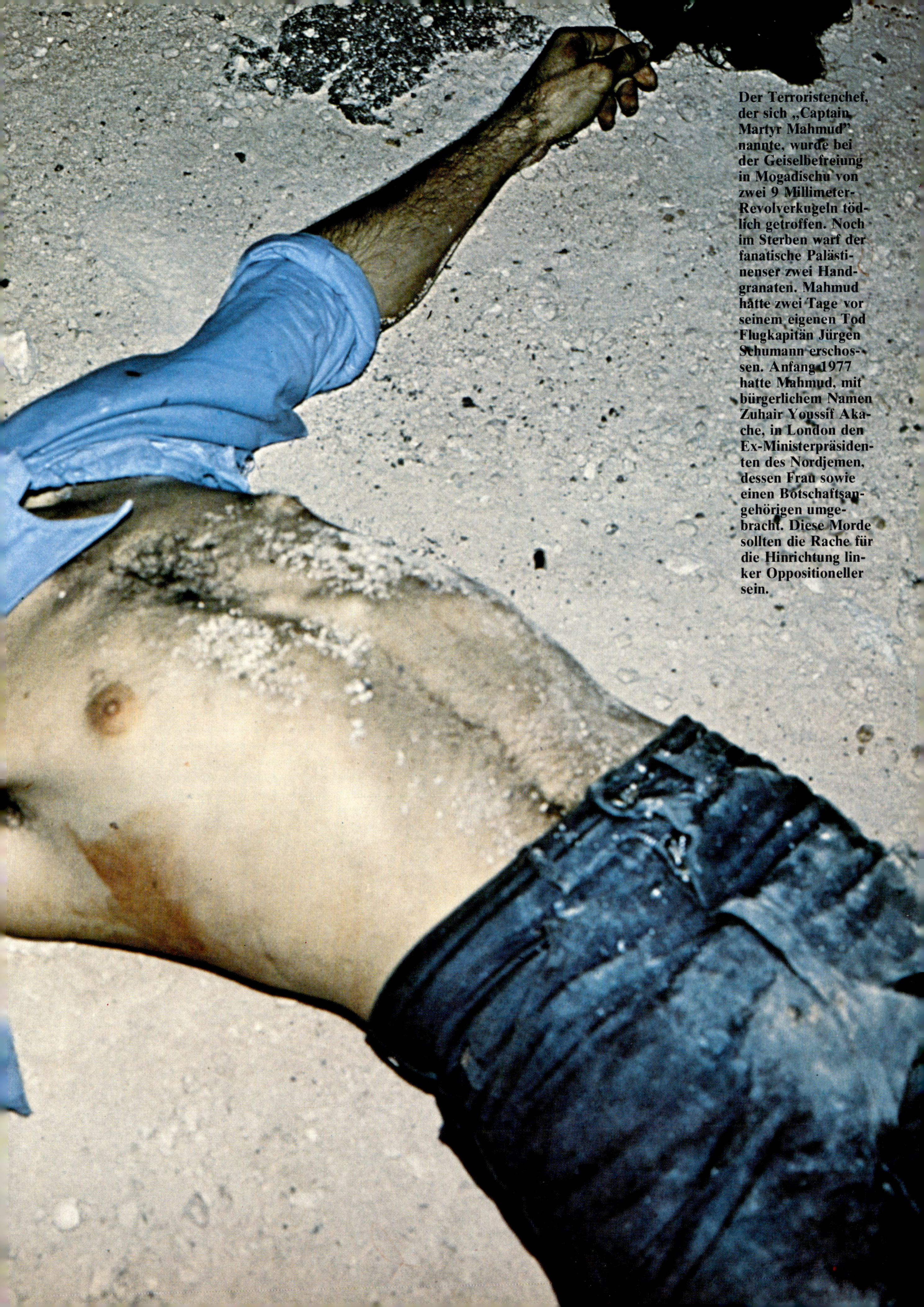

Der Terroristenchef, der sich „Captain Martyr Mahmud" nannte, wurde bei der Geiselbefreiung in Mogadischu von zwei 9 Millimeter-Revolverkugeln tödlich getroffen. Noch im Sterben warf der fanatische Palästinenser zwei Handgranaten. Mahmud hatte zwei Tage vor seinem eigenen Tod Flugkapitän Jürgen Schumann erschossen. Anfang 1977 hatte Mahmud, mit bürgerlichem Namen Zuhair Youssif Akache, in London den Ex-Ministerpräsidenten des Nordjemen, dessen Frau sowie einen Botschaftsangehörigen umgebracht. Diese Morde sollten die Rache für die Hinrichtung linker Oppositioneller sein.

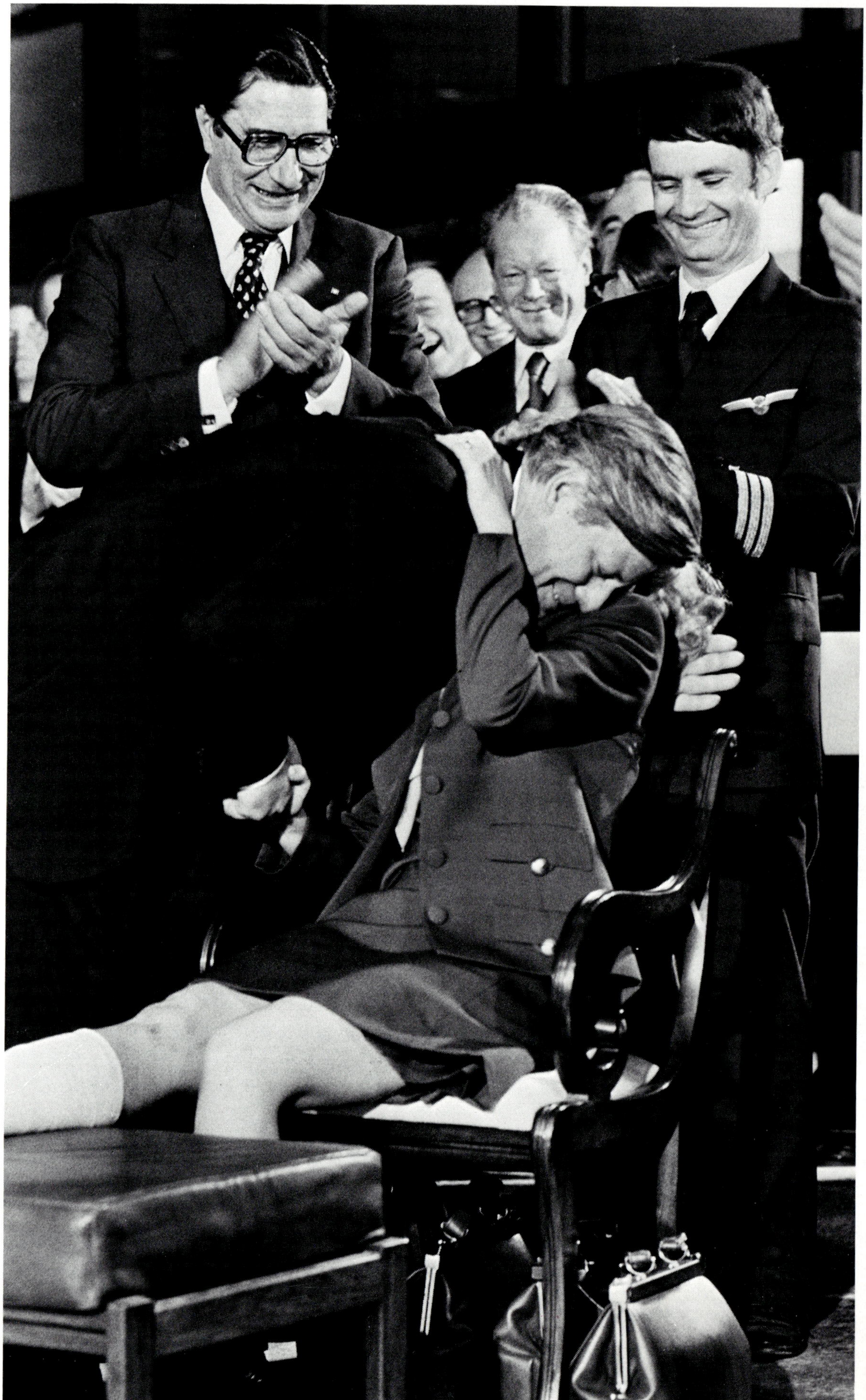

Nach den Tagen der Angst gibt es in Bonn das Bundesverdienstkreuz. Die Stewardeß Gaby Dillmann, die durch Splitter einer Handgranate der Terroristen bei der Befreiungsaktion in Mogadischu leicht am Bein verletzt wurde, umarmt freudestrahlend Kanzler Helmut Schmidt. Innenminister Maihofer und Kopilot Jürgen Vietor klatschen Beifall. Die Terroristin Suhaila Sayeh, die als einzige der Araber überlebte, spreizte in Mogadischu noch beim Abtransport ins Krankenhaus auf der Bahre die Finger zum Siegeszeichen und rief auf arabisch: „Es lebe das freie Palästina." Außerdem schrie sie auf englisch immer wieder: „Tötet mich, tötet mich bitte." Auch später, im Medina-Krankenhaus von Mogadischu, flehte sie die Ärzte an, sie doch zu töten. Inzwischen aber hat sich die 22jährige von ihren Wunden erholt. Auch ihr Lebenswille ist zurückgekehrt. Nun ist sie den Ärzten für die Behandlung dankbar. Die Bundesregierung hat darauf verzichtet, an Somalia ein Auslieferungsbegehren zu stellen. Suhaila Sayeh kann nach Beirut zurückkehren. In der „Landshut" hatte sie der Stewardeß Gaby Dillmann gesagt, sie freue sich schon darauf, den nächsten Kommando-Einsatz übernehmen zu können.

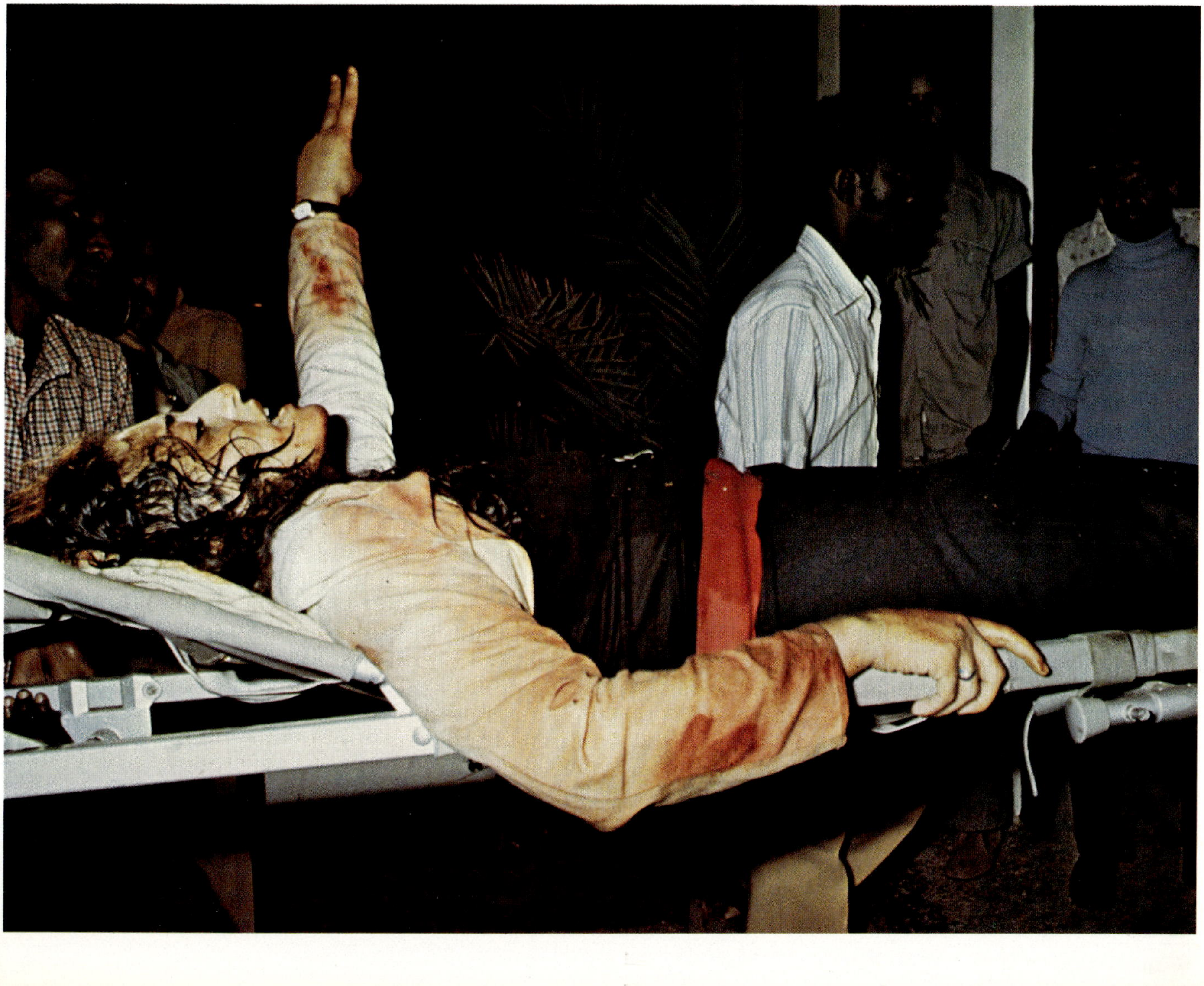

Terroristen 1977

Diese 34 jungen Menschen gehören zum harten Kern in der deutschen Terror-Szene. Einige von ihnen haben im Jahr '77 durch ihre Anschläge, Morde, Raubüberfälle die Öffentlichkeit in Atem gehalten, 9 wurden im In- oder Ausland festgenommen, 14 werden noch gesucht. Diese 14 gelten als besonders gefährlich und zählen zu den Anführern der Terroristen. Auf der Fahndungsliste des Bundeskriminalamtes stehen über 50 Namen. Den Tod fanden deutsche Terroristen nur durch eigene Hand: durch Selbstmord im Gefängnis von Stammheim und Stadelheim. Das Jahr '77 brachte auch eine Reihe wichtiger Urteile, die allerdings noch nicht rechtskräftig sind. In Stammheim endete der Baader-Meinhof-Prozeß, in Zweibrücken der „kleine" Baader-Meinhof-Prozeß, und in Düsseldorf wurden die Attentäter auf die deutsche Botschaft in Stockholm verurteilt.

Gesucht

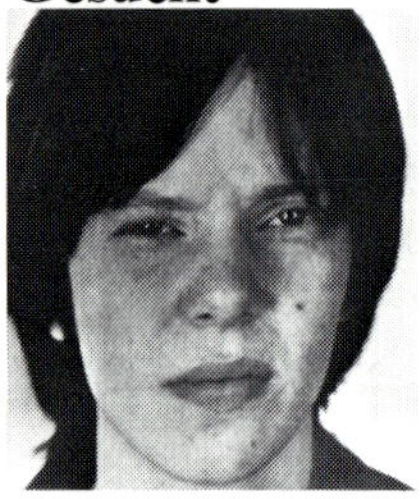

Susanne Albrecht
Die Tochter eines angesehenen Anwalts nutzte ihre Bekanntschaft zum Mord an Jürgen Ponto.

Rolf Heissler
Der ehemalige Philosophie-Student gilt als einer der Anführer in der terroristischen Szene.

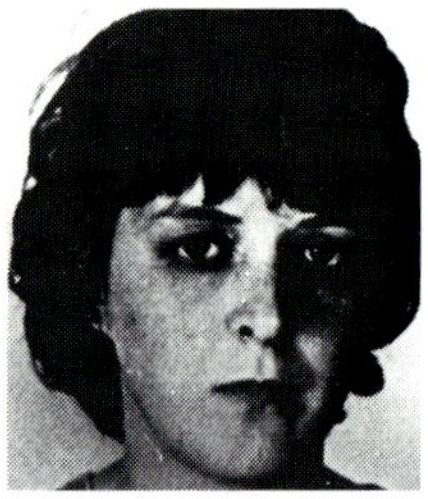

Silke Maier-Witt
Die ehemalige Psychologie-Studentin zählt zu den Schleyer-Entführern.

Sigrid Sternebeck
Die Fotografin wird seit dem Mord an Jürgen Ponto gesucht.

Elisabeth von Dyck
Sie lieferte Waffen aus der Schweiz für die Haag-Gruppe.

Christian Klar
Der Sohn eines Lehrer-Ehepaars wird vom Bundeskriminalamt als besonders gefährlich bezeichnet.

Brigitte Mohnhaupt
Die ehemalige Geschichte-Studentin ging nach Verbüßung einer Haftstrafe (Februar 1977) sofort wieder in den Untergrund

Willy Peter Stoll
Der Croissant-Mitarbeiter besorgte im Welt-Wirtschafts-Archiv Unterlagen über Ponto und Schleyer.

Ralf Baptist Friedrich
Der Croissant-Mitarbeiter verschwand vier Wochen nach der Schleyer-Entführung im Untergrund.

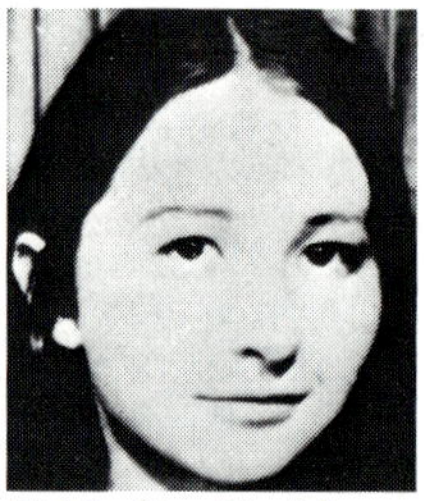

Friderike Krabbe
Die Schwester der Stockholm-Attentäterin ist an der Entführung Schleyers beteiligt gewesen.

Adelheid Schulz
Die Hilfspflegerin mietete Wohnungen an, von denen aus die Morde an Siegfried Buback und Jürgen Ponto geplant wurden.

Rolf Clemens Wagner
Der ehemalige Volkswirtschafts-Student begann seine terroristische Laufbahn 1976 mit Banküberfällen.

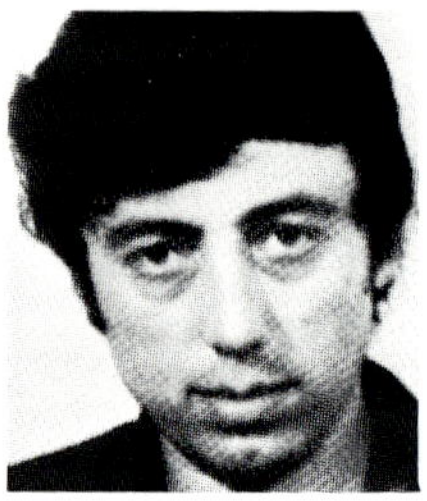

Jörg Lang
Der ehemalige Anwalt, ein Croissant-Sozius, tauchte 1974 unter und wird im Zusammenhang mit den Anschlägen 1977 gesucht.

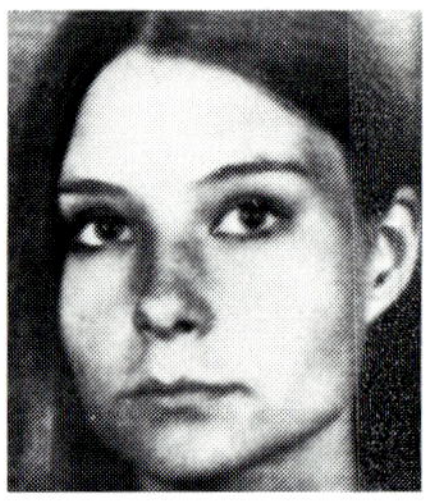

Angelika Speitel
Die Croissant-Mitarbeiterin wird des Bankraubs und der Mittäterschaft am Buback-Mord verdächtigt.

Verhaftet

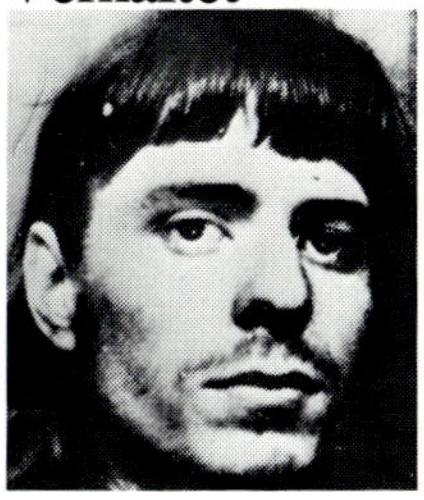

Norbert Kröcher
Der Fernmeldemonteur wollte die ehemalige schwedische Ministerin Leijon in Stockholm entführen. (Verhaftet 1.4.77)

Arndt Müller
Der Croissant-Kollege wird beschuldigt, Waffen und Sprengstoff nach Stammheim geschmuggelt zu haben. (Verhaftet 1.10.77).

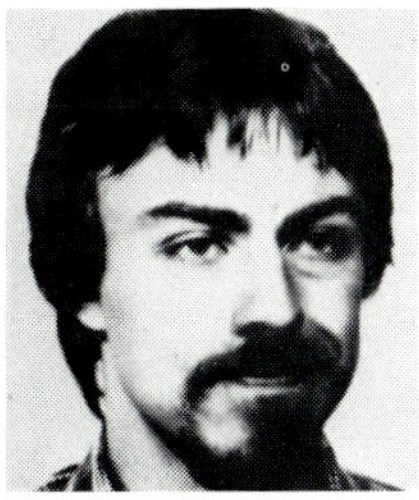

Günter Sonnenberg
Der Sohn eines Bundesbahnoberamtsrats wird verdächtigt, Bundesanwalt Buback ermordet zu haben. Verhaftet 3.5.77)

Christoph Wackernagel
Der Schauspieler geriet durch Kontakte mit Croissant in die Terror-Szene. (Verhaftet 10.11.77)

Armin Newerla
Der erste Anwalt aus der Kanzlei Croissant, der verhaftet wurde. (Verhaftet 30. 8. 77)

Gabriele Kröcher-Tiedemann
Die Tochter einer Lehrerin ist mit Norbert Kröcher verheiratet. (Verhaftet 20.12.77)

Klaus Croissant
Nach seiner Flucht nach Frankreich wurde der Anwalt in Paris verhaftet und an die Bundesrepublik ausgeliefert. (Verhaftet 30.9.77)

Verurteilt

Klaus Jünschke
Der Beamtensohn ist ein Gründungsmitglied der RAF. Am 2.6.77 lebenslange Haft wegen gemeinschaftlichen Mordes.

Bernhard Rössner
Der Angestelltensohn lernte Reprofotograf. Am 20.7.77 zweimal Lebenslänglich wegen des Stockholm-Überfalls.

Knut Folkerts
Der Beamtensohn erschoß (22.9.77) in Holland einen Polizisten. Am 20.12.77 20 Jahre Haft.

Manfred Grashof
Der Angestelltensohn gehörte zur ersten Generation der RAF. Am 2.6.77 lebenslange Haft wegen gemeinschaftlichen Mordes.

Lutz Manfred Taufer
Der Kaufmannssohn kam in Heidelberg mit dem SPK in Berührung. Zweimal Lebenslänglich wegen des Stockholm-Überfalls.

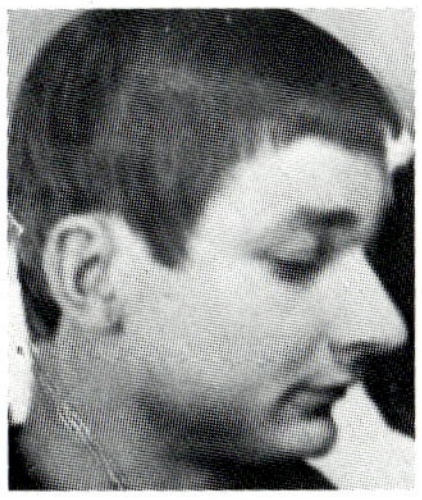

Dirk Hoff
Der Sohn eines Professors bastelte Bomben für Andreas Baader. Verurteilt am 21.12.77 zu 4 Jahren 8 Monaten.

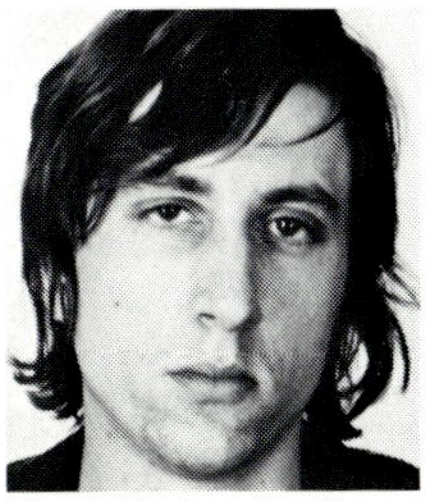

Karl-Heinz Dellwo
Der Journalistensohn erhielt am 20.7.77 zweimal Lebenslänglich wegen Überfalls auf deutsche Stockholm-Botschaft.

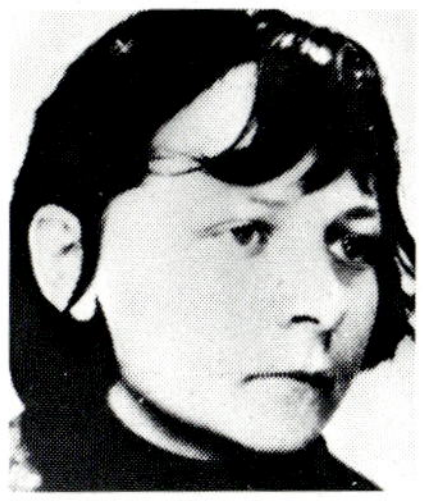

Verena Becker
Die Telefonistin wurde gegen Peter Lorenz ausgetauscht. Lebenslange Haft wegen Schußwaffengebrauchs bei Verhaftung.

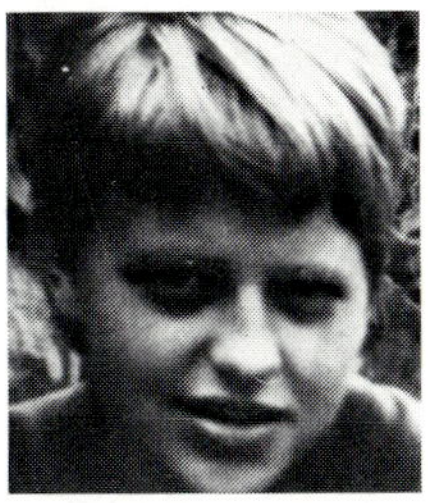

Hanna-Elise Krabbe
Die Kaufmannstochter studierte Sozialwissenschaften. Am 20.7.77 zweimal Lebenslänglich wegen des Stockholm-Überfalls.

Tot

Andreas Baader
Das Muttersöhnchen gründet mit Ulrike Meinhof und Horst Mahler die RAF. Lebenslange Haft. Selbstmord am 18.10.77.

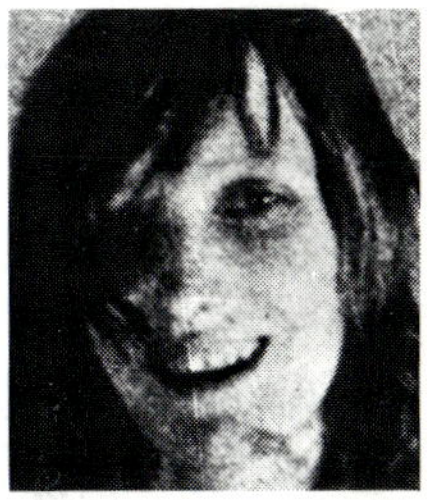

Gudrun Ensslin
Die Pfarrerstochter galt als die fanatischste Terroristin. In Stammheim zu lebenslanger Haft verurteilt. Selbstmord am 18. 10. 77.

Jan-Carl Raspe
Der Mitbegründer der RAF wuchs vaterlos in Ostberlin auf. Verurteilt zu lebenslanger Haft. Selbstmord am 18.10.77.

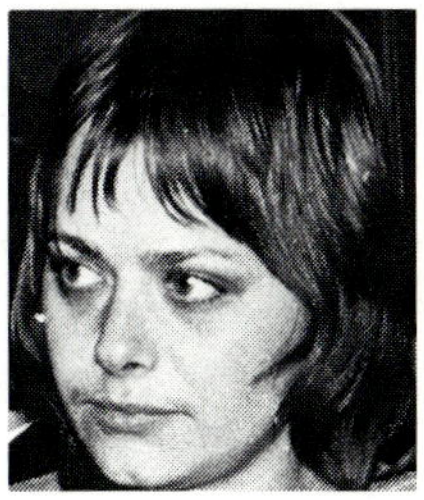

Ingrid Schubert
Die Beamtentochter begann ihre Terroristenlaufbahn mit der Befreiung Baaders in Berlin. Selbstmord am 12.11.77.

Die Strafvollzugsanstalt Stammheim im CDU-regierten Baden-Württemberg galt als das sicherste Gefängnis Deutschlands. Inzwischen steht der Name Stammheim für einen der größten Justiz-Skandale der Bundesrepublik. Nach den Selbstmorden der in Stammheim inhaftierten Terroristen Andreas Baader, Jan-Carl Raspe und Gudrun Ensslin sowie dem mißglückten Tötungsversuch von Irmgard Möller ist in den Gefängniszellen des Terroristentraktes im obersten Stockwerk der Strafvollzugsanstalt ein ganzes Waffenlager gefunden worden: zwei Pistolen, ein Revolver, die dazugehörige Munition und mehr als 400 Gramm Sprengstoff. Außerdem hatten die Terroristen über ein selbstgebasteltes Kommunikationssystem stets miteinander Kontakt. Lange Zeit war es ein Rätsel, wie die Waffen trotz der gründlichen Kontrollen und des Kontaktsperregesetzes in die Anstalt geschmuggelt werden konnten. Inzwischen hat die Bundesanwaltschaft erklärt, die Anwälte Arndt Müller und Armin Newerla aus der Stuttgarter Anwaltskanzlei Croissant hätten schon im Frühjahr 1977 in präparierten Handakten Waffen und Sprengstoff nach Stammheim geschmuggelt. In Newerlas Auto hatten die Ermittler schon früher eine Skizze gefunden, die erst nach dem Attentat auf Schleyer gedeutet werden konnte: Es war die Anfahrt zur Kölner Privatwohnung des Arbeitgeberpräsidenten.

Jahr der Angst

Generalbundesanwalt Siegfried Buback ermordet, Bankier Jürgen Ponto von seinem Patenkind rücklings niedergeschossen, Arbeitgeberpräsident Hanns Martin Schleyer erst entführt, dann durch Genickschüsse getötet; dazu ein toter Fahrer, ein toter Zollbeamter, sechs tote Polizisten, denn „eine Uniform ist für uns nur ein Schußziel" (Terrorist Norbert Kroecher) – das ist die blutige Bilanz des deutschen Terrorismus im Jahr 1977.

So groß auch das menschliche Leid gewesen ist, das sich vor den frisch ausgehobenen Gräbern offenbarte, die größte Tragödie droht noch. Sie droht an jener Grube, an der Linke wie Rechte gemeinsam schaufeln und in die langsam aber stetig die deutsche Nachkriegsdemokratie rutschen könnte, die in der ersten Hälfte der siebziger Jahre zum freiheitlichsten (und zugleich friedlichsten) je von Deutschen erlebten Staatsbund heranzureifen schien. Schlimmer noch als illiberale Gesetze und Verordnungen – Verteidigerüberwachung, Kontaktsperre, die im neuen Strafgesetzbuchparagraphen 80 a verankerte Zensur – ist die Verbiegung des individuellen Bewußtseins, die durch dieses Paragraphenwerk gefördert wurde. Wer stört sich noch heute an den Stacheldrahtverhauen vor Bonner Regierungsgebäuden, an Uniformierten, die mit hochgereckter MP den Bundespräsidenten begleiten; wer fragt noch, was das für Volksvertreter sein mögen, die nur hinter Panzerglas vor ihr Volk treten. Und am enthüllendsten jene Antwort auf die Frage, wieviele Tote es beim Sturm auf die gekaperte Lufthansa-Maschine in Mogadischu gegeben habe: keine, meinten die meisten der Angesprochenen. Für sie zählten drei tote arabische Terroristen nicht.

Also haben die Terroristen doch einen Riesenschritt getan auf ihrem vom Bandenchef Andreas Baader vorgegebenen Weg, die „faschistische Fratze dieses Staates herauszubomben"? Die Antwort auf diese Frage ist kein klares Ja. Denn auf der anderen Seite: Helmut Schmidt hat sich in dem 50 Tage währenden Nervenkrieg nach der Entführung Schleyers zu keiner überzogenen Reaktion des Staates hinreißen lassen – und Repressalien gegen die Geiseln in Stammheim waren ihm ja von allen Seiten angedient worden, vom Sozialdemokraten Heinz Kühn ebenso wie vom CSU-Chef Franz Josef Strauß. Der eine – Kühn – tat es öffentlich bei der Trauerfeier für den ermordeten Fahrer Schleyers („Die Terroristen müssen wissen, daß die Tötung von Hanns Martin Schleyer auf das Schicksal der inhaftierten Gewalttäter, die sie mit ihrer schändlichen Tat befreien wollten, schwer zurückwirken mußte"). Der andere – Strauß – versteckte seine Anregung, indem er im großen Krisenstab Volkes Meinung wiedergab.

Zugleich hat Schmidt mit seiner festen Haltung im Fall Schleyer die These der Terroristen widerlegt, die Bundesrepublik sei ein nur auf die Bedürfnisse des großen Kapitals zugeschnittenes Staatswesen, ihr Kanzler eine Marionette in den Händen der Industrie.

Auch in der Grauzone der Sympathisanten konnten die Terroraktionen und die Reaktionen des Gesetzgebers nur vorübergehend der RAF Pluspunkte bringen. Die „klammheimliche Freude" des Göttinger Mescalero über den Tod Bubacks war zwar ein Signal, daß der Mord am obersten Strafverfolger der Republik in den Randgruppen der Universitäten Stimmung zugunsten der RAF mobilisierte.

Aber: Die Ermordung Schleyers nach 45 Tagen Geiselhaft, die Entführung des Lufthansa-Jets mit 86 unschuldigen Geiseln an Bord, darunter Frauen, Kranke, Kinder, bewirkten unter den links außen Agierenden ein erschrockenes Innehalten. „Heute Schleyer, morgen Meyer", kursierte als Parole gegen den neuen Gewaltirrsinn der RAF durch die Frankfurter Uni-Hörsäle.

Da konnten auch die Selbstmorde von Stammheim keine neuen Solidarisierungsimpulse mehr bewirken. Wenn überhaupt, brachte Stammheim ein Ergebnis, das dem strategischen Ziel der RAF-Terroristen, eine autoritäre Entwicklung des westdeutschen Staates voranzutreiben, entgegengesetzt war: Angesichts der Schlampereien in Filbingers Musterländle zerbrach in Bonn die große Krisenkoalition von SPD, F.D.P., CDU und CSU (die Nachrichtensperre, gesetzwidrigen Einsatz der Geheimdienste und Kontaktsperrengesetz zusammen verantwortet hatte), noch ehe sie sich als ständige, kaum noch öffentlich kontrollierte Kampfgemeinschaft festnisten konnte.

Genauso wenig gelang der RAF ihr in einem Untergrund-Flugblatt unternommener Versuch, die Bevölkerung von der Ansicht zu überzeugen, daß Schleyer, der frühere SS-Untersturmführer und nachmalige Doppelpräsident von Industrieverband und Arbeitgeberverband seit je „Organisator eines mörderischen Systems der Ausbeutung und Unterdrückung" war, verantwortlich für alle Übel dieser Welt: Von den eine Million Arbeitslosen über die 15 000 Verkehrstote („für die Profite von Autoindustrie und Erdölkonzernen") bis zu den 3,5 Millionen Alkoholikern („die ihre Not und ihr Elend im Alkohol ertränken") und den 12 000 Selbstmördern pro Jahr („weil sie dieses System nicht mehr aushalten").

Und selbst bei engagierten Linken wandelten die von der RAF verschickten Polaroid-Aufnahmen des Gefangenen

Schleyer die Betrachtungsweise. Typisch die Reaktion des Liedermachers Wolf Biermann. Vor einem Jahr noch sah er in Schleyer „das kapitalistische Übermonster, wie es in Bilderbücher für kommunistische Arbeiterkinder hineingehört, wo die Kapitalisten ja immer dick gemalt werden und die Arbeiter immer knochig mager". Nun, nachdem er in der Zeitung eines der Fertigfotos gesehen hat, bekennt Biermann öffentlich: „Ich sehe plötzlich ein Menschenantlitz. Ich war erschüttert darüber, daß sich dieser symbolische Kapitalistenkopf in einen leidenden, erbarmungswürdigen Menschen verwandelt hat, mit dem man nichts anderes empfinden kann als Sympathie."

Keine Seite hat bisher letztlich Vorteile ziehen können aus dem Duell zwischen Staat und terroristischen Herausforderern. Geblieben ist ein Patt der Angst, das sich in Volkes Meinung spiegelt: Statt vorher 53 Prozent waren nach Mogadischu nur noch 28 Prozent der Ansicht, das demokratische System der Bundesrepublik sei zu schwach, mit dem Terrorismus fertig zu werden. Zugleich aber glauben nur fünf Prozent der Bevölkerung, die Terroristen würden nach Mogadischu aufgeben, 88 Prozent sind überzeugt, daß die RAF-Guerillas weitermachen werden – so die erste Auswertung einer von der Bundesregierung in Auftrag gegebenen Infas-Umfrage.

Daß diese Hängepartie, instinktmäßig von der Bevölkerung erkannt, noch lange Zeit andauert, dafür sorgt schon die auf beiden Seiten reichlich vorhandene Abneigung, bei einer Situationsanalyse über die Grenzen des eigenen Horizonts hinaus zu kommen. Die bürgerlich Rechte bestreitet jede Mitverantwortung für die heutige Situation hinter ausgeleierten Leerformeln: Da sieht der CDU-Generalsekretär Geissler in marxistischer Ideologie „den Ursachenbereich des Terrorismus", da macht es sich Alfred Dregger mit dem Satz leicht: „Hätten die heutigen Terroristen etwas weniger von Emanzipation, Konfliktpädagogik und antiautoritärer Erziehung und etwas mehr von ihrer ganz persönlichen Verantwortung vor Gott und den Menschen erfahren, dann wäre ihnen und uns vieles von dem erspart geblieben, was wir heute beklagen." Auf demselben Niveau liegen ihre Rezepte zur Bekämpfung des Terrorismus: Sicherheitsverwahrung auch bei erstmalig Verurteilten, richterliche Überwachung auch der mündlichen Gespräche zwischen Anwalt und inhaftierten Mandanten.

Aus Furcht vor weiteren Anschlägen suchten die Politiker inzwischen Schutz hinter Stacheldrahtverhauen, Mp-bewehrten Leibwächtern oder Panzerglas. Als der CSU-Politiker Franz Josef Strauß nach der Entführung Schleyers auf dem Marienplatz in München sprach, stand er hinter schußsicherem Glas. Die Angst geht auch in der Bevölkerung um: bei einer Umfrage nach Mogadischu meinten nur 5 Prozent, die Terroristen würden aufgeben. 88 Prozent sind überzeugt, daß die RAF-Guerillas weitermachen.

Auf der Gegenseite – bei den Terroristen – dieselbe Entschlossenheit, aus der Sackgasse falscher Systemanalyse und falscher Analyse der Perspektiven eines Guerilla-Kampfes nicht zurückzukehren zur Realität. Wo marxistische oder maoistische Theorie und terroristische Praxis nicht übereinstimmen, helfen Begriffsverwechslungen über die Erkenntnis der eigenen mißlichen Lage hinweg, keine Resonanz in der Bevölkerung zu finden: Permanent wird Proletariat mit Kriminalität durcheinandergebracht, wird revolutionäre Gewalt als Revolution ausgegeben, wird Selbstbefreiung der eigenen labilen Persönlichkeit mit Befreiung von Zwängen und Elend dieser Gesellschaft gleichgesetzt.

„Wie kommt die Dummheit in die Intelligenz?", hat einmal Bertolt Brecht gefragt – und intelligent sind oder waren sie ja alle: Die Ensslin wie Ulrike Meinhof und Horst Mahler waren in der Studienstiftung des deutschen Volkes, einem staatlichen Fördererkreis für besonders große Begabungen. Das schafft Elite-Bewußtsein.

Hier gibt ein von beiden Seiten ständig mißbrauchter Mann eine brauchbare Antwort. Lenin, dessen Bruder als Attentäter hingerichtet wurde, hat sich lange mit dem Phänomen des individuellen Terrors beschäftigt und ist dabei zu

Wenn sich der liberale Bundespräsident Walter Scheel auf die Straße wagt, muß er es sich gefallen lassen, von martialisch aussehenden Soldaten mit der MP im Anschlag, dem Finger am Abzug, bewacht zu werden wie der Chef einer Militär-Junta. Für Scheels Vorgänger Heinemann, Lübke oder gar Heuss wäre so ein Auftritt noch ein Alptraum gewesen. In der Bundesrepublik des Terror-Jahres '77 gehören abgeschirmte Politiker zum Alltag, und wir haben uns allzu schnell daran gewöhnt.

einer wie auf die heutigen deutschen Verhältnisse hingeschriebenen Erkenntnis gekommen: Terrorismus beruhe auf einem kleinbürgerlichen, schwankenden Bewußtsein, das sich sehr häufig in der „deklassierten Intelligenz" wiederfinde. Für die sei Terror nichts als ein Mittel, sich selbst an die Spitze einer Bewegung zu stellen.

Die Bewegung, an deren Spitze sie gerieten, war aus der Apo entstanden – eine nahezu tragische Bewegung auf der Suche nach der verlorenen Identität. Das hatte in den eigenen Familien begonnen, wo die Väter dieser in den fünfziger Jahren geborenen Generation sich voll schlechten Gewissens um Antworten auf die Fragen nach dem Dritten Reich drückten (kein einziger Nazi-Blutrichter wurde in der Bundesrepublik je verurteilt). Wacher politischer Verstand der Kinder, dazu noch der in der deutschen Geschichte oft unheilvolle evangelische moralische Rigorismus (Pfarrerskind die Ensslin, Ulrike Meinhof eine Ziehtochter der Theologin Riemeck, Theologiestudent der gefaßte Terrorist Sonnenberg) führten zum Versuch einer wahnwitzigen historischen Reprise. Die Bundesrepublik sollte dem dritten Reich gleichgesetzt oder durch Terror dazu gemacht werden. Dies alles zu einem Zweck: Um den Eltern vorzuführen, wie sie sich hätten verhalten sollen – Widerstand leisten, auch um die Gefahr des eigenen Lebens.

Die Identitätskrise setzte sich außerhalb der Familie fort: Das Nachkriegs-Leitbild Amerika ging plötzlich verloren. Die USA waren bis in die sechziger Jahre das Idol der Freiheit, sie hatten den Faschismus niedergeworfen, die halbe Welt befreit. Ihnen wurde gern nachgeeifert: Von der Jazz-Musik bis hin zum Kennedy-Kult. Plötzlich aber standen die USA für das, was in Vietnam geschah. Eine ungeheure Umkehrung der Werte setzte ein. Der Kommunismus wurde zur politischen Formel des nationalen Überlebens, des Glücks – dank dem Geschehen in Südostasien; in Europa hätte der Kommunismus das nie geschafft. Westliche Freiheit aber war gleich Napalm. Allerdings: Ganz ist die Abkopplung vom einstigen Vorbild auch dem heutigen Terroristen noch nicht gelungen, wie die Amerikanismen ihrer Gruppensprache verraten: „Big Raushole", „Big money".

Unpolitische Resignation, Flucht in die Karriere, wenig später auch Niederdukken vor der dann einsetzenden innenpolitischen Repression – Numerus Clausus, Radikalenerlaß, das Hochschulgesetz mit Regelstudium und Relegationsrecht – war die Reaktion der Mehrheit der Jugendlichen auf den Verlust jeglicher Bezugsgrößen. Eine Minderheit behielt ihre Wut auf die gesellschaftlichen Verhältnisse. Sie engagierte sich zunächst in der Sozialarbeit, die Meinhof drehte ihren Film „Bambule" über Fürsorgezöglinge. Aber die „Randgruppenstrategie" – die revolutionäre Mobilisierung über die am stärksten unterdrückten Teile der Bevölkerung – verpuffte im Nichts. Die Dämpfungsmechanismen des Systems funktionierten. Viele sahen jetzt den Zeitpunkt zur Aktion gekommen – besser gesagt: Die Aktion wurde ihnen vorgeführt, und sie waren fasziniert von dieser Alternative.

Sie waren ja allesamt schwache Persönlichkeiten: Die Meinhof, die im Elend ihrer Ehe verkümmerte, wo sie verprügelt wurde und die unter ihren Schuldkomplexen litt. Auf der einen Seite den großen politischen linken Anspruch, in „konkret" zu schreiben, auf der anderen Seite in der Villa an der Elbchaussee zu leben. Enthüllend ihr Lieblingswitz: Sagt der Masochist zum Sadisten „Schlag mich", da sagt der Sadist „Nein".

Psychisch labil der Grashof (gescheiterter Gymnasiast, kaputte Frühehe, erste Verurteilung wegen Fahnenflucht aus der Bundeswehr) oder Holger Meins, jene perspektivlos dahinlebende, hochsensible Künstlernatur. Voller Verklemmungen auch der in seinem bürgerlichen Beruf als Anwalt erfolgreiche Mahler – als einer seiner neuen Freunde Mitte der sechziger Jahre das damals noch nicht so geläufige Wort „Ficken" aussprach, schimpfte ihn Mahler eine „moralische Sau". Die Kommune Eins machte sich ein Vergnügen daraus, diesem Bürgertyp immer wieder irgendwelche Mädchen ins Bett zu legen.

Am krassesten offenbarte sich wenig später die labile Persönlichkeitsstruktur der künftigen Terroristen in den Mitgliedern des Heidelberger SPK, des „Sozialistischen Patienten-Kollektivs". Unter den hier versammelten psychisch Kranken wurde der Kapitalismus gleich auch schon für den Tod verantwortlich gemacht. Nicht Witz, sondern Wahnwitz der Satz: „Wenn wir den Tod abschaffen wollen, müssen wir den Kapitalismus abschaffen."

Auf diesen Haufen heimat- und hoffnungsloser Linker wirkte ein Andreas Baader, der nicht nur von Gewalt sprach, sondern sie praktizierte, wie ein Rausch. Nur in diesem Umfeld konnte Baader zum Gangsterchef aufsteigen, dieser gescheiterte Kunststudent, Berliner Edelstrichjunge („Ich habe mich nie ficken lassen, ich habe nur gefickt") und seit je von der Mutter verhätschelte Lieblingssohn. Innerhalb einer richtigen Gang persönlichkeitsstarker Ganoven hätte solch ein Typ sich wohl nie durchgesetzt. Jetzt aber imponierte er den am eigenen proletarischen Defizit leidenden Möchte-Gern-Revolutionären mit Sprüchen wie: „Wir können ja nicht, wie das die klassische Revolution fordert, als Teil der Arbeiterklasse handeln, wir kommen ja aus dem Bürgertum. Wenn wir politisch revolutionär handeln wollen, dann müssen wir es als einen existentiellen Schritt verstehen, wenn wir aus unserer bürgerlichen Existenz in die Kriminalität wechseln." Und er führte diesen Wechsel vor mit dem Frankfurter Kaufhausbrand 1968.

„Die revolutionäre Linke ist kriminell", echote wenig später Horst Mahler. Begeistert schloß er sich mit allen anderen, allesamt einem Baader intellektuell haushoch überlegen, hinter diesem „Tatmenschen" zusammen. Sie erkannten nicht, daß der beim primitivsten Ansatz versagte, die angestrebte neue Befreiung zu praktizieren oder auch nur zu akzeptieren. Im Verhältnis zu den weiblichen Gefolgsleuten übernahm dieser RAF-Gründer die autoritären Verhaltensformen der miefigsten Bürgerwelt. Wie ein Oberhahn hockte Baader inmitten seiner Hennen, spielte die Meinhof gegen die Ensslin aus und umgekehrt, titulierte sie durchweg nur als „Votzen", pflegte dort, wo am ehesten Emanzipation erwartet worden wäre, eine ins orientalisch reichende Pascha-Attitüde. Daß die Frauen der nachfolgenden Terroristen-Generation brutaler und gnadenloser auftreten als die Männer, daß die Mohnhaupt, Kröcher-Tiedemann oder Friederieke Krabbe geradezu etwas Furienhaftes haben, sind Spätfolgen dieser Baader-Rolle.

So wie es einen individuellen Selbstmord gibt, gibt es einen sozialen Selbstmord. Und auch der kann tödlich sein. Er kostete in diesem Fall schon 16 RAF-Anhängern das Leben.

Doch es war ein Preis, der gern gezahlt wurde – kamikazehafte Elemente, die Faszination am Riskieren der eigenen, als hoffnungslos erkannten Existenz, das Zelebrieren des Tötens und Getötetwerdens, sind bis heute eines der Merkmale des deutschen Terrorismus geblieben. Der Regisseur von Bonnie und Clyde hätte das Halbrund aufbauen können, mit dem die Attentäter der Vincenz-Statz-Straße die Wagenkolonne Schleyers mit seinen drei MP-bewehrten Begleitpolizisten umstellten.

Das Ritual ersetzt den Inhalt.

Die Bundesanwaltschaft hält die Kanzlei des Stuttgarter Rechtsanwaltes Klaus Croissant für eine Art Rekrutierungsbüro der RAF. Nach seiner Flucht aus der Bundesrepublik war Croissant in Paris verhaftet worden. Erst nach mehreren Gerichtsterminen willigten die französischen Richter darin ein, Croissant an die Bundesrepublik auszuliefern – wegen Mitgliedschaft in einer „Kriminellen Vereinigung". Der Anwalt hatte versucht, politisches Asyl in Frankreich zu bekommen. Croissant gilt als Prototyp des „Linksanwalts", jenes Verteidigertyps der Terroristen, der sich mit den Zielen und Methoden seiner Mandanten weitgehend identifiziert oder der die RAF sogar aktiv unterstützt. Was zunächst mit dem Herausschmuggeln von Kassibern und dem Aufbau eines Informationssystems unter den RAF-Häftlingen begann, endete in Stammheim mit dem Einschmuggeln der Waffen, die Baader und Raspe zu ihren Selbstmorden benutzten.

Die amerikanische Tennisspielerin Billie Jean King ärgert sich über einen der Herren Schiedsrichter. Seit 12 Jahren spielt sie auf dem roten Platz eine große Rolle, seit sechs Jahren ist „die King" ein Kopf der amerikanischen Frauenbewegung.

„King" bei den Spielern ist der 25jährige Argentinier Guillermo Vilas. Der Tennisprofi spielte im letzten Jahr seine Konkurrenten Connors, Nastase und Borg an die Wand. Allein an Siegprämien kassierte er 1,5 Millionen Mark – mit links. Der bullige Linkshänder liebt das Angriffsspiel.

Jedem Ball rennt er nach. Die Fans bejubeln ihn allerwegen: „Viva, Vilas". Auch als Dichter machte er aufmerksam. Bald will er ein Buch über den Tennis-Zirkus beenden.

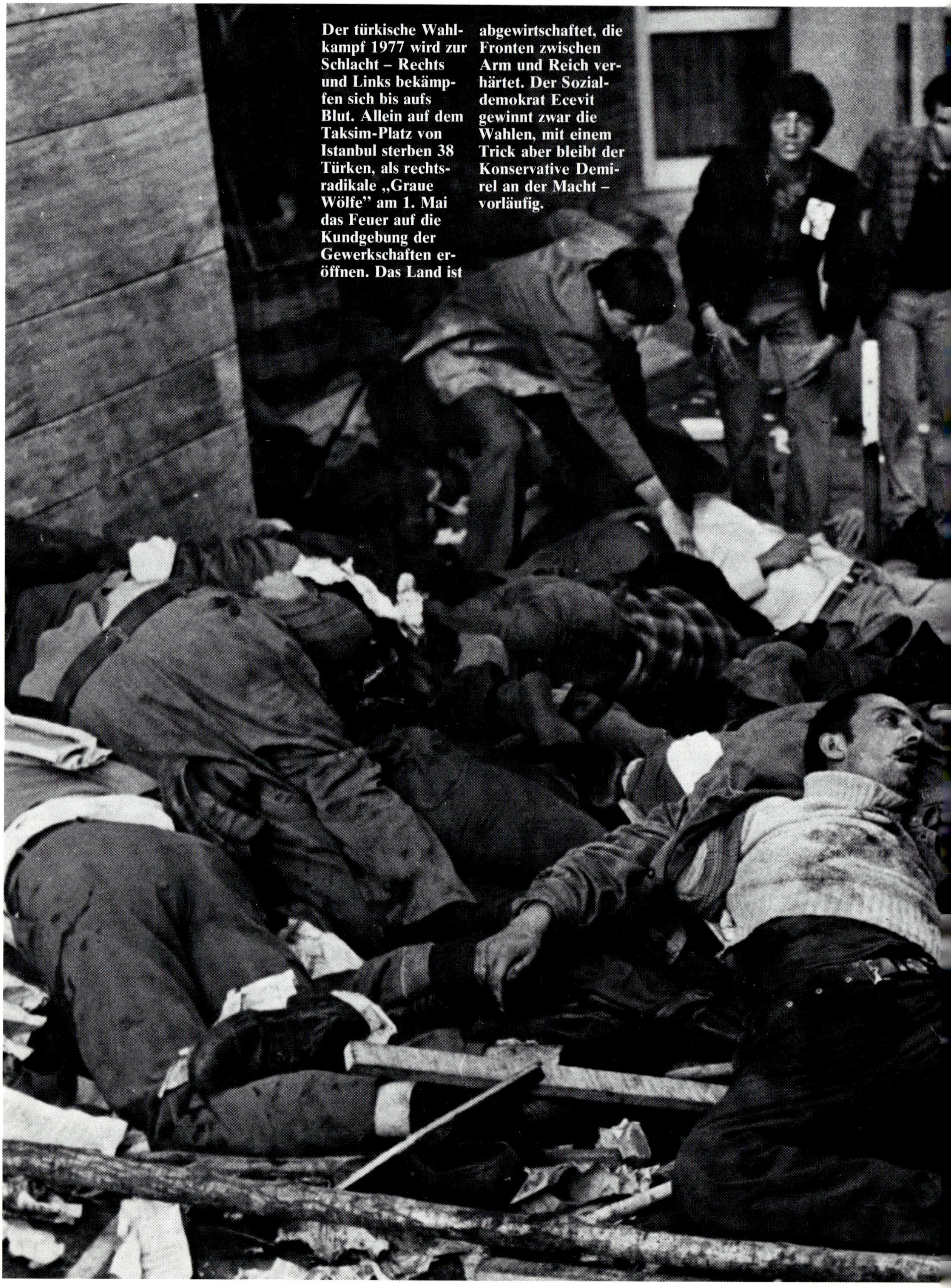

Der türkische Wahlkampf 1977 wird zur Schlacht – Rechts und Links bekämpfen sich bis aufs Blut. Allein auf dem Taksim-Platz von Istanbul sterben 38 Türken, als rechtsradikale „Graue Wölfe" am 1. Mai das Feuer auf die Kundgebung der Gewerkschaften eröffnen. Das Land ist abgewirtschaftet, die Fronten zwischen Arm und Reich verhärtet. Der Sozialdemokrat Ecevit gewinnt zwar die Wahlen, mit einem Trick aber bleibt der Konservative Demirel an der Macht – vorläufig.

Durststrecke pauschal – deutsche Urlauber machen sich in den Staub und gehen im Pferch auf Reisen. Mit seinen „Rotels" – Schlafställen ohne Klo und Klimaanlage – lockt der bayerische Bus-Unternehmer Georg Höltl deutsche Urlauber zu Sahara-Expeditionen. Die Fahrt durch die „Wüste der Wüsten" ist reich an Entbehrungen und trotzdem bis auf den letzten Schlafplatz im Aluminium-Hänger ausgebucht. Zivilisationsmüdigkeit und ungebrochener Entdeckergeist treiben selbst Urlauber im Greisenalter zur Expedition ins Sandmeer.

Fahrendes Volk mit Milliarden in der Tasche

Bilanz 1977: Ein Jahr des Tourismus. Die Deutschen haben ihren Titel erfolgreich verteidigt, den Vorsprung ausgebaut: Die Weltmeister im Reisen sind mobil wie nie zuvor und meistern die Welt auf neuen verschlungenen Wegen. Pauschalerleben wird raffinierter. Immer mehr „letzte Abenteuer" schießen ins Kraut: Schlauchbootfahrten im Himalaya, Zigeunertrecking durch die Puszta oder Einbaumkreuzfahrten im Amazonasgebiet. Neue, skurrile, teure Abenteuer würzen Kataloge und Prospekte. Sicher: an deutschen Spesen wird die Welt nicht genesen, aber mit nahezu 25 Milliarden Mark haben die deutschen Urlauber mehr Geld in die Fremde getragen, als alle bundesdeutschen Gemeinden in einem Jahr verbauen können. Die größten Devisenströme gehen nach wie vor in die vier Länder Österreich, Spanien, Italien und die Schweiz, die rund 70 Prozent des deutschen Urlaubsgeldes abschöpfen. Etwa 25 Millionen Bundesbürger waren im Urlaub unterwegs. Immer noch mehr als eine halbe Million zog es in die Länder hinter dem eisernen Vorhang und etwa 600 000 gaben sich nicht mehr mit europäischen Reisezielen zufrieden. Weltweit verbrachten 230 Millionen Menschen den Urlaub außerhalb ihrer Landesgrenzen.

Ein Sonnenschirm-Wald wächst am Strand von Gran Canaria, nach den Erkenntnissen der Tourismusmanager die „Insel des Jahres". Das öde Eiland 200 Kilometer westlich der Sahara hatte im ganzen Jahr Saison und beherbergte 350 000 Deutsche. Der größte Reisekonzern der Bundesrepublik meldete ein Urlauber-Plus von 30 Prozent gegenüber dem Vorjahr, der zweitgrößte mußte 100 Flugzeuge zusätzlich flott machen, um der Nachfrage gerecht zu werden.

TROPICAL
KIOSCO
STRAND SERVICE
Stjerne★reiser

Der neue Sheriff in Dodge City

Während der Präsident mit dem Nationalen Sicherheitsrat konferiert oder mit seinem Kabinett, schleicht sich seine zehnjährige Tochter Amy manchmal in das Büro ihres Daddy und macht ihre Schularbeiten am Schreibtisch des mächtigsten Mannes der Erde. „Keine Angst", sagt der schlaksige junge Pressesprecher des Präsidenten, Jody Powell, und legt im Roosevelt-Raum des Weißen Hauses die Füße auf den blankpolierten teuren Walnußtisch. „Wir passen schon auf, daß Amy nicht ans rote Telefon geht" – über das der Präsident die abertausend Atomraketen Amerikas abfeuern lassen kann.

Jimmy Carter, der Neuling im Weißen Haus, seine Familie und Geschwister und die Leute, die er aus seinem ländlichen Heimatstaat Georgia mit nach Washington gebracht hat – das war, in vielen Fortsetzungen, die wichtigste, kurioseste, verwirrendste und noch immer ungelöste „mystery story", die Amerika 1977 geliefert hat. Sie wird es auch 1978 sein. Denn mit der Wahl Carters haben die Amerikaner nicht nur den Rest der Welt (wieder mal) total verblüfft. Sie haben sogar sich selbst eine Überraschung mit noch ungewissem Ausgang bereitet.

In keiner anderen Demokratie hätte ein politischer Außenseiter wie Jimmy Carter auf Anhieb ins höchste Regierungsamt gelangen können – außer durch Umsturz. Und eine Art Umsturz hatten die Wähler auch im Sinn, als sie sich für den Erdnuß-Aufkäufer, Sonntagsschul-Prediger und ehemaligen Marineoffizier Carter entschieden – eine Rebellion des Hinterlands gegen die hochtrabende Hauptstadt, eine Rebellion gegen „Washington" und all die schlimmen Dinge, die sich mit der Bundeskapitale am Potomac-Fluß verbanden: Watergate und Nixons Rücktritt, CIA und FBI, Korruption und Steuergeldverschwendung, Volksferne und die blinde Arroganz der Macht, die das Land in einen widersinnigen Krieg gestürzt hatten. Carter – das war der neue, aber unerfahrene Sheriff, den seine aufgebrachten Mitbürger nach Dodge City schicken, damit er dort Gesetz und Anstand wiederherstellt.

Klar, daß es da Ärger geben mußte – und nicht nur, weil der neue Mann sogleich den Ausschank von harten Getränken an Gäste des Weißen Hauses unterband. Carter will ein starker Präsident sein, der die von seinen Vorgängern liegengelassenen Probleme drinnen und draußen energisch angeht. Im Kongreß aber trifft er auf Parlamentarier, die ebenso entschlossen sind, sich keinesfalls mehr (wie allzu oft in der Vergangenheit) von der Exekutive herumkommandieren und überfahren zu lassen. „Auf diesen Grundkonflikt", resümiert James Reston von der „New York Times", „gehen alle die Fehlschläge und Schwierigkeiten zurück, die Carter in seinem ersten Jahr gegenüber dem Kongreß erleben mußte. . . Es wäre fatal, wenn so lebenswichtige Vorhaben des Weißen Hauses wie

Als Biertrinker und komischer kleiner Bruder des Präsidenten wurde Billy Carter so berühmt, daß eine Brauerei ein Pils unter seinem Namen auf den Markt warf. Billys Eskapaden waren nur eines der Probleme Jimmy Carters, dessen angeschlagenes Image die Zeitschrift „Esquire" mit einem retuschierten Foto ironisch auf den Punkt brachte.

das Energie-Sparprogramm an Trotzreaktionen zwischen dem Washingtoner Establishment und dem Außenseiter Carter scheitern würden. . ."
Auch Jimmys Freunde waren da keine große Hilfe. Nicht der Georgia-Spezi Bert Lance mit seinen dubiosen Bankgeschäften. Und erst recht nicht des Präsidenten eigener Bruder Billy, der zum berühmtesten Biertrinker der Nation avancierte und seine Rolle als komischer Kauz der Carter-Familie ungehemmt zu Geld machte. Für bis zu 5000 Dollar pro Engagement trat er bei Schützenfesten und Bauchtanz-Wettbewerben als Witzbold auf und antwortete einer Reporterin auf deren Frage, ob er überhaupt noch etwas ohne Bezahlung tue: „Kaum etwas. Aber wenn Sie mich dazu auffordern, mach ich's Ihnen umsonst."
Viel belacht wird auch Billys Anspielung auf die Wahrhaftigkeitsversprechen seines Bruders: „Ich bin jedenfalls nicht der Carter, der keine Lügen erzählt." Daß der 13 Jahre Jüngere den Präsidenten solcherart kompromittiert, haben Psychologen prompt als einen späten innerfamiliären Racheakt gedeutet, mit dem sich Billy für all die Zurücksetzungen schadlos halte, die er im Schatten

Am Ende seines ersten Jahres im Weißen Haus unternahm Jimmy Carter eine 30 000 km lange Reise, um die Welt, die er zu führen gedenkt, genauer kennenzulernen. Er sah die Armut Indiens, den Reichtum des Schah, den Grimm des polnischen Winters und Frankreichs Eleganz. Nach einem Dinner in Versailles sagte er: „Es war einer der besten Tage meines Lebens." Aber am nächsten Morgen machte ihm sein Kollege Giscard klar, daß Washington den Wertverfall des Dollar unbedingt stoppen müsse.

seines stets vorbildlichen großen Bruders zeitlebens erlitten habe. Ganz sicher aber enthüllen Billys Eskapaden beträchtliche Spannungen im Schoß des Carter-Clans, der sich doch zunächst als rundum liebenswerte Fernsehfamilie nach Art der „Waltons" präsentiert hatte.

Im Carter-Clan und seiner matriarchalischen Familienmutter Lillian sind wohl auch die Ursprünge des überwältigenden Ehrgeizes zu suchen, mit dem Jimmy Carter nun als Präsident auch zu einem neuen Führer der westlichen Welt zu werden gedenkt. „Dieser Job", sagt Pressesprecher Jody Powell unter Freunden, „war während der ganzen letzten Jahre vakant. Niemand sonst hat sich gemeldet, der willens und imstande wäre, die Absichten und Interessen der Industrienationen und der nichtkommunistischen Welt abzustimmen und in Aktion umzusetzen. Also muß der US-Präsident das wieder übernehmen. Alternative: Wir driften alle weiter tatenlos dahin, bis wir wirklich über die Niagara-Fälle rutschen."

Jimmy Carter wird mit diesem erneuerten Führungsanspruch in Paris und Bonn, in Rom und Tokio genauso anekken wie beim Kongreß in Washington – obwohl auch die Politiker außerhalb Amerikas zu begreifen beginnen, daß der Mann aus Georgia kein Hinterwald-Tölpel und kein pausbackiger Naivling ist. „Selbst wenn Carter sich naiv gibt (wie in manchen Mittelost-Fragen)", meint der Londoner „Economist", „tut er es meist mit ebensoviel Berechnung wie jener sprichwörtliche Landbewohner, der sich anschickt, einen hochmütigen Großstädter hereinzulegen."

Droht aber durch den missionarischen Eifer des neuen Präsidenten nicht doch wieder ein Rückfall in den Interventionismus, in die imperiale Anmaßung, in die Weltpolizisten-Rolle der USA? Jody Powell, die Füße immer noch auf der blankpolierten Tischplatte im Roosevelt-Raum: „Niemand denkt hier daran, wieder das Marinekorps loszuhetzen. Oder gar die B-52-Bomber. Aber zwischen diesem und dem totalen Nichtstun gibt's 'ne Menge Spielraum."

New York am 13. Juli 1977: Ein totaler Stromausfall läßt die berühmteste Skylinie der Welt im Dunkeln versinken. Doch hinter der toten Fassade kommt es zu bürgerkriegsähnlichen Szenen. Die Armen strömen aus den Ghettos und ziehen plündernd durch die Straßen.

Schreckensnacht der Superzivilisation

Präsident Carter tritt für die Menschenrechte ein. Er möchte seinen Landsleuten das Vertrauen in die Überlegenheit der eigenen Gesellschaftsordnung wiedergeben. Er findet, die Vereinigten Staaten verkörperten „noch immer die beste Hoffnung aller Völker auf ein menschenwürdiges Leben".

Doch die Kehrseite und die Anfälligkeiten der amerikanischen Superzivilisation zeigten sich dramatisch, als am 13. Juli 1977, 21 Uhr 34, im gesamten Stadtgebiet von New York City die Stromversorgung schlagartig und total ausfiel. Die Fahrstühle der Wolkenkratzerstadt blieben mit ihren entsetzten Passagieren zwischen den Stockwerken hängen. Die rauschenden Klimaanlagen verstummten, erstickende Hitze breitete sich in den Räumen aus. Die Ampeln verloschen, der Verkehr brach zusammen, die U-Bahnzüge blieben stehen. Nichts ging mehr. Und alles wurde möglich. Denn als die Finsternis hereinbrach, begann in den Stadtbezirken der farbigen Unterklasse „eine Nacht des Schreckens" (so der amtierende Bürgermeister Beam). Bis zum Morgen herrschte der Mob in den Straßen: Plünderer, Brandstifter und Heckenschützen terrorisierten die Slums von Brooklyn, Harlem und der Bronx. Über 2000 Geschäfte wurden geplündert ohne Rücksicht darauf, ob sie Weißen oder Schwarzen gehörten. 1037 Brände flammten auf.

„Mein Laden sah aus wie nach einem Bombenangriff", berichtete Ted Brooks, der schwarze Besitzer eines Geschäfts für Herrenmoden in der 95. Straße von Manhattan. „Die haben einfach alles geklaut: Kleidung, Schuhe, Möbel, Zimmerpflanzen und sogar unsere leere Kasse."

Mit Gewalt und ohne jeden Skrupel holten sich Dauerarbeitslose und Fürsorge-Empfänger die Konsumartikel, die ihnen das Werbefernsehen pausenlos vorgaukelt. Und mit Bangen wurde der wohlhabenden Mehrheit Amerikas (wieder mal) bewußt, „wie dünn und äußerlich der Schutz ist, der die von Unterprivilegierten bewohnten Zentren unserer großen Städte davor behütet, in Chaos und Gesetzlosigkeit zu versinken." So schrieb der „Christian Science Monitor" in Boston nach dem Blackout-Bacchanal. Und kam zu dem Schluß: „Dieser Schutz ist so dünn wie der Glühfaden einer elektrischen Birne."

Beladen mit Beutestücken aus einem Kleidergeschäft versuchen jugendliche Schwarze, ihren Raubzug fortzusetzen. Sie haben an einem Spielzeugladen die Blechrolladen aufgestemmt, um noch mehr zu stehlen.

Zerfetzte Dekorationen, verschmierte Wände und zerstückelte Schaufensterpuppen: Plünderer, die zu spät kamen, um sich eine Beute zu ergattern, haben in blinder Zerstörungswut in diesem New Yorker Geschäft gehaust.

Im weißen Haus demonstriert Jimmy Carter Gelassenheit beim „Square dance" mit einer Volkstanzgruppe aus der Provinz. Durch Assistenten wie den schlaksigen jungen Pressesprecher Jody Powell aus Georgia wurde mit Kalauern und Füßen-auf-dem-Tisch ländliche Lockerheit ins Zentrum der Weltmacht getragen.

Henry Kissinger, graue Eminenz der Carter-Vorgänger Ford und Nixon, handelt nicht mehr in Sachen Weltpolitik. Er hat sich 1977 ganz dem Geldverdienen durch seine Memoiren und Beratertätigkeit für Grundstücksmakler, Verlage und Fernsehanstalten verschrieben. Das macht er jedoch ohne Hektik. Einst rastloser Weltreisender per Präsidenten-Jet, pflegt er jetzt im Freizeit-Look möglichst viel ruhige Tage einzulegen, wie hier an Bord der Yacht „Sabrina".

Amy, die 10jährige Tochter des US-Präsidenten, schleicht sich manchmal in das Büro ihres Daddy und macht Schularbeiten am Schreibtisch des mächtigsten Mannes der Erde.

Alle reden darüber, alle möchten gern im Voraus wissen, wie es wird. Meist aber merkt man es erst, wenn es schon da ist, – das gute oder schlechte Wetter. Mit Ballons, Flugzeugen und Satelliten sind ihm die Wissenschaftler auf der Spur. Aber wie ein Phantom schlüpft es ihnen fast immer durch die Finger, ist es ihnen eine Nasenlänge voraus. Im November wurde unter maßgeblicher Beteiligung der Bundesrepublik der erste europäische Wettersatellit gestartet. Er soll rechtzeitig vor Wetterkatastrophen warnen, damit Kältewellen oder Dürre die Regionen nicht unvorbereitet treffen. Was der Satellit nicht sieht, das messen unter ihm die Ballons und Flugzeuge. Diese Heliumballons erforschen die chemische Zusammensetzung der Stratosphäre in Höhen zwischen 25 000 und 40 000 Metern. Kleinere Ballons erkunden vorher die günstigsten Windverhältnisse.

New York, 13. Januar: Ein Feuerwehrmann rutscht auf dem Eis aus, das wenige Minuten zuvor noch Löschwasser war. Das brennende Lagerhaus wurde zu einem bizarren Eismonster. Trotz aller Wetterforschung wurden die USA unvorbereitet von einer Kältewelle überfallen, die mit Temperaturen bis zu minus 50 Grad drei Wochen lang die stärkste Industrienation der Welt lähmte.

Deutschland blieb von derartigen Naturkatastrophen verschont. Nach einem milden Winter und kalten Ostertagen folgte ein regnerischer Sommer. Die Weihnachtstage waren die wärmsten seit über 100 Jahren.

„Wer rastet, der röstet"

„Sei mir nicht böse, Louise, aber ich leih' es nicht mal meinem Ältesten"

53 57
ZK 75

„Ab morgen legen Sie auch ihr Gesäß in Falten, Verstanden?"

„Mein Lieblingskomponist? Natürlich Pferdi!"

„Mal sehen, was uns '78 bringt"

Fotos: Seite 8/9 AP. 10 Pandis, Alon Reininger. 11 Gamma. 12/13 AP. 14/15 Camera Press. 17 Abba/Gamma. 18/19 Lebrune/action press. 20/21 Thomas Höpker. 22/23 Marc Riboud/Magnum. 24/25 Kurt Will. 26/27 Sunday Times, Euro Advertising/London. 29 Keystone, DPA. 30 Messner. 31 Michael Scherer, Paris Match. 32 Peter C. Hubschmidt, Mihaly Moldvay, Axel Carp, AP, Sven Simon, Sygma. 33 Peter C. Hubschmid, Fabian/New York, VFW Werkfoto, Richard Stradtmann, Jochen Mönch. 34 Wilfried Witters, Regis Bossu, DPA, Peter C. Hubschmidt, A.C. Cooper Ltd., DPA, Herbert Peterhofen, Kurt Will, Axel Carp, Sven Simon, AP, Syndication Int./London. 35 Alain Dejean/Sygma, Klaus Benz, AEG/Telefunken, Uwe Schaffrath, Thomas Höpker, Axel Carp, Hanns-Jörg Anders, Press Association, Sven Simon. 36 action press. 37 Camera Press. 38/39 Keystone. 40/41 Dieter Brumm. 42 Axel Carp. 43 Klas. 45 Melloul/Sygma. 46/47 Peter Beard/Schub. 48/49 Gamma. 50 Lothar Kuchartz. 51 UPI, Emma, New York Post. 52/53 Honolulu Advertiser. 54/55 Epoca, Klaus D. Francke. 56 Hanns-Jörg Anders. 57 Sygma. 58/59 Mondadori Press. 60/61 action press. 62/63 Christian Vioujard/Gamma. 64/65 Marc Riboud/Magnum. 66 Robert Lebeck. 67 Kurt Will. 68/69 Berolina Film. 70/71 United Artists. 72/73 Tobis Film, United Artists. 74 Constantin Film. 75 Roberto Ackermann/Transworld. 76/77 Gamma. 78/79 Dr. Jürgen Gebhardt. 80/81 Sven Simon, Volker Hinz. 82/83 Volker Hinz. 84/85 Sven Simon. 86/87 AP. 88/89 René Maestri/Sygma. 90/91 Syndication Int./London, Christa Kindahl, Gamma. 92/93 Sunday Times. 94/95 Wayne Miller/Magnum. 96/97 Gamma, AP. 98/99 Cornelius Meffert. 100 action press. 101 George Michaelson. 102/103 AP. 104 Bauer-Verlag. 105 Mondadori Press. 106/107 Agenzia Giancarlo di Belliz. 108/109 Mondadori Press. 110/111 Jochen Harder, S.B. International. 112/113 Max Hellweg, Arthur Schatz/Time Inc.. 114/115 Robert Lebeck, Phonogram. 116 Tony Corrody/Sygma. 117 Dieter Heggemann. 118 Roger Holleindre. 119 Gamma. 120 Walter Schmitz. 121 Museum für Kunst und Kulturgeschichte/Dortmund. 122 Agentur Hecht. 123 Volker Krämer. 124/125 Dieter Heggemann. 126/127 Sven Simon. 128/129 Sven Simon. 130/131 Volker Hinz, Sven Simon. 132/133 Volker Hinz, Ulvis Alberts/Joan Levine. 134 Robert Lebeck. 135 Cornelius Meffert, Willy Saeger. 136/137 Sven Simon. 138 Horst Appe. 139 Ring Press, Foto-Cronache/Mailand. 140 Columbia-Film, Paolo Costa. 141 Paris Match. 142/143 Volker Krämer. 144/145 Max Scheler, Hans Bollinger. 146/147 Robert Lebeck, Eberhard Seeliger. 148/149 Hans Feurer. 150/151 Christa Peters. 152 Helmut Newton. 153 Barry Ryan. 154 Christa Peters. 155 Serge Lutens. 156/157 Hans Feurer. 158/159 BamS. 160/161 AP. 162 Rainer Schlegelmilch. 163 Robert Lebeck, Walt Johnson. 164/165 Gamma. 166 Feature International. 167 Ullstein. 169 achtion press. 170/171 Andrew Sacks/Time Inc.. 172/173 Mondadori Press. 174 Walter Haas, Magnum. 175 Pandis. 176/177 Josef H. Darchinger. 178/179 Volker Hinz. 180/181 Tom Jakobi, Guhr. 182/183 Herbert Kloss. 184/185 Klaus Mehner, DPA, Sven Simon. 186/187 Thomas Höpker. 188 Walter Schmitz. 189 Werner Bokelberg, Sven Simon. 190/191 Walter Schmitz. 192/193 Rockwell Int.. 194 DPA. 195 BUNTE. 196/197 Camera Press, Harald Inhülsen. 198 National Enquirer. 199 Ron Galella. 200/201 US Air Force. 203 Lothar Kuchartz. 204/205 Messerschmidt-Bölkow. 206/207 Thomas Höpker. 208/209 Co Rentmeester. 210 Lutz Bergmann/Burda. 211 Felicitas Timpe. 212 Pandis. 213 John Moore. 214/215 Co Rentmeester, Agtsam/Paris. 216/217 Rainer Martini. 218/219 Gamma, Sygma. 220/221 Volker Krämer. 222/223 Hans Bollinger, Volker Krämer. 224/225 STERN. 226/227 Sven Simon. 228/229 Josef H. Darchinger, Manfred G. Rademacher. 230/231 Wolfgang Steche, Axel Carp. 233 Christian von Alvensleben. 234 UPI. 235 Kurt Will, Bernd Hafenrichter. 236 Pandis. 237 Harry Benson. 238/239 STERN, Volker Hinz. 240/241 Bauer-Verlag. 242 Werner Ebeler. 243 Gamma, AP. 244/245 alle Fotos STERN. 246/247 STERN. 248 Peter Michell. 249 Gamma, Catherine Leroy. 250/251 STERN. 252/253 Werner Ebeler. 255 Heinz Gebhardt. 256/257 Heinz Wieseler/DPA. 260/261 John Metzger, Sven Simon. 262/263 Murc Jzikowitz. 264/265 Herbert Peterhofen. 266/267 Axel Carp. 268 Leviton/Atlanta. 269 Esquire/Black Star. 270/271 Paris Match. 272/273 AP. 274 Oliver Rebbot/Sygma. 275 AP. 276 Karl Schumacher/The White House, Camera Press. 277 Pandis. 278/279 Edwin Wolff. 280/281 UPI. 282 Backler. 283 Wolfgang Arend. 284 Pierre Boullat/Time Inc.. 285 Hans D. Dossenbach. 286/287 S. S. Sukriy/Nairobi.

Mitarbeit: Bild-Dokumentationsabteilung Gruner + Jahr Hamburg, Archivredaktion Barbara Bene und Eva Ewert.

Synchronoptische Tabelle:
Meldungen, Übersichten
der Nachrichtenagenturen AP, dpa;
Text-Dokumentation Gruner + Jahr.

das war 77

Eine synchronoptische Tabelle der Ereignisse von Tag zu Tag

	Deutschland	Kultur/Wissenschaft	Sport	Ausland
1. Januar	Die Bundesrepublik nimmt für zwei Jahre einen Sitz im Weltsicherheitsrat ein. Die DDR führt Visumpflicht für aus Westberlin kommende Ausländer ein.		„Deutscher" Doppelsieg beim Silvesterlauf von Sao Paulo: Bei den Damen Christa Vahlensieck aus Barmen, bei den Herren der in Deutschland lebende und für Fürth startende Chilene Edmundo Warnke.	Die EG-Länder führen eine 200-Meilen-Fischereizone ein.
3. Januar			Laut Umfrage der Zeitschrift „France Football" ist Deutschlands Nationalelf die Nummer Eins in Europa.	Israels Wohnungsbauminister Avraham Ofer begeht nach Korruptionsverdächtigung Selbstmord.
5. Januar	Auf dem Dreikönigsparteitag in Stuttgart wird Martin Bangemann mit erheblicher Stimmeneinbuße erneut zum Vorsitzenden der baden-württembergischen FDP gewählt.			
6. Januar				Der Brite Roy Jenkins übernimmt den Vorsitz in der EG-Kommission.
7. Januar				In der CSSR reagieren die Behörden mit Festnahmen und Ausweisungsdrohungen auf das Bürgerrechtsmanifest der „Charta 77".
8. Januar			Der Supercup im deutschen Fußball wird von Meister Borussia Mönchengladbach mit einem 3:2-Sieg über den Pokalsieger Hamburger SV gewonnen.	In China Großveranstaltungen zum ersten Todestag von Ministerpräsident Tschou En-Lai, erste Anzeichen für Rehabilitierung des gestürzten Politikers Teng Hsiao-Ping.
9. Januar		Fernando Arrabals „Auf dem Seil oder die Ballade vom Geisterzug" wird an den Kölner Kammerspielen deutsch erstaufgeführt.	Die Grand Prix-Saison beginnt beim Großen Preis von Argentinien mit einer Sensation: Sieger wird Jody Scheckter (Südafrika) mit dem neuen Wolf-Rennwagen.	In Paris wird der Palästinenser Abu Daud, mutmaßlicher Urheber des Münchner Olympia-Massakers 1972, verhaftet, aber trotz Auslieferungswunsch der Bundesrepublik und Israels wieder freigelassen.
10. Januar	Der Karlsruher Bundesrichter Albrecht Mayer wird wegen Weitergabe von Gerichtsaktenauszügen aus dem Baader-Meinhof-Prozeß an die „Welt" strafversetzt.			In Basel vereinbaren die Zentralbankchefs Westeuropas, der USA und Japans Stützungsmaßnahmen für das britische Pfund.
11. Januar	Die DDR kontrolliert Besucher der Bonner Vertretung in Ostberlin, stellt dies nach Bonner Protest aber wieder ein.			
12. Januar		Der Siemens-Musikpreis (100 000 DM) wird dem Dirigenten Herbert von Karajan zugesprochen.	Rund 480 000 Zuschauer sahen 1976/77 die sieben Sechstagerennen in Deutschland. Sie zahlten 3,5 Mio DM Eintritt.	Bei mehreren Vulkanausbrüchen im Osten Zaires kommen mindestens 2 000 Menschen ums Leben.

	Deutschland	Kultur/Wissenschaft	Sport	Ausland
13. Januar	Eine neue Panne im bayerischen Kernkraftwerk Gundremmingen erfordert dessen Stilllegung. In Fulda werden die drei Entführer des Unternehmers Wolfgang Gutberlet zu hohen Freiheitsstrafen verurteilt.	Der Shakespeare-Preis 1977 der Stiftung F.V.S. (25 000 Mark) geht an die britische Primaballerina Margot Fonteyn. „Sterntaler" von Franz Xaver Kroetz wird im Staatstheater Braunschweig uraufgeführt.		
15. Januar			Neuer deutscher Schwergewichts-Meister wird der 34 Jahre alte Hobby-Boxer Kurt Lüdecke (Bremen) mit einem KO-Sieg in der 2. Runde über Meister Bernd August (Berlin).	22 Tote beim Absturz eines schwedischen Flugzeugs in Stockholm.
16. Januar				Im Hafen von Barcelona ertrinken 49 US-Soldaten nach Kollision ihrer Barkasse mit einem Frachter.
17. Januar			Streik der Ski-Rennfahrerinnen beim Weltcup-Rennen in Schruns aus Witterungs- und Sicherheitsgründen.	In den USA wird erstmals seit zehn Jahren an dem Doppelmörder Gary Gilmore, der selbst auf seiner Hinrichtung bestand, wieder ein Todesurteil vollstreckt.
18. Januar		Parallel-Ausstellungen nicht offizieller sowjetischer Kunst in Leningrad und London.	Italiens Fußball-Star Re Cocconi von Lazio Rom wird irrtümlich von einem römischen Juwelier erschossen, als er mit Freunden spaßeshalber einen Überfall vortäuscht.	Ägypten wird nach Preiserhöhungen von zweitägigen schweren Unruhen erschüttert. Ein Zugunglück fordert bei Sidney 80 Menschenleben.
19. Januar	In Niedersachsen tritt die FDP in die CDU-Regierung ein. CDU-Generalsekretär Kurt Biedenkopf kündigt die Abgabe seines Amtes an. In Braunschweig werden der Volksbankdirektor Wolfgang Kraemer, seine Frau und drei Kinder ermordet.			
20. Januar	Der Vorsitzende im Baader-Meinhof-Prozeß, Theodor Prinzing, wird für befangen erklärt und durch Eberhard Foth ersetzt.			Jimmy Carter wird als 39. Präsident der USA ins Amt eingeführt.
21. Januar		Das Stück „Geld" von Herbert Asmodi wird an den Kammerspielen Hannover uraufgeführt.		US-Präsident Carter begnadigt die Wehrdienstflüchtigen des Vietnamkriegs.
22. Januar	Stinkbombenanschlag auf DDR-Vertretung in Bonn, die DDR beruft ihren ständigen Vertreter Michael Kohl zeitweilig zurück.	Das choreographische Theater „Jesus GmbH" von Hans Kresnik wird in Bremen uraufgeführt.	Beim Lauberhorn-Skirennen belegt Sepp Ferstl aus Hammer hinter Franz Klammer (Österreich) den zweiten Rang.	Notstand in Teilen der USA durch kältesten Winter seit Menschengedenken.

	Deutschland	Kultur/Wissenschaft	Sport	Ausland
24. Januar	US-Vizepräsident Walter Mondale, auf einer zehntägigen Reise durch Westeuropa und Japan, bekräftigt in Bonn die Viermächte-Garantie für Berlin.	Der Rilke-Preis wird der Lyrikerin Hilde Domin zuerkannt.		In Madrid wird der oberste Militärrichter Emilio Villaescusa entführt, am 11.2. zusammen mit dem ebenfalls verschleppten Staatsratsvorsitzenden Antonio Maria de Oriol befreit.
27. Januar	In Bad Godesberg zweitägiger kleiner Parteitag der SPD, Bekenntnis zum Bündnis mit FDP.	Die katholische Kirche bekräftigt die Nichtzulassung von Frauen zum Priesteramt.	Deutschlands Torjäger Gerd Müller unterzieht sich in München einer Bandscheiben-Operation.	
28. Januar		Der Film „Steiner – das eiserne Kreuz" von Sam Peckinpah läuft in der Bundesrepublik an.	Munari/Maiga (Italien) gewinnen in einem Lancia Stratos die 45. Rallye Monte Carlo.	
30. Januar			Bei den Radweltmeisterschaften im Querfeldeinfahren in Hannover werden Robert Vermeire (Belgien) bei den Amateuren und Rolf Zweifel (Schweiz) bei den Profis wieder Weltmeister.	
31. Januar		Pariser Kunst- und Kulturzentrum Georges Pompidou (Centre Beaubourg) eröffnet.		Die französische Archäologin Françoise Claustre kommt nach 33 Monaten Gefangenschaft bei tschadischen Rebellen frei.
1. Februar			Deutscher Fußballbund erkennt erstmals Fernsehaufzeichnungen als Beweismittel an.	Zweiwöchige Nahost-Sondierungsmission von Uno-Generalsekretär Kurt Waldheim.
3. Februar	„Generalsdebatte" im Bundestag: Mißbilligungsantrag der Opposition gegen Verteidigungsminister Leber abgelehnt. In Starnberg erschießt die Schauspielerin Ingrid van Bergen (45) ihren Freund Klaus Knaths (32).	Der aus der DDR ausgereiste Schriftsteller Reiner Kunze nimmt in Salzburg zusammen mit Friederike Mayröcker den Georg-Trakl-Preis für Lyrik entgegen.	Deutschlands Schwimmer waren im olympischen Trainingslager Calgary/Kanada versuchsweise „aufgepumpt" worden.	In Äthiopien werden nach einem Putschversuch Regierungschef Teferi Bente und sieben weitere Offiziere hingerichtet.
5. Februar		Per Olov Enquists Stück um Strindbergs „Nacht der Tribaden" erlebt an den Münchner Kammerspielen deutsche Erstaufführung.	Sieg und Niederlage im Hallenhandball gegen Island: Deutschland verliert das erste Spiel mit 14:8, siegt aber 24 Stunden später – ebenfalls in Reykjavik – mit 10:8 Toren.	Schwarze Guerillas erschießen sieben Angehörige der katholischen Mission in Musami/Rhodesien: Drei deutsche Nonnen, eine britische Schwester und drei britische Jesuitenpater.
7. Februar	Aus dem „Mordloch" auf der Schwäbischen Alb werden vier von Hochwasser eingeschlossene Höhlenforscher nach 57 Stunden geborgen.	Sowjetunion startet Raumschiff Sojus 24 mit zwei Kosmonauten, Ankoppelung an Raumstation Saljut 5, am 25.2. wieder gelandet.		
8. Februar	Urteil des Bundesverfassungsgerichts: Vergabe freier Studienplätze in „harten" Numerus-Clausus-Fächern muß durch anderes Verfahren ersetzt werden.	Österreichischer Staatspreis für europäische Literatur (14 000 DM) in Wien an den italienischen Schriftsteller Italo Calvino.		

	Deutschland	Kultur/Wissenschaft	Sport	Ausland
9. Februar	Verwaltungsgericht Schleswig bestätigt Baustopp für Kernkraftwerk Brokdorf.			Spanien nimmt diplomatische Beziehungen zur UdSSR, Ungarn und der CSSR auf.
10. Februar		Münchner Filmverlag der Autoren wird von „Spiegel"-Herausgeber Augstein saniert.		In Washington zweitägige deutsch-amerikanische Nuklear-Gespräche, u.a. über das umstrittene deutsch-brasilianische Exportgeschäft. Keine Annäherung.
11. Februar	Im Großraum Hannover Ärztestreik gegen Gesetzentwurf zur Kostendämpfung im Gesundheitswesen.	Erster Kongreß europäischer Schriftsteller-Organisationen mit Teilnehmern aus 18 Ländern in West-Berlin.		
13. Februar			Elisabeth Demleitner, Anton Winkler und Hans Brandner/Balthasar Schwarm gewinnen alle drei Titel der Rennrodel-Europameisterschaften in Königsee für die Bundesrepublik.	Zyperns Staatspräsident Makarios und der Führer der Inseltürken, Denktasch, einigen sich grundsätzlich auf einen unabhängigen, blockfreien Bundesstaat.
14. Februar		Die deutschen Musikverlage wollen gegen Noten-Raubdrucke vorgehen.	DFB-Bundesgericht hebt die sogenannten Fernsehurteile vom 1.2. wieder auf.	
15. Februar				Die Sozialdemokraten gehen aus vorgezogenen Parlamentswahlen in Dänemark mit 65 der 179 Mandate als stärkste Partei hervor.
17. Februar				Drei ugandische Minister ermordet, Präsident Idi Amin spricht von „Autounfall". US-Präsident Carter schreibt dem sowjetischen Bürgerrechtler Andrej Sacharow, scharfe Reaktion Moskaus.
18. Februar		Amerikanischer Raumtransporter „Space Shuttle" besteht Probeflug. Münchner Staatsanwaltschaft beschlagnahmt Andy Warhols Film „Bad" wegen Verherrlichung von Gewalt.	Sepp Ferstl aus Hammer gewinnt im schweizerischen Laax die Arlberg-Kandahar-Kombinationswertung. Dietrich Thurau aus Frankfurt Gesamtsieger der Andalusien-Radrundfahrt.	
19. Februar	In Itzehoe friedliche Demonstration von 30 000 Kernkraftwerksgegnern, befürchteter „Sturm auf Brokdorf" bleibt aus.	Harald Muellers „Winterreise" in Braunschweig uraufgeführt, in Göttingen Erstaufführung von Zuckmayers Einakter „Kranichtanz".		
23. Februar	Hamburger Justizsenator Ulrich Klug (FDP) tritt zurück, nachdem ihm die Opposition Mißgriffe und Unwahrheiten vorgeworfen hat. Im Saarland Koalitionsvereinbarung CDU/FDP.	Bertelsmann Verlag teilt Übernahme des Goldmann Verlags mit.	Deutschlands Fußball-Nationalelf verliert in Paris Länderspiel gegen Frankreich mit 0:1 (0:0). Gleiches Ergebnis bei Länderspiel der B-Mannschaften in Orleans.	US-Präsident Carter bestätigt Zahlungen von CIA-Geldern an ausländische Politiker in der Vergangenheit, u.a. an König Hussein von Jordanien.

	Deutschland	Kultur/Wissenschaft	Sport	Ausland
24. Februar			Deutschlands Handball-Nationalmannschaft verliert im Länderspiel gegen Dänemark in Flensburg 12:24.	
25. Februar	In Berlin wird Selbstmordversuch des Spandau-Häftlings und „Führerstellvertreters" Rudolf Hess bekannt.	Schweizer Architektengruppe will Athener Akropolis mit durchsichtiger Kuppel gegen Umwelteinflüsse schützen.		Brand im größten Hotel Europas, dem Moskauer „Rossija", fordert vermutlich 30 Menschenleben.
27. Februar	Bundesinnenminister Maihofer bestätigt Berichte über „Lauschangriff" gegen Atomwissenschaftler Klaus-Robert Traube wegen vermuteten Terroristenkontakts. Schwere innenpolitische Krise, Maihofer macht „übergesetzlichen Notstand" geltend.			
1. März				Niederländischer Außenminister Max van der Stoel trifft in Prag mit CSSR-Bürgerrechtler Jan Patocka zusammen.
2. März	Urteil des Bundesverfassungsgerichts: Die Bundesregierung hat mit Öffentlichkeitsarbeit im Wahlkampf 1976 das Recht der Opposition auf Chancengleichheit verletzt.			Die KP-Chefs von Frankreich, Italien und Spanien stimmen in Madrid ihre von Moskau weitgehend unabhängige Politik ab. US-Präsident Carter empfängt den sowjetischen Bürgerrechtler Wladimir Bukowski.
4. März	Staatsminister Wischnewski empfängt den sowjetischen Dissidenten Andrej Amalrik, der am Vortag den CDU-Vorsitzenden Kohl aufgesucht hatte. Von Amalrik gewünschtes Treffen mit Bundeskanzler Schmidt kommt nicht zustande. Unter Verdacht der Spionage für die DDR wird die Angestellte der CDU/CSU-Bundestagsfraktion Hanneliese Reggentin festgenommen.	Hamburger Lichtwark-Preis (15 000 DM) an Joseph Beuys.	Alle in den Fußball-Bundesliga-Skandal verwikkelten Spieler können nach einem Beschluß des DFB wieder in der Nationalelf eingesetzt werden.	Erdbeben in Rumänien fordert nach offiziellen Angaben 1570 Todesopfer.
5. März		Montaigne-Preis (25 000 DM) an den belgischen Philosophen und Historiker Leon-Ernest Halkin.	Niki Lauda auf Ferrari gewinnt den Grand Prix von Südafrika in Johannesburg, bei dem der Brite Tom Price tödlich verunglückt.	
7. März	25. CDU-Bundesparteitag in Düsseldorf: Helmut Kohl als Parteivorsitzender bestätigt, neuer Generalsekretär Heinrich Geissler als Nachfolger von Kurt Biedenkopf.			Überwältigender Sieg der Partei von Ministerpräsident Zulfikar Ali Bhutto bei den Parlamentswahlen in Pakistan. Erste arabisch-afrikanische Gipfelkonferenz in Kairo.

	Deutschland	Kultur/Wissenschaft	Sport	Ausland
8. März				Invasion ehemaliger Katanga-Gendarmen aus Angola nach Zaire, Marokko unterstützt Zaire militärisch, Frankreich logistisch. Die Invasoren werden vertrieben. In Washington nehmen Angehörige einer fanatischen Moslemsekte 134 Menschen als Geiseln, sie geben nach 38 Stunden auf.
11. März		Der amerikanische Film „Network" läuft in der Bundesrepublik an. „Schweres Lepton" als neuer Baustein der Materie durch Wissenschaftler des Deutschen Elektronen-Synchrotons nachgewiesen.	DFB-Trainer Jupp Derwall soll für Helmut Schön Trainer der Fußball-Nationalelf werden, Franz Beckenbauer an Derwalls Stelle treten.	Welle schwerer Studentenunruhen in Italien mit Toten und Verletzten. Brasilien kündigt Militärhilfe-Vertrag mit USA.
12. März	Friedliche Demonstration von 15 000 in Gorleben, das für ein Kernenergie-Entsorgungszentrum in Aussicht genommen ist. Diplomat Karl-Günther von Haase zum Intendanten des ZDF gewählt.			Chiles Militärregierung verbietet die letzten noch zugelassenen Parteien.
13. März			Kölner EC wird drei Tage vor Abschluß der Bundesligaserie deutscher Eishockeymeister (nach 8:6 über VFL Bad Nauheim uneinholbar in Führung). Hans Baumgartner (Weitsprung) und Karl Fleschen (3 000 m-Lauf) in San Sebastian Hallen-Europameister.	
14. März	Verwaltungsgericht Freiburg hebt Teilbaugenehmigung für Kernkraftwerk Wyhl auf und verlangt Berstschutz.			
15. März	Bundespost beginnt versuchsweise mit Achtminutentakt bei Telefonaten im Ortsbereich.	Bundesforschungsministerium bereitet Sicherheitsrichtlinien für Gen-Forschung vor.	Box-Weltmeister im Superweltergewicht bleibt der Berliner Eckehard Dagge durch Unentschieden nach 15 Runden gegen den Briten Maurice Hope.	
16. März	Innenminister Maihofer rehabilitiert den Atomexperten Klaus-Robert Traube durch Regierungserklärung.	Nach Beobachtungen in den USA ist der Planet Uranus ebenso wie der Saturn von Ringen umgeben.		Libanesischer Sozialistenführer Kamal Dschumblat wird von Unbekannten erschossen.
17. März	Abhörskandal in Stuttgart-Stammheim: Mutmaßliche Terroristen bei Gesprächen mit Vertrauensanwälten belauscht.	Hauptpreise des Berliner Kunstpreises (15 000 DM) an den Bildhauer Joachim Schmettau und den Architekturhistoriker Julius Posener.		

	Deutschland	Kultur/Wissenschaft	Sport	Ausland
18. März				Staatschef der Volksrepublik Kongo, Marien Ngouabi, wird ermordet, Militärausschuß übernimmt die Macht.
19. März	Schwere Zwischenfälle bei Demonstrationen gegen Kernkraftwerk Grohnde/Niedersachsen: Rund 400 Verletzte. Helmut Rothemund wird als Nachfolger von Jochen Vogel neuer Vorsitzender der bayerischen SPD.			
20. März	Kommunalwahlen in Hessen: Spektakuläre Siege der CDU, die in Frankfurt die absolute Mehrheit gewinnt. Auf Juso-Kongreß in Hamburg wird der Stamokap-Exponent Klaus-Uwe Benneter zum Vorsitzenden gewählt. Konflikt mit Mutterpartei SPD, der zum Ausschluß Benneters führt.		Gerald Moerken gewinnt bei deutschen Meisterschaften in Dortmund beide Titel über 100 und 200 m Brust und schwimmt sich mit 1:04,34 Min. in die Weltklasse über 100 m. In Are/Schweden Ski-Weltcup der Herren erneut an den Schweden Ingemar Stenmark.	Bei Parlamentswahlen in Indien regierende Kongreßpartei von Ministerpräsidentin Indira Gandhi vernichtend geschlagen und in die Opposition verdrängt. Neuer Regierungschef Moraji Desai. Aus den Kommunalwahlen in Frankreich gehen die Linksparteien als Sieger hervor.
23. März	Bundesregierung verabschiedet ein Investitionsprogramm von 16 Milliarden Mark für vier Jahre und die zweite Fortschreibung des Energieprogramms.	Begehbare „Kunstlandschaft" des Stuttgarters Otto Herbert Hajek im australischen Adelaide eröffnet.	Lauda und Watson erklären nach Streckenbesichtigung des Nürburgrings Boykott für den Großen Preis von Deutschland, der nun auf dem Hokkenheimring stattfinden wird.	Niederländische Regierung tritt zurück. Sie scheitert an der Bodenrechtsneuregelung.
24. März	Sprengstoffanschlag „Revolutionärer Zellen" auf Haus des Vorsitzenden der Frankfurter Anwaltskammer. Ausbildungsförderung für 600 000 Schüler und Studenten wird zum 1.4. um 16% angehoben.	Internationaler Preis (5 000 DM) des Kurzgeschichten-Kolloquiums in Arnsberg an den Polen Marek Nowakowski, deutscher Preis (5 000 DM) an den Wiener Ernst Nowak.		USA und Kuba nehmen erste offizielle Gespräche seit 1961 auf und verhandeln über die Hoheitsgewässer beider Länder.
25. März		Papst Paul VI ernennt den Theologen Prof. Joseph Ratzinger zum neuen Erzbischof von München und Freising. Ausstellung „Die Zeit der Staufer" in Stuttgart (bis 5. Juni).		EG-Gipfelkonferenz in Rom, Festakt zum 20. Jahrestag der Unterzeichnung der EG-Verträge. Nach 106 Jahren bekommt Paris durch den früheren französischen Ministerpräsidenten Jacques Chirac wieder ein gewähltes Stadtoberhaupt.
26. März				Putschversuch einer thailändischen Offiziersgruppe scheitert.
27. März			Auf Verbandstag des Deutschen Leichtathletik-Verbandes wird Präsident Dr. Kirsch vorgeworfen, mit seinem Wissen hätten Ärzte Anabolika an Jugendliche verabreicht.	577 Menschen kommen beim bisher schwersten Unglück in der Geschichte der Zivilluftfahrt, dem Zusammenstoß von zwei Jumbo-Jets auf dem Flughafen von Teneriffa, ums Leben.

	Deutschland	Kultur/Wissenschaft	Sport	Ausland
29. März		„Rocky" beim „Oscar"-Wettbewerb in Hollywood bester Film des Jahres.	DSB-Präsident Willi Weyer und UdSSR-Sportminister Sergej Pawlow unterzeichnen in Moskau deutsch-sowjetisches Sportprotokoll, das auch Westberlin einschließt.	
30. März		„Der goldene Fisch" von Paul Klee in der Hamburger Kunsthalle von einem Unbekannten mit Säure übergossen und schwer beschädigt.	Volksrepublik China wird beim Tischtennis-Mannschaftswettbewerb in Birmingham Weltmeister (Damen und Herren), die Bundesrepublik belegt einen sensationellen fünften Platz bei den Herren.	In Moskau scheitern neue amerikanisch-sowjetische Gespräche über Begrenzung der strategischen Rüstung (SALT). Spanisches Ständeparlament verabschiedet Gesetzentwurf über die Zulassung freier Gewerkschaften.
31. März	Staatsbesuch des ägyptischen Präsidenten Sadat in Bonn.	Klaus von Bismarck neuer Präsident des Goethe-Instituts.		
1. April		Petrarca-Preis (20 000 DM) an den Schriftsteller und Filmemacher Herbert Achternbusch. Reaktor-Tagung in Mannheim: Risiko der Kernkraftwerke in der Bundesrepublik niedriger als das vieler anderer technischer Anlagen oder als das natürlicher Gefahren.	Ein Toter und zehn Verletzte bei Massensturz im Gedränge im Hamburger Volksparkstadion beim Spiel HSV-Bayern München.	In Stockholm werden rund 30 Terroristen festgenommen, die durch Geiselnahme deutsche Gesinnungsgenossen freipressen wollten. Die festgenommenen Deutschen Norbert Kröcher und Manfred Adomeit werden später in die Bundesrepublik ausgewiesen.
2. April	Kubanischer Staatschef Fidel Castro nach Afrika-Aufenthalt zu offiziellem Besuch in Ostberlin.	Kubin-Ausstellung (bis 30. Mai) in der Kunsthalle Baden-Baden.		Beschränkungen der Pressefreiheit in Spanien werden weitgehend aufgehoben.
3. April	Bundesvorsitzender der F.D.P-nahen Jungdemokraten, Hanspeter Knirsch, legt Amt nieder, Nachfolger Detlef Ommen.	Sowjetischer Schriftsteller Lew Kopelew aus dem UdSSR-Schriftstellerverband ausgeschlossen.		Sadat dringt in Washington gegenüber Präsident Carter auf Dialog mit Palästinensern.
4. April	Bundesregierung bekräftigt Festhalten an bisherigem deutschlandpolitischen Kurs.			Yhomi Opango als Nachfolger des am 18. März erschossenen Marien Ngouabi, neuer Staatschef der VR Kongo. Zaire und Kuba brechen diplomatische Beziehungen ab.
5. April	Bundesrepublik übergibt trotz US-Bedenken Brasilien die „Blaupausen" für atomare Wiederaufbereitungs- und Anreicherungsanlage.	Ausstellung „Kunst des Barock in Böhmen" in Essener Villa Hügel (bis 3. Juli).	Tischtennis-Weltmeister in Einzeldisziplinen in Birmingham: Mitsuro Kohno, Japan (Herren), Pak Yung Sun, Nordkorea (Damen). Fair-Play Trophäe an Wilfried Lieck (Altena).	
6. April	CDU verlangt Rücktritt von Ministerin Schlei wegen angeblich dem Ansehen der Bundesrepublik abträglicher Äußerungen auf Afrika-Reise.			Wirbelstürme in Bangla Desh fordern 700 Menschenleben.

	Deutschland	Kultur/Wissenschaft	Sport	Ausland
7. April	In Karlsruhe werden Generalbundesanwalt Siegfried Buback (57), sein Fahrer und ein begleitender Polizeibeamter von Terroristen erschossen. Beginn von Diskussionen über Verschärfung des Strafrechts. DDR-Volkskammer verabschiedet Gesetz, das politisches Strafrecht erneut verschärft.	Friedenspreis des Deutschen Buchhandels dem polnischen Philosophen und Schriftsteller Leszek Kolakowski zugesprochen.		Israelischer Ministerpräsident Yitzchak Rabin verzichtet wegen eines Geldskandals auf Kandidatur bei kommenden Wahlen und tritt zurück. 300 Tote bei Serie von Erdbeben im Südwesten des Iran. Schwerste Kämpfe seit anderthalb Jahren im Süd-Libanon. US-Präsident Carter verkündet Verzicht auf Weiterverbreitung der Atomwaffen-Technik.
9. April				KP Spaniens wird nach fast 40 Jahren Illegalität wieder zugelassen.
10. April	Kälteste Ostern seit 15 Jahren.			Früherer Regierungschef des Nordjemen, Abdullah Achmed al Hadschari, in London ermordet.
11. April			Neuer Europameister der Trabrennfahrer Jan Wagenaar (Holland). Waldegaard (Schweden) auf einem Ford Escort gewinnt Ostafrika-Safari-Rallye.	
12. April	Verwaltungsgericht Würzburg weist Klagen gegen Errichtungs-Genehmigung für Kernkraftwerk Grafenrheinfeld ab.	Lessing-Preis (15 000 DM) an Schriftsteller Jean Amery, Stipendium von 5000 DM an den Autoren Thomas Brasch. Manfred Wekwerth neuer Intendant des „Berliner Ensembles".		
13. April		DDR-Schriftsteller Reiner Kunze siedelt in die Bundesrepublik um. Hörspielpreis der Kriegsblinden an den Schweizer Schriftsteller Urs Widmer.	Paul Breitner (Real Madrid) von Eintracht Braunschweig verpflichtet.	
14. April		Der Deutsche Gerhard Oppitz gewinnt in Tel Aviv internationalen Rubinstein-Klavierwettbewerb.		Fiat-Generaldirektor für Frankreich, Revelli-Beaumont, in Paris entführt.
15. April	SPD verliert durch Parteiaustritt von vier Stadträten absolute Mehrheit im Münchner Rathaus.			
16. April		Westdeutsche Erstaufführung von Peter Hacks Schauspiel „Ein Gespräch im Hause Stein über den abwesenden Herrn von Goethe" in Göttingen.	Mit dem FC Tauberbischofsheim gewinnt erstmals ein deutscher Fechtclub durch ein 8:3 im Finale über Steaua Bukarest den Europapokal der Degenfechter.	
17. April				Christdemokraten bei belgischen Parlamentswahlen stärkste Partei.

	Deutschland	Kultur/Wissenschaft	Sport	Ausland
19. April	Früherer hessischer Ministerpräsident Albert Osswald verzichtet nach Vorwürfen im Zusammenhang mit Bankdarlehen auf Vorsitz der SPD Hessen. König Juan Carlos von Spanien trifft zu fünftägigem Staatsbesuch in Bonn ein.	Forderung nach besserer Erfassung unerwünschter Nebenwirkungen von Arzneimitteln auf Deutschem Internistenkongreß in Wiesbaden.	Der Kapitän der deutschen Fußball-Nationalmannschaft, Franz Beckenbauer, will von Bayern München zu Cosmos nach New York wechseln.	Außenminister von El Salvador, Mauricio Borgonovo Pohl, von Extremisten entführt.
20. April		Europäischer Forschungssatellit „GEOS" verfehlt in Cape Canaveral durch Raketendefekt vorgesehene Umlaufbahn.	Hamburger SV und Borussia Mönchengladbach qualifizieren sich für Endspiele im Fußball-Europapokal.	US-Präsident Carter legt Kongreß Energiesparprogramm vor: Erhöhung der Steuern und Preise für Energieprodukte. USA kündigen Wiederaufnahme der Uran-Lieferungen nach Europa an.
22. April	Holger Börner neuer SPD-Landesvorsitzender in Hessen.	Bernsteinsammlung des ehemaligen Geologischen Instituts der Universität Königsberg, die als verloren galt, taucht in Göttingen wieder auf.		In Spanien freie Gewerkschaften legalisiert. Ölausbruch auf Bohrinsel „Bravo" im norwegischen Nordsee-Ölfeld Ekofisk. Bohrloch am 30. 4. wieder geschlossen.
23. April		„Tinka", ein Stück des DDR-Autoren Volker Braun, erlebt westdeutsche Erstaufführung in Mannheim und Kassel.	Ex-CSSR-Schachgroßmeister Ludek Pachmann (jetzt Berlin) erklärt nach schlechtem Abschneiden der Deutschen bei Europameisterschaft in Moskau (Sieger UdSSR) Rücktritt von Wettkampf-Schach.	
24. April			Dietrich Thurau (Frankfurt) Dritter bei Straßenrennen Lüttich-Bastogne-Lüttich hinter Hinault (Frankreich) und Dierickx (Belgien). Ein Toter, ein Schwer- und sechs Leichtverletzte bei Fünfstunden-Rennen auf Nürburgring. Im Davispokal scheidet Deutschland in der ersten Runde durch 1:3 Niederlage gegen Polen aus.	Presse-Vorzensur in Pakistan, letzte Führer der Opposition verhaftet.
25. April	SPD-Vorsitzender Brandt kritisiert „zügellose" öffentliche Äußerungen von Sozialdemokraten.			
26. April		Kurzfilmtage in Oberhausen, „Großer Preis" an Dokumentarfilm „Agripino" von Jan Lindquist.		Regierungstruppen Zaires erobern von Rebellen eingenommene Stadt Mutshatsha zurück.
27. April	SPD suspendiert Juso-Vorsitzenden Klaus-Uwe Benneter, der entgegen Parteitagsbeschlüssen Zusammenarbeit mit Kommunisten betrieb.	Nazarener-Ausstellung im Staedelschen Kunstinstitut in Frankfurt (bis 28. August).	Im ersten Fußball-Länderspiel ohne Beckenbauer schlägt Deutschland in Köln die Elf von Nordirland mit 5:0 (0:0).	

	Deutschland	Kultur/Wissenschaft	Sport	Ausland
28. April	In Stuttgart werden die Terroristen Andreas Baader, Gudrun Ensslin und Jan-Carl Raspe wegen vierfachen Mordes und Mordversuchs in 30 Fällen zu lebenslangen Haftstrafen verurteilt. Berliner Innensenator Kurt Neubauer (SPD) tritt wegen Geldaffäre zurück. Meinungsunterschiede der fünf führenden Konjunkturforschungsinstitute über wirtschaftlichen Aufschwung.	Stuttgarter Klett Verlag kündigt Übernahme des Cotta Verlags an, bei dem einst die Werke Goethes und Schillers erschienen.		
29. April	Nach Rücktrittsankündigung des Regierenden Berliner Bürgermeisters Klaus Schütz. Bundessenator Dietrich Stobbe als Nachfolger nominiert.	Chirurgenkongreß in München: Besorgniserregende Verseuchung von Kliniken und Krankenhäusern durch Bakterien und Pilze.		
30. April			Deutsche Fußball-Nationalelf schlägt Jugoslawien in Länderspiel in Belgrad mit 2:1 (1:0).	Indiens Ministerpräsident Moraji Desai entläßt neun Provinzgouverneure.
1. Mai	In Bergkamen wird Abfindungsgeschäft zwischen Umweltschützern und dem Stromerzeuger Steag AG bekannt.		Hans Stadelmann (Schweiz) stirbt nach Massensturz beim Großen Motorradpreis von Österreich auf Salzburgring. Gerrie Kneteman (Holland) gewinnt vor Didi Thurau (Frankfurt) Weltpokalrennen der Radprofis „Rund um den Henningerturm".	Bei Zusammenstößen auf Maikundgebungen in Istanbul kommen mindestens 25 Menschen ums Leben.
2. Mai	Dietrich Stobbe (SPD) neuer Regierender Bürgermeister von Berlin.	Teile mittelalterlicher Statuen aus der Kathedrale Notre Dame, die als verloren galten, wiedergefunden.	FC Bayern München und US-Club Cosmos einigen sich auf 1,75 Mio Ablösung für Franz Beckenbauer.	60% der Stimmen für regierende Golkar-Partei bei Parlamentswahlen in Indien. Zaire bricht diplomatische Beziehungen zur DDR ab.
3. Mai	Strafanzeigen wegen Göttinger Asta-Artikel zu Buback-Attentat. In Singen die mutmaßlichen Terroristen Günter Sonnenberg und Verena Becker gefaßt.			USA und Vietnam nehmen erstmals seit Ende des Vietnam-Kriegs vor zwei Jahren in Paris Ministergespräche auf.
4. Mai	Mutmaßliche Terroristen Uwe Folkerts und Johannes Thimme bei Mannheim festgenommen. Dagmar Kahlig-Scheffler, Sekretärin im Bundeskanzleramt, unter Verdacht der Spionage für die DDR festgenommen.			
5. Mai		14. Berliner Theatertreffen. Frankreich gibt neues Urananreicherungsverfahren bekannt, das Mißbrauch zur Produktion von Atomwaffen unmöglich macht.		In Italien verhandeln erstmals seit 30 Jahren Christdemokraten und Kommunisten über gemeinsames Regierungsprogramm.

	Deutschland	Kultur/Wissenschaft	Sport	Ausland
6. Mai		Andreas-Gryphius-Preis an Reiner Kunze und Rose Ausländer.	Deutsche Sportmediziner fordern Verbot leistungssteigernder Pharmaka. Olympiasieger und Weltmeister der Springreiter Alwin Schockemöhle tritt aus gesundheitlichen Gründen zurück.	
7. Mai	SPD-Unterbezirk München nominiert Max von Heckel als OB-Kandidat für 78er Kommunalwahl.	Henry-Moore-Ausstellung in Orangerie der Pariser Tuilerien-Gärten (bis 29. August). Größter europäischer Atomteilchen-Beschleuniger „SPS" in Genf eingeweiht.	Bei der Eishockey-Weltmeisterschaft in Wien besiegt die Bundesrepublik mit 3:2 Rumänien und sichert sich A-Klasse 78 in Prag.	In London Gipfelkonferenz der sieben wichtigsten westlichen Industrienationen über Wirtschaftspolitik und friedliche Nutzung der Kernenergie.
8. Mai		14tägiger Vorlesungsboykott ohne Ausschreitungen an Hamburger Universität. Dirigent Herbert von Karajan nach 13 Jahren wieder an Wiener Staatsoper.	CSSR verteidigt bei Eishockey-Weltmeisterschaft in Wien erfolgreich ihren Titel. Meister in 2. Fußball-Liga Nord und Süd FC St. Pauli und VfB Stuttgart.	Die Bewohner des Territoriums der Afars und Issas entscheiden sich in Volksabstimmung für Unabhängigkeit von Frankreich.
9. Mai	Bundesanwaltschaft bestätigt Überwachung der Telefonanschlüsse von Fluglotsen-Funktionären 1973/74.			28 Tote bei Hotelbrand in Amsterdam. 19 000 Häftlinge in Rumänien amnestiert.
10. Mai				Nato-Gipfel in London: US-Präsident Carter schlägt engere militärische Zusammenarbeit vor.
11. Mai		Aus Protest gegen Zuwahl des belgischen Trotzkisten Ernest Mendel treten 18 Mitglieder aus bundesdeutschem PEN-Club aus.	Hamburger SV gewinnt mit 2:0 (0:0) über RSC Anderlecht in Amsterdam Fußball-Europapokal.	Entführter Außenminister von El Salvador, Mauricio Borgonovo Pohl, tot aufgefunden. Finnische Minderheitsregierung tritt zurück.
12. Mai	In Dondorf bei Bayreuth befreit die Polizei zwei Mädchen von 12 und 19 Jahren, die von ihrer Mutter fünf Jahre nicht mehr aus dem Haus gelassen worden waren.			
13. Mai	Bundesbank-Präsident Karl Klasen verabschiedet, Otmar Emminger Nachfolger. Bundestag billigt „Sozialpaket".	In Recklinghausen 31. Ruhrfestspiele, in Cannes 30. Internationale Filmfestspiele. Hauptpreis in Cannes an italienischen Film „Padre Padrone" der Brüder Taviani.		Ehrenvorsitzende der spanischen KP, Dolores Ibarruri (La Pasionaria) nach 38jährigem sowjetischen Exil wieder in Spanien.
14. Mai		Weltmusiktage in Bonn.	Weltrekord nach neuer Fünfkampfwertung von Eva Wilms (Fürth) mit 4 794 Punkten bei Leichtathletiksportfest in Göttingen. Rumänien zieht alle Turnerinnen wegen „mangelnder Objektivität der Kampfrichter" von Kunstturn-Europameisterschaften in Prag zurück.	US-Vizepräsident Walter Mondale auf zehntägiger Europareise, in Wien ergebnislose Gespräche mit südafrikanischem Regierungschef Johannes Vorster.

	Deutschland	Kultur/Wissenschaft	Sport	Ausland
15. Mai		Exekutivkomitee des Internationalen PEN-Clubs setzt sich bei Tagung in Hamburg für regimekritische Schriftsteller in CSSR ein.	Deutscher Hallenhandballmeister der Herren Grünweiß Dankersen durch 21:20-Sieg in Dortmund über TV Großwallstadt. Bei Internationalen deutschen Tennismeisterschaften in Hamburg gewinnt Paolo Bertolucci (Italien) Herreneinzel mit 6:3, 4:6, 6:2, 6:3 über Manuel Orantes (Spanien). Heidi Eisterlehner (Reutlingen) wird im Damenfinale von Laura Dupont (USA) 6:1, 6:4 geschlagen.	
17. Mai			Schwergewichts-Boxweltmeister Muhammed Ali verteidigt in Landover mit einem Punktsieg über Alfredo Evangelista (Spanien) seinen Titel mit Erfolg.	Wahl in Israel: Arbeiterpartei muß nach 29 Jahren die Macht abgeben. Neuer Ministerpräsident Menachem Begin bekräftigt Anspruch auf Westjordanien.
18. Mai		„Trilogie des Wiedersehens" von Botho Strauß vom Deutschen Schauspielhaus in Hamburg uraufgeführt. Ernst-Jung-Preis für Medizin (300 000 DM) in Hamburg an Lungenforscher Prof. John West (USA) und Prof. Georg Springer (Bundesrepublik).	UEFA-Cup von Juventus Turin gewonnen.	In Genf neue Salt-Runde zwischen den Außenministern der USA und UdSSR: Grundsätzliche Einigung auf Rahmen für neuen Vertrag. Acht volksdeutsche verschaffen sich in Prag Zugang zur Bonner Botschaft, um Auswanderungswünsche vorzutragen.
19. Mai	Bundespräsident Scheel schlägt bei Entgegennahme des Karlspreises in Aachen „simple, klare, durchsichtige Verfassungsregelung für Europa" vor.			Letzte Fahrt des Orientexpreß von Paris nach Istanbul.
20. Mai		4. Kongreß des Verbandes Deutscher Schriftsteller in Dortmund.		
21. Mai	Rolf Grunert, Vorsitzender des Bundes Deutscher Kriminalbeamter, in Hamburg unter dem Verdacht der Spionage für die DDR festgenommen.		Borussia Mönchengladbach durch 2:2 im letzten Punktspiel bei Bayern München zum fünften Male deutscher Fußballmeister.	Der farbige amerikanische UNO-Botschafter Andrew Young befürwortet bei Privatbesuch in Südafrika friedlichen Übergang zur Mehrheitsherrschaft. In Spanien Teilamnestie für politische Häftlinge.
22. Mai		Kunstfälscher, die jahrelang Bilder des italienischen Surrealisten Giorgio de Chirico imitierten, in Italien entlarvt.	48. Deutsches Spring-Derby in Hamburg mit Sieg des Österreichers Hugo Simon auf dem Hengst „Little One".	18 Tote bei Hotelbrand in Brüssel.
23. Mai		Erfolg kalifornischer Wissenschaftler auf dem Weg, eines Tages Insulin für Zuckerkranke durch Mikro-Organismen unbegrenzt herstellen zu können.		Südmolukker überfallen in den Niederlanden eine Schule in Bovensmilde und kapern Zug bei Assen, bringen 165 Geiseln darunter viele Schulkinder, in ihre Gewalt.

	Deutschland	Kultur/Wissenschaft	Sport	Ausland
24. Mai	SPD und F.D.P. einigen sich auf Mehrwertsteuererhöhung um ein Prozent.	Kulturpreis des DGB an Berliner Grips-Theater (15 000 DM) und an Hamburger Institut für Projektstudien (10 000 DM).		Sowjetisches Staatsoberhaupt Nikolai Podgorny scheidet aus Politbüro aus. Bei niederländischen Parlamentswahlen für die Sozialdemokraten 53, für die Christdemokraten 49 von 150 Sitzen.
25. Mai	Bundesverfassungsgericht: Die 1973 amtierende Bundesregierung mit Finanzminister Schmidt hat das Budgetrecht verletzt und gegen Verfassung verstoßen.		Fußballmeister Borussia Mönchengladbach wird im Endspiel um Europapokal der Landesmeister in Rom vom FC Liverpool mit 3:1 (1:0) geschlagen.	
26. Mai	Bundeskanzler Schmidt zu erstem offiziellen Besuch nach Belgrad (bis 28. 5.).	„State of Revolution" von Robert Bolt im Londoner Nationaltheater uraufgeführt.		Unbewaffneter 37jähriger Sowjetbürger aus Riga entführt sowjetisches Passagierflugzeug nach Stockholm.
27. Mai	Bundestag: Wehrpflichtige können künftig zwischen Bundeswehr und zivilem Ersatzdienst wählen.	Versteigerung der Sammlungen im englischen Schloß Mentmore erbringt rund 26 Mio Mark.		In Luanda/Angola bewaffneter Aufstand regierungsfeindlicher Nationalisten niedergeschlagen. Kanadas Ministerpräsident Pierre Elliott Trudeau und seine Frau Margaret trennen sich.
29. Mai				161 Tote bei Nachtclub-Brandkatastrophe in Cincinnati (Ohio/USA).
30. Mai			1. FC Köln in Hannover Deutscher Fußball-Pokalsieger durch Wiederholungsspiel gegen Hertha BSC mit 1:0 (0:0).	Österreichischer Verteidigungsminister Karl Lütgendorf tritt wegen Munitionsaffäre zurück.
31. Mai			Für die Rekord-Ablösesumme von rund zwei Mio Mark wechselt Kevin Keegan vom Europapokalsieger FC Liverpool zum Hamburger SV.	
1. Juni		Bremer „Kunstpreis der Böttcherstraße" (15 000 DM) an Wolfgang Nestler. Schauspielerin, Sängerin und Schriftstellerin Hildegard Knef (51) heiratet in Westberlin in dritter Ehe den 15 Jahre jüngeren Paul Rudolf Freiherr v. Schell.		Pariser Ministerkonferenz im Rahmen des Nord-Süd-Dialogs: Gemeinsamer Fond soll Rohstofferlöse der Entwicklungsländer stabilisieren.
2. Juni	In Kaiserslautern lebenslange Haftstrafen für die Terroristen Manfred Grashof und Klaus Jünschke, vier Jahre für Wolfgang Grundmann.			Leo Tindemans neuer belgischer Ministerpräsident.
3. Juni	Arbeitslosenzahl sinkt erstmals seit sechs Monaten unter eine Mio. Ex-CDU-Generalsekretär Biedenkopf neuer Vorsitzender des zweitstärksten CDU-Landesverbands Westfalen-Lippe.			USA und Kuba vereinbaren, nach 16jähriger Unterbrechung wieder Diplomaten auszutauschen. Bei Parlamentswahlen in Marokko gewinnen die königstreuen Parteien.

	Deutschland	Kultur/Wissenschaft	Sport	Ausland
5. Juni	Norbert Blüm löst Hans Katzer als Vorsitzender der CDU-Sozialausschüsse ab.	Stuttgarter Staufer-Ausstellung endet mit Besucher-Rekord von 671 000. Uraufführung der Oper „Ein Engel kommt nach Babylon" von Rudolf Keltenborn nach Libretto von Friedrich Dürrenmatt im Opernhaus Zürich.	Deutsche Fußball-Nationalmannschaft schlägt Argentinien in Buenos Aires mit 3:1 (1:0). Bei Amateur-Boxeuropameisterschaften in Halle unterliegt im Halbmittelgewicht Markus Intlekofer aus Hannover dem sowjetischen Favoriten Sawtschenko durch KO in der ersten Runde. Bronzemedaillen an Manfred König (Worms) im Mittel- und Rene Weller (Leverkusen) im Leichtgewicht.	Bei Parlamentswahlen in der Türkei erringt die oppositionelle Republikanische Volkspartei Bülent Ecevits 213 der 450 Sitze. Der linksorientierte Regierungschef der Seychellen, France A. René, reißt durch einen Staatsstreich die Macht an sich.
7. Juni				Die britische Königin Elizabeth feiert ihr silbernes Thronjubiläum.
9. Juni			Mit 2:0 (1:0) gewinnt die deutsche Fußball-Nationalelf in Montevideo gegen Uruguay. Springreiter Hartwig Steenken wird Profi und fällt für künftige olympische Spiele aus.	Türkischer Vatikan-Botschafter Carim Taha fällt in Rom einem Attentat zum Opfer.
11. Juni		Griechische Regierung kündigt Wiedererrichtung des Dionysos-Theaters am Fuß der Athener Akropolis an.	Deutscher Sportbund verzichtet in Baden-Baden auf jede medizinisch-pharmakologische Leistungsbeeinflussung von Athleten.	Mit einem Sturmangriff werden die von Südmolukken in einem Zug bei Assen und in einer Schule von Bovensmilde festgehaltenen Lehrer befreit.
12. Juni	F.D.P.-nahe Jungdemokraten wählen Christoph Strässer für den im April zurückgetretenen Hanspeter Knirsch zum neuen Vorsitzenden.		1:1 (0:0) trennt sich Deutschland von Brasilien im dritten Südamerika Fußball-Länderspiel in Rio de Janeiro. 24-Stunden-Rennen von Le Mans endet mit Sieg eines Porsche mit Jürgen Barth (Bietigheim), Hurley Haywood (USA) und Jacky Ickx (Belgien) am Steuer. Michel Pollentier (Belgien) gewinnt 60. Italien-Rundfahrt.	
15. Juni	Verwaltungsgericht Hannover: Aufschiebende Wirkung einer Klage gegen Baugenehmigung des KKW Grohnde wieder hergestellt.	Großer Österreichischer Staatspreis für Literatur (14 000 Mark) an Manès Sperber. Großer Literaturpreis der Akademie Française (25 000 Mark) an die Schriftstellerin Marguerite Yourcenar.	Mit 2:2 (0:2) gegen Mexiko beendet die deutsche Fußballnationalmannschaft ungeschlagen ihre Süd- und Mittelamerikareise. DFB-Liga-Ausschuß will aus wirtschaftlichen Gründen acht Vereinen der Bundes- und der 2. Liga für 77/78 die Lizenz verweigern.	In Spanien erste freie Parlamentswahl seit 41 Jahren: Koalition von Ministerpräsident Adolfo Suarez verfehlt knapp absolute Mehrheit und stellt neue Regierung. In Belgrad Vorgespräche für KSZE-Folgekonferenz.
16. Juni	„Steuerpaket" der Bundesregierung mit Mehrheit von drei Stimmen vom Bundestag verabschiedet.			Parteichef Leonid Breschnew zum neuen Staatsoberhaupt der UdSSR gewählt. Absolute Mehrheit für Oppositionspartei Fianna Fail bei irischen Parlamentswahlen.

	Deutschland	Kultur/Wissenschaft	Sport	Ausland
17. Juni	Bundesregierung erteilt bis auf weiteres keine neuen Exportgenehmigungen für nukleare Aufbereitungsanlagen.		Olympische Spiele sollen künftig nur noch an ein Land und nicht mehr an eine Stadt vergeben werden.	
18. Juni	Bei Herleshausen (Hessen) wird der chilenische Kommunist Jorge Montes gegen elf politische DDR-Häftlinge ausgetauscht.			
19. Juni		US-Raumtransporter Space Shuttle fliegt auf dem Rücken eines Jumbo-Jets zum ersten Mal mit Piloten an Bord.	Neuer Weltrekord im Fünfkampf der Frauen durch Eva Wilms (Fürth) mit 4 823 Punkten in Bernhausen.	
20. Juni		DDR-Schauspieler und Sänger Manfred Krug siedelt in den Westen um.		
21. Juni	Bundesverfassungsgericht stellt Vereinbarkeit lebenslanger Strafe mit Grundgesetz fest, fordert aber Änderung bisheriger Gnadenpraxis.	Erster Träger des Ingeborg-Bachmann-Preises (15 000 Mark) der österreichische Schriftsteller Gerd Jonke.		
22. Juni				Von baskischer Untergrundorganisation ETA entführter Millionär Ybarra tot aufgefunden.
23. Juni				Sowjetunion distanziert sich in einem Zeitungsartikel scharf von dem spanischen KP-Führer Santiago Carrillo und zugleich vom Eurokommunismus.
24. Juni	Neue Spannungen zwischen CDU und CSU nach Zustimmung Niedersachsens und Saarlands zu Kostendämpfungsgesetz. Nach viertägiger Debatte Bundeshaushalt 77 mit Ausgaben von 171,3 Milliarden gegen Opposition verabschiedet.	6. documenta in Kassel eröffnet (bis 2. Oktober). In Berlin 27. Internationale Filmfestspiele (bis 5. Juli).	Springreiter-Europameister in Wien überraschend der Holländer Johan Heins. Auch Mannschaftstitel fällt an Holland.	
27. Juni	29 Tote bei Zugunglück in Lebus/DDR.			Als 49. Staat Afrikas wird das ehemalige Französisch-Somaliland als Republik Dschibuti unabhängig. 42 Tote bei Brand im Gefängnis von Columbia/Tennessee (USA).
29. Juni	Arbeitgeber rufen wegen Mitbestimmungsgesetz BVG an. Gewerkschaften boykottieren daraufhin konzertierte Aktion.	Trotz angedrohter Exkommunizierung weiht der Traditionalisten-Erzbischof Marcel Lefebvre in Econe 14 Priester und 22 Subdiakone.		Zwei Tage nach den USA erkennen die EG-Regierungschefs in London erstmals das Recht der Palästinenser auf ein Heimatland an.

	Deutschland	Kultur/Wissenschaft	Sport	Ausland
30. Juni		Literaturpreis der Bayerischen Akademie der Schönen Künste (8000 Mark) an Dolf Sternberger. EG-Regierungschefs erzielen keine Einigkeit über Großversuch zur Kernfusion „JET" (Joint European Torus).		US-Präsident Carter entscheidet gegen Serienbau des Super-Atombombers B-1 und für Fernlenkwaffe Cruise Missile. Scharfe Reaktion Moskaus.
1. Juli	Neues Scheidungsrecht in Kraft. Nach acht Monaten genehmigt Bundesregierung erstmals Bau neuen Kernkraftwerks in Philippsburg (Baden).	Georg-Büchner-Preis (20 000 Mark) an den Schriftsteller Reiner Kunze, Hermann-Hesse-Preis (10 000 Mark) an den Autoren Dieter Kühn.	Olympiasiegerin Annegret Richter verliert 100 m-Weltrekord von 11,01 Sekunden an Marlies Ölsner (Jena), die in Dresden 10,88 Sekunden läuft. Preis der Nationen beim Aachener Reitturnier von Bundesrepublik im Stechen mit 0 Fehler und 140,5 Sekunden vor England (0/150,8) gewonnen.	Linksextremistische italienische Terrororganisation „Bewaffnete Proletarische Zellen" zerschlagen.
2. Juli	Kurt Rebmann zum Nachfolger des ermordeten Generalbundesanwalts Siegfried Buback ernannt.		Wimbledonsieger im Herreneinzel Björn Borg (Schweden) mit 3:6, 6:2, 6:1, 5:7, 6:4 im Finale über Jimmy Connors (USA).	US-Senat befürwortet Gelder für Bau der umstrittenen Neutronenbombe, Präsident Carter behält sich Entscheidung über Produktionsbeginn vor.
3. Juli		Kunstausstellung „Skulptur" in Münster (bis 13. November).	Das Deutsche Derby gewinnt in Hamburg Horn der dreijährige Hengst Surumu aus dem Bremer Gestüt Fährhof unter Jockey Cadwaladr (Wales).	Türkischer Ministerpräsident Ecevit reicht Rücktritt ein. In Ägypten früherer Religionsminister Mohammed Sahabi von Sektierern entführt und ermordet. Im Südlibanon neue schwere Kämpfe zwischen Christen und Palästinensern, israelische Truppen unterstützen Christen.
5. Juli		Großer Preis der Berliner Filmfestspiele an sowjetischen Spielfilm „Aufstieg" von Larissa Schepitko.		In Pakistan stürzt das Militär die Regierung Bhutto und übernimmt die Macht.
6. Juli	BGH entscheidet, daß der Bund als Dienstherr für Schäden durch Fluglotsen-Bummelstreik 1973 haftet. Bundeskanzler Schmidt auf zehntägiger Reise in die USA, nach Kanada und Island.			
7. Juli	Bonn leitet Planfeststellungsverfahren für Entsorgungszentrum Gorleben (Niedersachsen) ein.			Mit einer Mig 19 flüchtet ein Pilot aus der VR China nach Taiwan.
8. Juli	Teuerungsrate um 4,0 Prozent höher als im gleichen Monat des Vorjahres.	Für Bild des Malers Il Parmigianino wird bei einer Christies-Auktion in London ein neuer Höchstpreis von 2,6 Mio Mark erzielt.		In albanischem Zeitungsartikel deutet sich Abkühlung des Verhältnisses zu China an.

	Deutschland	Kultur/Wissenschaft	Sport	Ausland
10. Juli			Bei den deutschen Tennismeisterschaften in Berlin wird die mit dem „Vilsbiburger Wunderschläger" spielende Ameli Ring erst im Finale von Helga Masthoff gestoppt, die mit 6:2, 6:1 wieder Meisterin wird. Porsche mit Sieg von Ickx/Mass im Sechsstundenrennen von Watkins Glen/USA abermals Markenweltmeister.	Zwei Luftpiraten entführten sowjetisches Verkehrsflugzeug nach Helsinki, werden von Finnland an UdSSR ausgeliefert. Überschwemmungen in Südkorea fordern über 200 Todesopfer.
11. Juli	Stuttgarter Baader-Meinhof-Verteidiger Klaus Croissant setzt sich nach Frankreich ab und bittet um politisches Asyl.			Im April entführter französischer Fiat-Direktor Revelli-Beaumont wird freigelassen.
12. Juli		27. Bad Hersfelder Festspiele (bis 14. August).	Ex-Springreiter-Weltmeister Hartwig Steenken bei Autounfall schwer verletzt.	Spanische Peseta um 25% abgewertet.
13. Juli	CDU/CSU ruft BVG gegen Gesetz zur Änderung der Wehr- und Zivildienstpflicht an.	Bach-Tage in Berlin (bis 17.). Max-Planck-Medaille an österreichischen Physiker Prof. Walter Thirring.		24 Stunden „Blackout" in New York: Stromausfall durch Blitzschlag, Nacht der Plünderungen und Exzesse.
14. Juli	Schleswig-Holsteinischer Ministerpräsident will Staatsvertrag über NDR kündigen. DDR-Grenzsoldat erschießt Kameraden und flüchtet in Bundesrepublik.	Heinrich-Hoffmann-Museum in Frankfurt eröffnet.		Die deutschstämmige schwedische Königin Silvia bringt eine Tochter zur Welt.
15. Juli		Komponist Tilo Medek darf DDR verlassen.		Zehntägiger USA-Besuch des neuen israelischen Regierungschefs Begin: Vorschlag von Gebietskonzessionen auf Golan und Sinai und halbautonomen Status Westjordaniens von Arabern abgelehnt.
16. Juli			Neue deutsche Hochsprungrekorde in Europacup-Vorrunde. In Stuttgart Brigitte Holzapfel 1,93 m, in Warschau überspringt Carlo Thränhard 2,25 m.	
17. Juli	Bundesfinanzminister Apel kündigt für 1980 Lohnsteuersenkung an, alle Parteien fordern früheren Termin.		Dietrich Thurau büßt das gelbe Spitzenreiter-Trikot der Tour de France an den Franzosen Thevenet ein.	
18. Juli			Drei Titel für die bundesdeutschen Kanuten zum Auftakt der Wildwasser-WM in Spittal durch Gisela Grothaus (Berlin), Dieter Pioch/Roland Schindler (München) und Ernst Libuda (Augsburg).	

	Deutschland	Kultur/Wissenschaft	Sport	Ausland
19. Juli			Als fünftes Land qualifiziert sich Peru mit einem 5:0-Sieg über Bolivien für die Fußball-WM 1978 in Argentinien.	Bundeskanzler Schmidt und der französische Staatschef Giscard treffen sich zu Informationsaustausch in Bläsheim (Elsass).
20. Juli	Urteil im Düsseldorfer Stockholm-Prozeß: Je zweimal lebenslang für die Terroristen Hanna Krabbe, Lutz Taufer, Karl-Heinz Dellwo und Bernhard Rössner.			
21. Juli				Bei Wahlen in Sri Lanka verliert der letzte weibliche Regierungschef der Welt, Frau Bandaranaike, das Amt. Neuer Ministerpräsident der bisherige Oppositionsführer Junius Richard Jayewardene. Schwere Grenzgefechte zwischen Ägypten und Libyen.
22. Juli			Weltmeister im Florett-Fechten die deutsche Mannschaft bei den Titelkämpfen in Buenos Aires mit einem 8:8 im Finale gegen Italien nur aufgrund des besseren Trefferverhältnisses.	In China Rehabilitierung des früheren stellvertretenden Ministerpräsidenten Teng Hsiao-Ping, die „Viererbande" wird aus der Partei ausgeschlossen.
23. Juli		Richard-Wagner-Festspiele mit „Tannhäuser" eröffnet.	Deutscher Jugend-Fußball-Meister in Mannheim mit einem 2:1-Sieg über den VfB Stuttgart, der Nachwuchs des Bundesligavereins MSV Duisburg.	
24. Juli		Salzburger Festspiele beginnen mit Festrede von Leopold Sedar Senghor.	Dietrich Thurau gewinnt bei Tour de France noch ein 6-km-Zeitfahren. In Gesamtwertung 5. Platz. Sieger zum zweiten Male nach 1975 der Franzose Bernard Thevenet. Silber für die deutschen Florett-Fechterinnen bei WM in Buenos Aires. Im Finale unterliegen sie der UdSSR mit 6:9. Zwei Motorrad-WM bereits vor Ende der Saison: bis 50 ccm der Spanier Angel Nieto, bis 125 ccm Pier-Paolo Bianchi (Italien).	
25. Juli				Albanien will künftig auf chinesische Wirtschaftsberater verzichten.
26. Juli	Der Gewaltverbrecher Rainer Sturm (26), der mit zwei Frauenmorden die Justiz erpressen wollte, stellt sich nach einem dritten Mord in Frankfurt.	Horst Statkus, Intendant der Städtischen Bühnen Heidelbergs, zum Direktor der Baseler Theater berufen.		Israel betreibt neue Siedlungspolitik im Westjordanland. Verstimmung in den USA.

	Deutschland	Kultur/Wissenschaft	Sport	Ausland
27. Juli	Die Schauspielerin Ingrid van Bergen wird vom Landgericht München wegen Totschlags an ihrem Geliebten Klaus Knaths zu sieben Jahren Freizeitsstrafe verurteilt.			
30. Juli	In Oberursel (Taunus) wird der Vorstandsvorsitzende der Dresdner Bank, Jürgen Ponto (53), von drei Terroristen erschossen.		Ungeschlagen tritt der Box-Weltmeister im Mittelgewicht, der Argentinier Carlos Monzon ab. In Monte Carlo verteidigt er seinen Titel gegen den Kolumbianer Rodrigo Valdez durch einen Punktsieg nach 15 Runden.	
31. Juli			Ex-Weltmeister Niki Lauda (Österreich) gewinnt in Hockenheim den Großen Preis von Deutschland vor Jody Scheckter (Südafrika) und dem Grainauer Hans-Joachim Stuck. Takazumi Katayama in der 350-ccm-Klasse als erster Japaner Motorrad-Weltmeister. Im finnischen Imatra sammelt auch der Engländer Barry Sheene die letzten Punkte für die Weltmeisterschaft in der Halbliter-Klasse.	
1. August				Bei den syrischen Parlamentswahlen erringt die regierende Baath-Partei 128 der 195 Sitze.
4. August				UNO-Generalsekretär Kurt Waldheim trifft zu seinem ersten China-Besuch in Peking ein. James Schlesinger zum ersten Energieminister der USA ernannt.
5. August	Forschungsminister Matthöfer: Mit einem mehrjährigen Baustopp für Kernkraftwerke sei zu rechnen.		Der Kanadier Graham Smith verbessert in Montreal den Schwimm-Weltrekord über 200 m Lagen auf 2:05.31 Minuten.	
6. August			Eckhard Dagge (Berlin) verliert Weltmeister-Titel im Super-Weltergewicht der Box-Profis durch KO in der 5. Runde gegen den Italiener Rocky Mattioli. Mit 19 Jahren ist der Berliner Jörg Eipel nach Disqualifikationssieg über den Dänen Jörg Hansen jüngster Europameister der Box-Profis. Segel-Europameister im Tornado vor Marstrand/Schweden der Berliner Tobias Neuhann.	Persischer Ministerpräsident Amir Abbas Howeida tritt nach 13jähriger Amtszeit zurück. Nachfolger Jamschid Amouzegar.

	Deutschland	Kultur/Wissenschaft	Sport	Ausland
7. August		Tüte Hagedorn erhält ersten Preis des internationalen Karikaturisten-Wettbewerbs „Cartoon 77".	Neuer deutscher Rekord im Kugelstoßen durch den Berliner Ralf Reichenbach mit 20,82 m bei deutschen Leichtathletik-Meisterschaften in Hamburg.	
9. August		Internationaler Joan-Miro-Preis für den Meditationskünstler Willem-Georg Cassel.		Sowjetunion fordert dringende Maßnahmen gegen angebliche Kernwaffenentwicklung Südafrikas. Pretoria versichert den USA, es besitze keine atomaren Sprengmittel und wolle keine entwickeln.
10. August		Bundesgesundheitsamt empfiehlt allen Arzneimittelherstellern, den in vielen rezeptfreien Schmerzmitteln enthaltenen Wirkstoff „Aminophenazon" bis April 78 auszutauschen.		Englische Königin zu erstem Besuch seit elf Jahren in Krisenprovinz Nordirland. Bei New York der 24jährige David Berkowitz als mutmaßlicher Massenmörder „Sams Sohn" gefaßt.
11. August		Rolf Hochhuths „Tod eines Jägers" im Rahmen der Festspiele in Salzburg uraufgeführt.		USA und Panama einigen sich darauf, daß Panama-Kanal im Jahre 2000 durch Panama übernommen wird.
12. August	In Bonn beginnt neue Verhandlungsrunde zwischen Bundesrepublik und DDR.	US-Raumfähre Space Shuttle besteht über Wüste von Kalifornien ersten freien Testflug.	Englische Hochsee-Segler gewinnen zum siebten Mal den Admiral's Cup. Nationalspieler Sepp Maier zum „Fußballer des Jahres" gewählt.	
13. August			DDR-Läuferin Karin Rossley stellt in Helsinki Weltrekord über 400 m Hürden in 55,63 Sekunden auf.	In Zaire wird Außenminister Karl i Bond wegen Hochverrats verhaftet und zum Tode verurteilt, dann zu lebenslanger Haft begnadigt.
14. August		Ausstellung „Tendenzen der Zwanziger Jahre" in Berlin (bis 16. Oktober).	Zum ersten Mal seit 24 Jahren mit George O'Dell ein Brite Seitenwagen-Weltmeister der Motorradfahrer. Rosemarie Ackermann (DDR) verbessert den Weltrekord im Hochsprung auf 1,97. DDR-Leichtathleten gewinnen in Helsinki Europacup bei Männern und Frauen. Bundesdeutsche Männermannschaft Zweite.	Israel beschließt, die Araber im Besatzungsgebiet als israelische Bürger zu behandeln. In Spanien streiken über 20 000 Hotelangestellte. In London nach Umzügen Rechtsradikaler schwerste Zusammenstöße der Nachkriegszeit mit Gegendemonstranten.
15. August				Früherer SS-Polizeichef von Rom, Herbert Kappler, in Italien zu lebenslanger Haft verurteilt, flüchtet mit Hilfe seiner Frau in die Bundesrepublik. Spannungen in den deutsch-italienischen Beziehungen.

	Deutschland	Kultur/Wissenschaft	Sport	Ausland
16. August		Beginn einer Welle von Säureattentaten auf wertvolle Gemälde in Museen und Kirchen der Bundesrepublik mit Anschlag auf zwei Gemälde von Lucas Cranach im Niedersächsischen Landesmuseum Hannover.	Zwei Europameister-Titel im Schwimmen in Joenkoeping für Teilnehmer aus der Bundesrepublik: Über 4×100 m Freistil und durch Michael Kraus (Gladbeck) über 200 m Delphin.	Jugoslawischer Staats- und Parteichef Tito beginnt Serie von Staatsbesuchen in der Sowjetunion, China und Nordkorea, betont freundlicher Empfang in Peking.
17. August			Europameister mit Weltrekord in Joenkoeping der Dortmunder Gerald Noerken über 100 m Brustschwimmen in 1:02,86 Minuten. Peter Nocke gewinnt den Titel über 200 m Freistil, und Petra Thümer verbessert 400 m-Freistil-Weltrekord auf 4:08,91 Min. Als erster Spieler erzielt der Kölner Dieter Müller in einem Fußball-Bundesligaspiel sechs Tore.	US-Präsident Jimmy Carter verschiebt nach hitzigen Diskussionen, vor allem in der Bundesrepublik, seine Entscheidung über die Produktion von Neutronenwaffen.
18. August	Oberverwaltungsgericht Münster befaßt Bundesverfassungsgericht mit Rechtsstreit um Bau eines Schnellen Brüters in Kalkar/Niederrhein.		Zum zweiten Mal wird Gerald Moerken Schwimm-Europameister, diesmal über 200 m-Brust.	Auf 11. chinesischem Parteitag Übergang zu pragmatischer Linie bekräftigt: Hua Kuo-Feng zum Parteichef, Teng Hsiao-Ping zum Stellvertreter gewählt.
19. August				Schweres Seebeben zwischen Java (Indonesien) und West-Australien, riesiger Flutwelle fallen 185 Indonesier zum Opfer.
20. August		Sonning-Musikpreis (38 000 Mark) für den französischen Flötisten Jean-Pierre Rampal. USA starten Voyager-Forschungssonde, die zu Jupiter und Saturn fliegen soll.	Helena Fibingerova (CSSR) stößt in Neutra als erste Frau der Welt die Kugel über 22 m weit (22,32 m). Zweiter Weltrekord durch englische 4×200 m Staffel der Frauen in London mit 1:31,57 Min. Ulrike Tauber (DDR) verbessert in Joenkoeping den 200 m Lagen-Weltrekord auf 2:15,95 Min.	
21. August			Seinen neunten Europameister-Titel holt sich in Joenkoeping Peter Nocke über 100 m Freistil.	Generalmobilmachung in Äthiopien wegen offener Invasion somalischer Streitkräfte.
22. August	Durch Dammbruch an See in Kirchheim/Hessen werden fünf Ortschaften überschwemmt.	31. Edinburgher Festspiele. Forschungsminister Matthöfer präsentiert in Bonn fünf deutsche Kandidaten für ersten Flug des bemannten Raumlabors „Spacelab". Sie wurden aus über 700 Bewerbern ausgewählt.	Die erst 15jährige Alice Brown schwimmt in Mission Viejo mit 16:24,61 Min. einen neuen Weltrekord über 1500 m Freistil.	US-Außenminister Vance vier Tage in Peking: Wegen Taiwan-Problem keine weitere Annäherung.

	Deutschland	Kultur/Wissenschaft	Sport	Ausland
23. August	Nach 71 Tagen Besetzung wird das von KK-Gegnern bei Grohnde errichtete Anti-Atomdorf ohne Zwischenfälle von Polizei geräumt. DDR-Behörden verhaften den Regimekritiker Rudolf Bahro.	Henrik-Steffens-Preis (25 000 Mark) der Stiftung F.V.S. an Kunstgeschichtler Prof. Hans Peter L'Orange (Universität Moskau).		
25. August	In Karlsruhe wird in letzter Minute Raketenangriff von Terroristen auf Bundesanwaltschaft verhindert.	Literaturpreis der Stadt Monden (10 000 Mark) an den Holländer Willem Enzinck.		Prinzessin Caroline von Monaco verlobt sich mit französischen Versicherungskaufmann Philippe Junot.
26. August	DDR entläßt die Bürgerrechtler Hellmuth Nitsche und Karl-Heinz Nitschke aus der Haft und schiebt sie nach Westberlin ab.		DDR-Hochspringerin Rosemarie Ackermann überspringt als erste Frau zwei Meter. Vizeweltmeister im 1000 m-Zeitfahren wird bei der Rad-WM in San Cristobal Günther Schumacher.	US-Präsident Carter weist Vorschlag zurück, bei Krieg mit der Sowjetunion ein Drittel der Bundesrepublik zunächst zu räumen.
27. August	DDR-Behörden ziehen Genehmigung für Reise der CDU/CSU-Bundestagsfraktion nach Potsdam zurück.	DDR-Autor Jürgen Fuchs sowie die Liedermacher Gerulf Pannach und Christian Kunert in die Bundesrepublik abgeschoben.	Zwei Schwimm-Weltrekorde in Ostberlin: Joe Bottom über 100 m Delphin 54,18 Sek. und Brian Goodell 400 m Freistil in 3:51,56 Min.	Französisch wird Amtssprache in der kanadischen Provinz Quebeck.
28. August		Lyrikerin Sarah Kirsch verläßt DDR.	Drei Weltrekorde beim Schwimm-Länderkampf in Ostberlin: 100 m Delphin – Christiane Knacke (DDR) 59,78 Sek., 200 m Lagen – Ulrike Tauber (DDR) 2:15,85 Min., 4×100 m Freistil – USA 3:21,11 Min.	Schweden verläßt europäische Währungsschlange und wertet um rund zehn Prozent ab.
29. August		Internationale Physiker führen in Hamburg Indizienbeweis für Existenz von „Quarks", kleinster Teilchen der Materie.	Olympiasieger Gregor Braun in San Cristobal Rad-Weltmeister in Profi-Verfolgung über 5000 m. Beim Renntraining in Brands Hatch verunglückt der australische Automobil-Rennfahrer Brian McGuire tödlich.	
30. August	Croissant-Sozius Rechtsanwalt Armin Newerla wegen Verdacht der Unterstützung einer kriminellen Vereinigung festgenommen.	Der Schweizer Dramatiker Friedrich Dürrenmatt verpflichtet sich, fünf Jahre lang pro Saison ein eigenes Stück am Wiener „Theater in der Josefstadt" zu inszenieren.		China schränkt These von der Unvermeidbarkeit eines neuen Weltkriegs ein.
31. August			Ex-Weltmeister Niki Lauda kündigt Wechsel vom Ferrari-Rennstall zu Brabham an.	Spyros Kyprianou Nachfolger des verstorbenen Erzbischofs Makarios als Staatspräsident. Bei Parlamentswahlen in Rhodesien erringt die Partei Ministerpräsident Ian Smiths über 80% der Stimmen.

	Deutschland	Kultur/Wissenschaft	Sport	Ausland
3. September			Dressur-Reiter-Equipe der Bundesrepublik wird in St. Gallen zum sechsten Male Europameister.	Pakistans Ex-Präsident Zulfikar Ali Bhutto festgenommen, weil er 1974 Mord an einem Politiker angeordnet haben soll.
4. September		„Nepal" von Urs Widmer im Kammerspiel der Städtischen Bühnen Frankfurt uraufgeführt.	Sieg der Bundesrepublik bei Rollschuhkunstlauf-Europameisterschaften in Heilbronn durch Gabriele Kircher, Thomas Nieder, Brause/Richter und Lange/Kuschel. Francesco Moser (Italien) wird bei Radweltmeisterschaften in San Cristobal vor Dietrich Thurau neuer Straßenweltmeister der Profis. Leichtathletik-Weltpokal in Düsseldorf bei den Männern von der DDR vor den USA und der Bundesrepublik, bei den Frauen von Europa vor der DDR gewonnen.	
5. September	In Köln wird Arbeitgeberpräsident Hanns Martin Schleyer (62) von Terroristen entführt, sein Fahrer und drei Polizisten werden erschossen; die Entführer verlangen später die Freilassung von elf inhaftierten Terroristen; Kontakte zu Entführern über Genfer Anwalt Denis Payot, Nachrichtensperre, Besuchsverbot für Anwälte von Terroristen.			
7. September				Äthiopien bricht diplomatische Beziehungen zu Somalia ab. Panama-Abkommen unterzeichnet.
9. September	Bundeswirtschaftsminister Hans Friderichs (F.D.P.) gibt seinen bevorstehenden Rücktritt bekannt, wird Vorstandssprecher der Dresdner Bank. Nachfolger wird sein Parteifreund Otto Graf Lambsdorff.			
11. September			Speerwurf-Weltrekord der Amerikanerin Kathy Schmidt mit 69,32 m in Fürth. Bei Europameisterschaft der Militaryreiter in Burghly verteidigt Lucinda Prior-Palmer (Großbritannien) Titel knapp vor Karl Schultz und Horst Karsten (Deutschland). Im Mannschaftswettbewerb Silber an Deutschland hinter Großbritannien.	

	Deutschland	Kultur/Wissenschaft	Sport	Ausland
12. September		Erstmals verliehener Deutscher Architekturpreis (30 000 Mark) an das Stuttgarter Team Behnisch und Partner.		Südafrikanischer Farbigenführer Steve Biko (30) stirbt unter dubiosen Umständen in Polizeihaft, neue schwere Spannungen in Südafrika.
14. September		Erster europäischer Kommunikationssatellit OTS wird eine Minute nach Start in Cape Canaveral durch Explosion der Delta-Rakete zerstört.		
15. September	Regierungserklärung von Bundeskanzler Schmidt zur inneren Sicherheit: Mit Parteien einig in Terrorismus-Bekämpfung.			
16. September		Der wegen eines umstrittenen Anschlags am Schwarzen Brett des Württembergischen Staatstheaters Stuttgart angegriffene Schauspieldirektor Claus Peymann will seinen Ende August 79 auslaufenden Vertrag nicht verlängern.		Spanische Fluglotsen treten in 38stündigen Bummelstreik, portugiesische Piloten in Totalstreik bis 19. September.
18. September			America's Cup wird von USA zum 23. Mal erfolgreich verteidigt.	Italienischer Verteidigungsminister Vito Lattanzio muß als Folge der Kappler-Flucht Amt mit Transportminister Attilio Ruffini tauschen.
20. September			Günther Schumacher und Hans Lutz gehen für den Vierer der Bahn-Radfahrer von Bundestrainer Gustav Kilian durch Übertritt ins Profilager verloren.	Auf 32. UNO-Vollversammlung werden Vietnam und Dschibuti in die Weltorganisation aufgenommen. EG-Außenminister verabschieden in Brüssel Verhaltenskodex für in Südafrika tätige Unternehmen.
21. September				US-Budgetdirektor Bert Lance, enger Freund Carters, tritt unter Druck der Vorwürfe wegen privater finanzieller Unregelmäßigkeiten zurück.
22. September				In Utrecht wird der mutmaßliche Buback-Mörder Knut Folkerts (25) nach Schießerei, bei der er einen Polizisten ermordet, gefaßt, seine Begleiterin Brigitte Mohnhaupt entkommt.
23. September	Berliner Jungdemokraten veröffentlichen umstrittenen Buback-Nachruf des Göttinger Asta-„Mescalero".		Der Duisburger Gewichtheber Rolf Milser verteidigt bei den Weltmeisterschaften in Stuttgart seinen Titel im Stoßen der Mittelgewichtsklasse und wird im Reißen und im Zweikampf jeweils Vizeweltmeister.	

	Deutschland	Kultur/Wissenschaft	Sport	Ausland
24. September	Demonstration von rund 20 000 Kernkraftgegnern in Kalkar/Ndrh. verläuft friedlich.	Durch Säureanschlag in Lüneburger St. Nikolai-Kirche drei Wandgemälde aus dem Jahre 1425 beschädigt.	Segelweltmeister in Tornadoklasse vor Long Beach der Nürnberger Olympiasieger Jörg Spengler mit neuem Vorschotmann Rolf Dullenkopf.	
26. September		Kongreß zur Nutzung der Sonnenenergie in Hamburg. 166 Mio Forschungsprogramm des Bundesforschungsministeriums.		
28. September				Fünf japanische Terroristen kapern japanisches Flugzeug mit 156 Insassen und erzwingen Landung in Dakka. Sie pressen sechs inhaftierte Gesinnungsgenossen frei, erhalten sechs Mio Lösegeld und tauchen in Algerien unter. SPD-Vorsitzender Brandt übernimmt in New York Vorsitz neuer Kommission zur Förderung des Nord-Süd-Dialogs.
29. September	Bundestag verabschiedet im Eilverfahren Kontaktsperregesetz. Gegenstimmen und Enthaltungen bei Koalition vom SPD-Fraktionschef Wehner gerügt. Untersuchung antisemitischer Umtriebe an Bundeswehrhochschule München, elf Betroffene suspendiert. BVG: Fluchthelferverträge nicht gesetzes- und sittenwidrig.	EKD-Rat veröffentlicht kritische Erklärung zum neuen Ehescheidungsrecht.		
30. September		„Europalia 77" in Brüssel, bisher größte kulturelle Selbstdarstellung der Bundesrepublik im Ausland.	Schwergewichts-Boxweltmeister Muhammed Ali, 35, verteidigt in New York Titel in 15-Runden-Kampf gegen 33jährigen Herausforderer Earnie Shavers erfolgreich.	Seit Mitte Juli in Frankreich untergetauchter früherer BM-Anwalt Klaus Croissant in Paris festgenommen.
1. Oktober			Brasiliens Fußballstar Pele beendet mit Spiel von Cosmos New York gegen FC Santos (2:1) seine Karriere und schießt eines der New Yorker Tore, das 1281. seiner Laufbahn.	In Pakistan wird jegliche politische Aktivität verboten, die für den 18. 10. angesetzten Wahlen auf unbestimmte Zeit verschoben.
2. Oktober			Internationaler Tennisverband verbietet „Vilsbiburger Schläger". Niki Lauda auf Ferrari beim Großen Preis der USA in Watkins Glen Vierter und damit zum zweiten Mal nach 1976 auf Ferrari Automobilweltmeister.	Gemeinsame Nahosterklärung der USA und der UdSSR: Israel soll Vertreter des palästinensischen Volkes bei neuer Friedenskonferenz akzeptieren; negative Reaktion Israels.

	Deutschland	Kultur/Wissenschaft	Sport	Ausland
3. Oktober				In Genf wird die fünfjährige bolivianische Millionärstochter Graziella Ortiz entführt, am 13.10. gegen fünf Mio Mark Lösegeld freigelassen.
4. Oktober		2. Antarktis-Expedition der Bundesrepublik, am Südpol soll für die deutsche Hochseefischerei nach dem Kleinkrebs Krill geforscht werden.		In Belgrad Beginn der KSZE-Folgekonferenz.
5. Oktober				USA und Israel einigen sich auf vorläufige Formel für neue Nahostkonferenz: Panarabische Delegation unter Einschluß von Palästinensern.
6. Oktober	Politische Generaldebatte im Bundestag: Kontroverse über Terrorismusbekämpfung.	Literaturnobelpreis an den spanischen Dichter Vicente Aleixandre. Säureanschlag auf drei Rembrandt-Bilder und ein Gemälde von Willem Drost im Kasseler Schloß Wilhelmshöhe, geisteskranker Serientäter zwei Tage später in Hamburg gefaßt.		
7. Oktober	In Ostberlin Krawalle bei Volksfest zum 28. DDR-Gründungstag.	Kammeroper „Faust und Yorick" von Wolfgang Rihm und Kurzoper „Rendezvous" von Giselher Klebe in Hannover uraufgeführt.		Neue sowjetische Verfassung; erstmals Funktion des stellvertretenden Staatsoberhaupts mit Wassili Kusnezow als Amtsträger.
8. Oktober	Bundespräsident Scheel warnt in Rede zum 500. Jubiläum der Universität Tübingen vor Vergiftung politischer Atmosphäre.	Europalia-Literaturpreis (33 000 Mark) an Peter Huchel.	Deutschland gewinnt in Berlin Fußball-Länderspiel gegen Italien mit 2:1.	Terroristen erschießen in Guernica (Spanien) Präsidenten des Regionalparlaments der baskischen Provinz Biskaja und zwei Polizisten.
9. Oktober		Sowjetisches Raumschiff Sojus 25 startet mit zwei Kosmonauten. Ankoppelung an Raumstation Saljut 6 mißlingt.		
10. Oktober		Friedensnobelpreis 77 für Amnesty International, 76er Preis nachträglich an Vertreter nordirischer Frauenbewegung.		
11. Oktober	Tscheche und Tschechin entführen CSSR-Verkehrsflugzeug mit 27 Insassen nach Frankfurt, bitten um politisches Asyl. CDU veröffentlicht Terrorismus-Dokumentation, die von Koalition als Machwerk bezeichnet wird.	Physiknobelpreis an die Amerikaner Philip Anderson und John van Vleck sowie den Briten Neville Mott. Chemienobelpreis an den Belgier Ilja Prigognine.		Nordjemenitischer Staatschef Ibrahim el Hamdi ermordet.

	Deutschland	Kultur/Wissenschaft	Sport	Ausland
13. Oktober	Vier Palästinenser entführen Lufthansa-Boeing „Landshut" mit 87 Insassen auf Flug von Mallorca in die Bundesrepublik in den arabischen Raum. Direkter Zusammenhang mit Schleyer-Entführung, mehrere Ultimaten.	Medizin-Nobelpreis an die Amerikaner Roger Guillemin, Andrew Schally und Rosalyn Yalow.		
15. Oktober		Nobelpreis für Wirtschaftswissenschaft an Engländer James Meade und Schweden Bertil Ohlin.		
16. Oktober	BVG lehnt Antrag der Familie Schleyer ab, durch EV Bundesregierung zur Erfüllung der Terroristenforderungen zu zwingen.			Entführer der Lufthansa „Landshut" ermorden in Aden den Piloten Jürgen Schumann.
17. Oktober	Durch Anschlag eines Bundesbahn-Erpressers entgleist bei Freiburg der Italia-Expreß: 23 Verletzte.			Überschallflugzeug Concorde darf künftig in New York landen.
18. Oktober	Offenbar unter dem Eindruck des gescheiterten Luftpiratenakts in Mogadischu begehen im Gefängnis Stuttgart-Stammheim die Terroristen Andreas Baader und Jan-Carl Raspe (mit Schußwaffen) und Gudrun Ensslin (durch Erhängen) Selbstmord. Irmgard Möller überlebt einen Selbstmordversuch.			Grenzschutz-Sondereinheit GSG 9 stürmt in Mogadischu entführte Lufthansa-Maschine und befreit alle Geiseln. Drei Terroristen werden dabei erschossen, eine Terroristin verletzt.
19. Oktober	Bundesweite Großfahndung nach 16 Terroristen.	Das Stück „Die argentinische Nacht" von Thomas Brasch in Tübingen uraufgeführt.		Der am 5. September entführte Hanns Martin Schleyer wird in Mülhausen/Elsaß im Kofferraum eines PKW ermordet aufgefunden.
20. Oktober	Baden-Württembergischer Justizminister Traugott Bender (CDU) tritt wegen Stammheimer Gefängnisskandal zurück. Im Bundestag Regierungserklärung zum Terrorismus: Appell zu internationaler Solidarität. Bundesjustizminister Vogel hebt Kontaktsperre für inhaftierte Terroristen auf. 130 Mio Schaden durch Großbrand bei Kölner Fordwerken.	Positives Urteil der Expertenkommission für Reaktorsicherheit und Strahlenschutz über geplantes nukleares Entsorgungszentrum. Runge-Ausstellung in Hamburger Kunsthalle.		Thailändische Armee stürzt durch von Verteidigungsminister Sangad Chalawyu inszenierten Putsch die Zivilregierung.
21. Oktober	Sprengstoff-Fund in Terroristenzellen in Stuttgart-Stammheim.	Donaueschinger Musiktage mit Uraufführung von vier Kompositionen.		

	Deutschland	Kultur/Wissenschaft	Sport	Ausland
23. Oktober	Nach Nachrichtensperre wird in Hamburg Entführung des viereinhalbjährigen Felix Wessel bekannt, der gegen eine Mio Lösegeld freigelassen wird.		Zwei Tote, drei Schwerverletzte beim Großen Preis von Japan, dem letzten Lauf zur Automobilweltmeisterschaft, als der Ferrari des Kanadiers Villeneuve in die Zuschauer gerät.	
24. Oktober	Die fünf führenden Wirtschaftsforschungsinstitute gehen für 78 von Wirtschaftswachstum von plus 3,0 Prozent und 1,1 Mio Arbeitslosen aus.			Der deutsche General Gerd Schmückle wird zum stellvertretenden Oberbefehlshaber der Nato-Streitkräfte in Europa ernannt.
25. Oktober		Constantin-Filmverleih stellt Konkursantrag. EG-Ministerrat wählt Culham (England) statt Garching in Bayern für europäisches Kernfusionsprojekt JET aus.		
26. Oktober	Nach mehrmonatiger Pause neue Verhandlungsrunde Bonn-Ostberlin.	Ingmar Bergmans neuer Film „Das Schlangenei" in Berlin uraufgeführt. Mellon-Preis, höchstdotierter Kunstpreis der Welt (50 000 Dollar), an den Belgier Pierre Alechinsky.	Dr. Peter Krohn kündigt nach Kontroversen mit Trainer Gutendorf und dem Präsidium des Vereins seinen Vertrag als Generalmanager beim Hamburger SV.	Südafrika gibt zu, daß der schwarze Studentenführer Steve Biko am 12. September nicht an den Folgen eines Hunger- und Durststreiks, sondern an Kopf- und Gehirnverletzungen im Gefängnis gestorben ist.
27. Oktober				Niederländischer Multimillionär Maurits Caransa in Amsterdam von Unbekannten entführt, am 2. November gegen Lösegeld von mehr als neun Mio Mark wieder freigelassen.
29. Oktober	CSU-Vorsitzender Strauß berichtet über unveröffentlichtes Schleyer-Tonband mit „schweren Anklagen" gegen Bundesregierung, diese weist die Vorwürfe zurück.			Kardinal Wyszinski und Parteichef Edward Gierek treffen zum ersten Meinungsaustausch eines polnischen katholischen Kirchenführers mit einem polnischen Parteichef seit 20 Jahren in Warschau zusammen.
1. November	In Hannover früherer Sparkassendirektor Willi Fascher unter Verdacht der Veruntreuung von 50 Mio Mark verhaftet.	Experten der Universität Hamburg haben im türkischen Teil des Schwarzen Meeres das bisher größte Uranvorkommen der Welt entdeckt.	Einziger Bewerber um die Olympischen Spiele 1984 ist Los Angeles.	Sowjetische TU-144, nach der Concorde zweiter Überschallflugzeugtyp der Welt für Passagierverkehr, nimmt Liniendienst auf. USA treten aus internationaler Arbeitsorganisation ILO wegen deren Politisierung aus.
2. November	Schleyer-Dokumentation der Bundesregierung. Frühere AA-Sekretärin Helge Berger wegen Spionage für DDR zu fünf Jahren Haft verurteilt.	Europäische Wissenschaftsstiftung will Problem genetischer Manipulationen prüfen.		Sowjetischer Staats- und Parteichef Breschnew schlägt bei Feier zum 60. Jahrestag der Oktoberrevolution Stopp der Kernwaffenproduktion vor. Spaniens KP-Chef Carillo darf vorbereitete Rede nicht halten.

	Deutschland	Kultur/Wissenschaft	Sport	Ausland
3. November		Wissenschaftler der Universität von Illinois (USA) glauben, bisher unbekannte Form primitiven Lebens entdeckt zu haben, die sie symbolisch als „Drittes Königsreich" bezeichnen.		UNO-Vollversammlung nimmt einmütig Resolution gegen Flugzeugentführungen an.
4. November		In Sulzbach-Rosenberg/Oberpfalz wird neues Archiv für deutschsprachige Literatur seit 1945 eröffnet.		Weltsicherheitsrat verhängt einstimmig bindendes Waffenembargo gegen Südafrika.
5. November	Terroristen kündigen Anschläge gegen Lufthansa-Maschinen an, verstärkte Sicherheitsmaßnahmen.			Präsidium des Obersten Sowjet verfügt Häftlingsamnestie, jedoch nicht für politische Gefangene.
6. November	In Kiel dreitägiger F.D.P.-Parteitag: Befürworter marktwissenschaftlich orientierten Wachstums setzen sich durch, neues energiepolitisches Konzept, das Bau neuer Kernkraftwerke ermöglicht.		Björn Borg (Schweden) gewinnt Kölner Grand Prix-Tennisturnier und damit 10 000 Dollar durch einen 2:6, 7:5, 6:3-Sieg über Wojtek Fibak (Polen). Europäischer Leichtathletik-Verband sperrt fünf Leichtathleten wegen Verstoßes gegen die Anabolikabestimmungen.	US-Präsident Carter untersagt mit erstem Veto seiner Amtszeit Bau eines Kernkraftwerks vom Typ Schneller Brüter.
7. November	In Kaufbeuren/Schwaben wird die Leiche eines DDR-Flüchtlings im Öltank einer aus der DDR gelieferten Maschine entdeckt.			
9. November		Europäischer Essay-Preis (10 000 Mark) der Schweizer Stiftung Charles Veillon an den sowjetischen Autor Alexander Sinowjew.	Schalke-Trainer Friedel Rausch für vier Monate gesperrt, weil er nach eigenen Angaben mit unterschlagener Summe Bundesligaspiele manipuliert hat.	Ägyptischer Staatspräsident Sadat bekundet Absicht, vor dem israelischen Parlament über Friedensaussichten zu sprechen, nimmt trotz heftiger Kritik im arabischen Lager Einladung Israels an; Rücktritt von Außenminister Fachmi.
10. November	In Dortmund demonstrieren 40 000 Gewerkschafter für Ausbau der Kernenergie.			In Amsterdam werden die deutschen Terroristen Christoph Wackernagel und Gert Richard Schneider nach Schießerei mit der Polizei festgenommen. In Wien wird der Millionär Walter Palmers entführt, am 13. 11. gegen rund vier Mio Mark Lösegeld wieder freigelassen.
11. November	Neues Sprengstoffversteck im Terroristentrakt der Strafanstalt Stammheim entdeckt.	Schiller-Gedächtnispreis von Baden-Württemberg (20 000 Mark) an Professor Golo Mann, Fördergabe (10 000 Mark) an Botho Strauß.	Kunstturn-Cheftrainer Vaclav Kubicka tritt zurück und will nur noch als Bundestrainer für die Eliteturner arbeiten.	Flugverkehr in Spanien durch dreitägigen Streik des Bodenpersonals lahmgelegt. Güterwagen mit 30 Tonnen Dynamit explodiert in Iri (Südkorea): 58 Tote, 1350 Verletzte.

	Deutschland	Kultur/Wissenschaft	Sport	Ausland
12. November	Die Terroristin Ingrid Schubert (33) erhängt sich in ihrer Haftzelle in München.		Willi Daume auf Hauptversammlung des NOK in München für weitere vier Jahre zum Präsidenten gewählt.	Metropolit von Paphos, Chrysostomos, für den verstorbenen Makarios neuer Erzbischof von Zypern.
13. November		In Wergina bei Saloniki mutmaßliches Grab Phillipps von Mazedonien, des Vaters von Alexander dem Großen, entdeckt.		Somalia kündigt Freundschaftsvertrag mit UdSSR und bricht diplomatische Beziehungen mit Kuba ab.
14. November				Streik der 43 000 britischen Feuerwehrleute. 63 Tote bei Hotelbrand in Manila.
15. November	In Hamburg fünftägiger SPD-Parteitag: Energiepolitische Leitlinie, Vorrang von Kohle vor Kernenergie, neue Kernkraftwerke nur bei drohender Energielücke.			Britische Prinzessin Anne bringt Sohn zur Welt.
16. November	In Hamburg begeht der Lehrer Hartmut Gründler aus Protest gegen Kernenergiepolitik Selbstverbrennung.		Deutsche Fußball-Nationalelf besiegt im Vorbereitungsspiel auf Weltmeisterschaft in Stuttgart die Schweiz mit 4:1.	Ehemaliger BM-Anwalt Croissant wird von Frankreich an Bundesrepublik ausgeliefert.
19. November			Nach Verlust des Europapokals scheidet Hamburger SV als Cupverteidiger im deutschen Fußball-Pokal aus. Er unterliegt bei Schalke 04 im Achtelfinale 2:4.	Ägyptischer Staatspräsident Sadat zu historischem Besuch in Israel. Rede vor dem Parlament: Anerkennung des Existenzrechts Israels, von dem er harte Entscheidungen fordert. Empörungswelle in der arabischen Welt, Libyen bricht Beziehungen zu Kairo ab.
20. November			Karl Meiler (Amberg) Sieger im Tennis-Grand Prix-Turnier von Manila. Absoluter Motorboot-Weltrekord des Australiers Ken Warby mit 461 km/std in Turbo-Boot auf Bloweringsee in Australien.	129 Tote bei mißglückter Landung eines portugiesischen Passagierflugzeugs auf Madeira. Zehntausend Tote bei Wirbelsturm über Südindien. Konservative Partei von Ministerpräsident Karamanlis büßt bei griechischen Parlamentswahlen Stimmen ein, behält aber absolute Mehrheit.
21. November	Kontroverse um Äußerungen des CSU-Vorsitzenden Strauß in Chile, von Koalition Billigung des Militärregimes genannt.	Bundespräsident Scheel überreicht in Essen „Alfried Krupp von Bohlen und Halbach-Preis für Energieforschung" an acht Forscher für Entwicklung der Ultrazentrifuge zur Urananreicherung. Französische Literaturpreise „Goncourt" und „Renaudot" an die Autoren Didier Decoin bzw. Alphonse Boudard.		Bundeskanzler Schmidt zu fünftägigem Besuch in Polen, der von beiden Seiten als Meilenstein gewertet wird.

	Deutschland	Kultur/Wissenschaft	Sport	Ausland
22. November		Sowjetischer Geiger Gidon Kremer kündigt in München an, er werde zwei Jahre im Westen bleiben.		VR China führt Prämiensystem und Akkordlohn ein.
23. November	Neuer Zwist zwischen CDU und CSU, die Strauß als künftigen Kanzlerkandidaten nennt.	In Cape Canaveral Start des ersten europäischen Wettersatelliten.		Erdbeben in Argentinien fordert 80–100 Todesopfer.
25. November	CSU-Vorsitzender Strauß kündigt an, er wolle 78 Ministerpräsident in Bayern werden.		Die Schwarzafrikanischen Länder wollen auf jeden Fall an den Olympischen Spielen 1980 in Moskau teilnehmen.	In Liechtenstein erstmals seit 1785 Todesurteil für dreifachen Mörder.
30. November				Bei Parlamentswahlen in Südafrika, an denen nur Weiße teilnehmen dürfen, kann die regierende Nationale Partei absolute Mehrheit weiter ausbauen. Liberale Fortschrittspartei stärkste Oppositionspartei.
1. Dezember				Bei Treffen zwischen Bundeskanzler Schmidt und Regierungschef Andreotti in Verona werden die Trübungen im deutsch-italienischen Verhältnis beseitigt.
2. Dezember	Laut Monatsbericht der Bundesanstalt für Arbeit gab es im November 1 004 300 Arbeitslose.	Internationaler Feltrinelli-Preis (64 000 Mark) an den spanischen Lyriker Jorge Guillen.	Trainertausch zwischen Eintracht Frankfurt und Bayern München: Gyula Lorant nach München, Dettmar Cramer nach Frankfurt.	UNO-Vollversammlung spricht Palästinensern Recht auf Selbstbestimmung und nationale Unabhängigkeit zu.
4. Dezember		Fachkonferenz in Hamburg bemängelt Fehlen von internationalen Sicherheitsnormen für Atomschiffe.	Davispokal zum ersten Mal seit 1973 wieder von Australien gewonnen. Im Finale in Sydney wird Italien mit 3:1 geschlagen.	Am ersten Jahrestag der Umwandlung der Zentralafrikanischen Republik in ein Kaiserreich krönt sich Kaiser Jean Bedel Bokassa selbst. Beim Absturz einer von Terroristen entführten malaysischen Boeing 737 kommen in der Nähe von Singapur rund 100 Menschen ums Leben.
5. Dezember				Ägypten bricht die diplomatischen Beziehungen zu Syrien, Libyen, Algerien und Südjemen ab, die zum Abschluß ihrer viertägigen Konferenz in Tripolis zusammen mit der PLO ein Einfrieren ihrer Beziehungen zu Kairo beschlossen hatten.
6. Dezember		Bremer Literaturpreis der Rudolf-Alexander-Schröder-Stiftung (10 000 Mark) an DDR-Autorin Christa Wolf.	Fußball-Supercup an den FC Liverpool, den Gewinner des Europapokals der Landesmeister.	

	Deutschland	Kultur/Wissenschaft	Sport	Ausland
7. Dezember		Mit festlicher Premiere von Verdis „Don Carlos" beginnen die Feierlichkeiten zum 200jährigen Bestehen der Mailänder Scala.		Ägypten verfügt Schließung der Konsulate der UdSSR, der DDR, der CSSR und Polens außerhalb Kairos sowie aller Kulturzentren der Sowjetunion und anderer Ostblockstaaten, die Kritik an Präsident Sadats Nahost-Politik geübt hatten.
8. Dezember				In Portugal Rücktritt der sozialistischen Minderheitsregierung Soares nach Verlust der Vertrauensabstimmung.
9. Dezember	Unter Vorsitz von Willy Brandt konstituiert sich auf Schloß Gymnich die „Unabhängige Kommission für internationale Entwicklungsfragen" (Nord-Süd-Kommission). Das 17köpfige Gremium soll bis 1979 Empfehlungen für einen Ausgleich zwischen Industrie- und Entwicklungsländern erarbeiten.			In Bolivien Verschwörung rechtsgerichteter Militärs gegen Staatspräsident Hugo Banzer aufgedeckt.
11. Dezember		Die sowjetischen Kosmonauten Romanenko und Gretschko legen mit Raumschiff Sojus 26 an Raumstation Saljut 6 an und unternehmen 88minütigen „Weltraumspaziergang".		
12. Dezember	In Bonn wird bekannt, daß die verhaftete frühere Sekretärin im Bundesverteidigungsministerium, Renate Lutze, der DDR möglicherweise wichtigste Geheimnisse der Bundeswehr und der Nato zuspielte. Opposition fordert Rücktritt von Verteidigungsminister Leber.	DDR-Autor Hans Joachim Schädlich erhält Ausreisegenehmigung in die Bundesrepublik.		In Wien wird die Textilunternehmerfrau Lotte Böhm entführt, am 17. 12. gegen Zahlung von vermutlich drei Mio Mark Lösegeld wieder freigelassen.
14. Dezember	Bundesregierung bestätigt Vertrag über Lieferung von 10 000 VW-Golf-Autos an DDR.		Im Fußball-Länderspiel gegen Wales erreicht Deutschland in Dortmund nur ein 1:1. Bilanz des Jahres aus elf Länderspielen: Sieben Siege, drei Unentschieden, eine Niederlage.	In Kairo ägyptisch-israelische Vorkonferenz. In Amsterdam wird der holländische Millionär Pieter Menten wegen Beteiligung an Kriegsverbrechen zu 15 Jahren Haft verurteilt.
15. Dezember	BVG setzt durch Einstweilige Anordnung die seit 1. 8. gültige Wehrdienstnovelle außer Kraft.	Europäische Raumfahrtorganisation ESA entscheidet sich für Bau von sechs Ariane-Trägerraketen.	Sportler des Jahres: Radprofi Dietrich Thurau vor dem Ringer Adolf Seger, bei den Frauen die Leichtathletin Eva Wilms vor ihrer Kollegin Annegret Richter. Mannschaft des Jahres das Weltmeisterteam der Florettfechter.	

	Deutschland	Kultur/Wissenschaft	Sport	Ausland
16. Dezember	In Saarbrücken Urteil im Prozeß um Entführung und Tod des Millionenerben Gernot Egolf: Lebenslang für den Angeklagten Joachim Müller (22).	Durch Schenkung von 33 Gemälden von „Brücke"-Künstlern wird Münchner Staatsgalerie zu bedeutendem Zentrum für die Kunst dieser expressionistischen Malergruppe.	Wegen Meineides wird der Libero Klaus Fichtel vom Landgericht Essen zu 9 900 Mark Geldstrafe verurteilt.	Zwei unter liberianischer Flagge fahrende Supertanker stoßen vor der südafrikanischen Küste zusammen und geraten in Brand. 150 km Küste durch Öl verpestet.
17. Dezember				Der Ministerpräsident von Dschibuti, Ahmed Dini Ahmed, tritt wegen schwerer Stammesgegensätze zurück.
19. Dezember		DDR-Autor Jurek Becker erhält von DDR-Behörden Visum für längeren Aufenthalt im Westen.	Boxeuropameister im Weltergewicht Jörg Eipel (Berlin) nach KO durch den Franzosen Marion in bedenklichem Zustand in Pariser Krankenhaus.	Neue Niederländische Regierung von Christdemokraten und Rechtsliberalen unter Ministerpräsident Andries van Agt.
20. Dezember		Bischofskonferenz-Vorsitzender Kardinal Joseph Höffner trifft bei Freiburg den suspendierten französischen Erzbischof Marcel Lefebvre.		Bei Fahy in der Schweiz werden die deutschen Terroristen Gabriele Kröcher-Thiedemann und Christian Möller nach Schußwechsel mit Zollbeamten festgenommen. In Utrecht wird der Terrorist Knut Folkerts wegen Mordes und versuchten Mordes zu 20 Jahren Haft verurteilt. Mehrere hundert Tote bei Erdbeben in Iran.
21. Dezember	In Frankfurt wird der Bombenbastler der Baader-Meinhof-Bande, Dirk Hoff, zu vier Jahren acht Monaten Haft verurteilt.			
22. Dezember	In Bonn wird der frühere CDU-Bundestagsabgeordnete Julius Steiner wegen uneidlicher Falschaussage zu 1500 Mark Geldstrafe verurteilt.	Chef des europäischen Kernfusionsprojekts JET im britischen Culham wird der deutsche Physiker Dr. Hans Otto Wüster. Der Stuttgarter Dr. Ulf Merbold (37), neben drei anderen europäischen Wissenschaftlern, Kandidat für den ersten Flug des Weltraumlabors Spacelab 1980. Unter sechs US-Kandidaten für dieses Unternehmen ist eine 38jährige Physikerin.		
23. Dezember	Der Vorsitzende der Westdeutschen Landesbank, Ludwig Poullain, erklärt wegen umstrittener Beratertätigkeit den Rücktritt.	Erasmus-Preis (190 000 Mark) an vier Puppenspieltheater.		Befreiungsfront für die Westsahara, Polisario, läßt in Algier acht Franzosen frei, die monatelang in ihrer Gewalt waren.
24. Dezember	Temperaturen von örtlich bis 17 Grad werden in der Bundesrepublik gemessen. Damit ist dieser 24. Dezember der wärmste seit über 100 Jahren.			

	Deutschland	Kultur/Wissenschaft	Sport	Ausland
25. Dezember				Eineinhalbtägige Konferenz zwischen dem ägyptischen Staatschef Sadat und dem israelischen Ministerpräsidenten Begin in Ismailia: Keine Annäherung in der palästinensischen Frage, Fortführung der Gespräche auf Außenministerebene.
27. Dezember	Bundeskanzler Helmut Schmidt zu dreitägigem offiziellen Besuch in Kairo, dem sich ein privater einwöchiger Aufenthalt in Oberägypten anschließt.			
28. Dezember	Stuttgarter Oberlandesgericht verurteilt die 25jährige Terroristin Verena Becker zu lebenslanger Haft wegen sechsfachen Mordversuchs an Polizisten.			
29. Dezember				US-Präsident Carter tritt Reise nach Polen, Iran, Indien, Ägypten, Saudi-Arabien, Frankreich und Belgien an. Dollar-Kurs auf bisher tiefstem Stand: 2,1018 Mark. Jordanien lehnt Nahost-Friedensplan des israelischen Ministerpräsidenten Begin ab. Der Plan sah Räumung des größten Teils der Sinai-Halbinsel und Selbstverwaltung für Westjordanien vor.
30. Dezember	Berichte über eine angebliche Oppositionsgruppe innerhalb der SED, die sich zu einem Bund demokratischer Kommunisten Deutschlands zusammengeschlossen habe. In dem „Manifest" der Gruppe werden u.a. Parteien-Pluralismus, ein unabhängiges Parlament und unabhängige Gerichte in der DDR gefordert. Die DDR kontert mit der Behauptung, das „Pamphlet" sei vom Bundesnachrichtendienst erarbeitet worden.			
31. Dezember				Rechtsgerichtete türkische Koalitionsregierung unter Ministerpräsident Süleiman Demirel durch Mißtrauensvotum gestürzt. Bisheriger Oppositionsführer Bülent Ecevit mit Regierungsbildung beauftragt. Spanische Regierung gewährt Baskenland als zweiter Region nach Katalonien die provisorische Selbstverwaltung.

2. Januar
Errol Garner (53), amerikanischer Jazzpianist.

6. Januar
Hanns Lilje (77), evangelischer Altbischof.

7. Januar
Herbert van Hüllen (66), ehemaliger Präsident des Gesamtverbands metallindustrieller Arbeitgeberverbände.

12. Januar
Henri-Georges Clouzot (69), französischer Filmregisseur („Lohn der Angst").

13. Januar
Arrigo Olivetti (86), italienischer Industrieller (u.a. Büromaschinen).

14. Januar
Sir Anthony Eden (79), zuletzt führte er den Titel Lord Avon, ehemaliger britischer Außenminister.
Anais Nin (73), amerikanische Schriftstellerin, in den 20er Jahren in Paris Mittelpunkt eines großen Künstlerkreises und Freundin des Schriftstellers Henry Miller. Ihren Bemühungen ist es zu verdanken, daß Millers „Wendekreis des Krebses" einen Verleger fand.
Peter Finch (60), englischer Filmschauspieler („Geschichte einer Nonne", Rabin-Darsteller im „Entebbe"-Film, „Network").

18. Januar
Carl Zuckmayer (80), deutscher Schriftsteller („Des Teufels General").
Max Reimann (78), Altkommunist, Vorsitzender der 15köpfigen KP-Fraktion im ersten deutschen Bundestag.
Djemal Bijedic (59), jugoslawischer Ministerpräsident; beim Absturz seines Sonderflugzeugs westlich von Sarajewo.

19. Januar
Knut Freiherr von Kühlmann-Stumm (60), ehemaliger Vorsitzender der F.D.P.-Bundestagsfraktion: bei einem Verkehrsunfall auf der B 40 bei Bad Soden-Salmünster.

2. Februar
Edmund Rehwinkel (78), ehemaliger Präsident des deutschen Bauernverbandes und kompromißloser Streiter für Subventionen an die Landwirtschaft.

3. Februar
Teferi Bente (54), äthiopischer Regierungschef; nach einem Putschversuch erschossen.

9. Februar
Alia (28), Königin von Jordanien; beim Absturz eines Hubschraubers.

10. Februar
Sergej W. Iljuschin (82), sowjetischer Flugzeug-Konstrukteur.

11. Februar
Fakhruddin Ali Ahmed (71), indischer Staatspräsident.

19. Februar
Anthony Crosland (58), britischer Außenminister: mitten in den Bemühungen um eine Lösung der Rhodesienfrage nach einem Schlaganfall. Auf Wunsch von Croslands Frau wurden die Versuche der Ärzte, den hoffnungslosen Zustand zu verlängern, eingestellt.

5. März
Tom Pryce (27), britischer Rennfahrer; bei einem Unfall in der 23. Runde des südafrikanischen Grand Prix in Kyalami.

8. März
Lutz Graf Schwerin von Krosigk (89), letzter Außen- und Finanzminister des Deutschen Reichs.

13. März
Jan Patocka (69), tschechoslowakischer Bürgerrechtler („Charta 77"); nach einem dritten, zehnstündigen Verhör an den Folgen eines Gehirnschlags. Die CSSR-Funktionäre erfuhren nicht mehr, wie es dem Bürgerrechtskämpfer gelungen war, mit dem offiziell in Prag weilenden niederländischen Außenminister Max van der Stoel zusammenzutreffen.

16. März
Kamal Dschumblatt (59), libanesischer Sozialistenführer; bei einem Attentat in Beirut. In seiner Jugendzeit war sein Vater aus politischen Motiven erschossen worden, seine Schwester war ebenfalls bei einem Attentat ermordet worden.

18. März
Wolfgang von Gronau (84), deutscher Luftfahrtpionier, der 1930 als erster in einem Flugboot („Dornier-Wal") den Atlantik überquert hatte.
Marien Ngouabi (39), Staatschef der Volksrepublik Kongo; bei einem Attentat in Brazzaville. Ngouabi hatte 1976 einen Hubschrauberabsturz und zuvor einige Putsch- und Attentatsversuche überlebt.

19. März
Carlos Pace (32), brasilianischer Rennfahrer; zwei Wochen nach der Flugprüfung, als seine kleine Privatmaschine bei einem Motorschaden in der Nähe von Sao Paulo in der Luft explodierte.

27. März
Gustav Schickedanz (82), deutscher Versandhausunternehmer („Quelle").

7. April
Siegfried Buback (57), Generalbundesanwalt; bei Terroristenanschlag in Karlsruhe.

11. April
Ernst Wilhelm Sachs (47), deutscher Industrieller; bei einem Lawinenunglück auf der Skiabfahrt vom über 3000 m hohen Pointe du Bechet bei Val d'Isère in den französischen Alpen.
Jacques Prévert, französischer Schriftsteller und Filmautor („Kinder des Olymp", „Der Glöckner von Note Dame"), dessen lyrische Chansons berühmte Interpreten wie Yves Montand und Juliette Greco fanden.

17. April
William Kardinal Conway (64), Primas von Irland, Friedensprediger für sein vom Bürgerkrieg erschüttertes Land; an einem Gallenleiden.

19. April
Günter Bruno Fuchs (48), deutscher Schriftsteller („Trinkermeditationen", „Pennergesang", „Herrn Eules Kreuzberger Kneipentraum"); an einem Blutsturz während der Arbeit.

28. April
Sepp Herberger (80), ehemaliger Fußball-Bundestrainer. „Vater des Wunders in Bern", wo die Deutschen 1954 die Fußballweltmeisterschaft errangen.

5. Mai
Ludwig Erhard (80), Altbundeskanzler, galt als „Vater des Wirtschaftswunders".

9. Mai
James Jones (55), amerikanischer Schriftsteller („Verdammt in alle Ewigkeit").

10. Mai
Joan Crawford (69), amerikanische Filmschauspielerin („Solange ein Herz schlägt").

11. Mai
Mauricio Borgonovo Pohl (38), Außenminister von El Salvador; durch drei Kopfschüsse am 22. Tag nach seiner Entführung durch eine linksextremistische Befreiungsfront.

3. Juni
Roberto Rosselini (71), italienischer Regisseur („Stromboli").

16. Juni
Wernher von Braun (65), Raumfahrtwissenschaftler, während des zweiten Weltkriegs in Deutschland an der Entwicklung der Raketenwaffe „V 2" beteiligt, nach dem Krieg verhalf er den Amerikanern zur Landung auf dem Mond.

26. Juni
Hermann Schäufele (70), Erzbischof von Freiburg.

28. Juni
Heinrich Gutermuth (79), ehemaliger Vorsitzender der IG Bergbau und Energie.

30. Juni
Paul Hartmann (88), deutscher Schauspieler (150 Filme wie „F. P. 1 antwortet nicht", „Rittmeister Wronski", „Rosen für den Staatsanwalt" und zahllose Bühnenrollen).

1. Juli
Vladimir Nabokov (78), russisch-amerikanischer Schriftsteller („Lolita").

15. Juli
Konstantin Fedin (86), sowjetischer Schriftsteller („Freudenfeuer", „Der Raub der Europa").

21. Juli
Henry Vahl (79), Volksschauspieler („Bundes-Opa", über 100 Rollen am Hamburger Ohnsorg-Theater).

30. Juli
Jürgen Ponto (53), Vorstandsvorsitzender der Dresdner Bank; von Terroristen in seinem Haus in Oberursel ermordet.

1. August
Gary Powers (47), ehemaliger amerikanischer Spionageflieger („U-2").

3. August
Erzbischof Makarios (63), zyprischer Staatspräsident, dem mehrere Attentatsversuche 1970 und 1973 nichts anhaben konnten; an einem Herzinfarkt.

4. August
Ernst Bloch (92), deutscher Philosoph („Das Prinzip Hoffnung").
Moritz Mitzenheim (85), ehemaliger thüringischer Landesbischof.

16. August
Elvis Presley (42), „König" der Rockmusik.

18. August
Tibor Dery (82), ungarischer Schriftsteller („Niki – Geschichte eines Hundes").

20. August
Groucho Marx (86), amerikanischer Filmkomiker mit hemmungslosem Zynismus (in „Monkey Business" zur Frau eines reichen Geschäftsmanns: „Gnädigste, wenn ich mit Ihnen durch bin, werden Sie einen klaren Scheidungsgrund haben, und meine Frau auch. Zunächst müssen wir die Sache unter uns ausmachen. Sie nehmen die Kinder, Ihr Mann nimmt das Haus, der Kleine brennt das Haus nieder, Sie nehmen die Versicherung, und ich nehme Sie.")

28. August
Peter Altmeier (78), ehemaliger Ministerpräsident von Rheinland-Pfalz.

6. September
Paul Burkhard (65), schweizerischer Komponist („Oh mein Papa").

13. September
Leopold Stokowski (95), exilpolnischer Dirigent; durch Herzversagen im Schlaf.

16. September
Maria Callas (53), griechische Opernsängerin, die Primadonna des 20. Jahrhunderts; nach einem Herzanfall beim Frühstück.

25. September
Gerhard Winkler (71), deutscher Schlagerkomponist („O mia bella Napoli", „Ja, ja, der Chiantiwein", „Komm, Casanova küß mich", „Capri-Fischer").

29. September
Hans Habe (66), in der Schweiz lebender Schriftsteller und Journalist („Die Tarnowska", „Das Netz", „Palazzo").

6. Oktober
Sylvia Manas (29), österreichische Schauspielerin („ Die Elixiere des Teufels", „Change", „Jeder stirbt für sich allein").

9. Oktober
Peter Mosbacher, deutscher Schauspieler („Die Mission", „Finale", „Sündige Grenze").

14. Oktober
Bing Crosby (73), amerikanischer Sänger und Filmschauspieler („White Christmas").

18. Oktober
Hanns Martin Schleyer (62), Arbeitgeberpräsident; nach der Befreiung der Lufthansamaschine in Mogadischu von seinen Entführern erschossen.

23. Oktober
Ludwig Rosenberg (74), ehemaliger DGB-Vorsitzender.

26. Oktober
Elisabeth Flickenschildt (72), deutsche Schauspielerin („Der Besuch der alten Dame", Marthe Schwerdtlein in Gründgens „Faust").

2. November
Hans Erich Nossack (76), deutscher Schriftsteller („Spätestens im November").

5. November
Alexij Stachanow (71), Begründer der Kampagne für Soll-Übererfüllung in der UdSSR.
Greta Keller (72), österreichische Chansonsängerin.
René Goscinny (51), französischer Texter und Graphiker, Schöpfer der „Asterix"-Comicserie.

18. November
Wilhelm Dröscher (57), SPD-Schatzmeister (selbst von politischen Gegnern als „guter Mensch von Kirn" gerühmt); an Herzversagen auf dem Hamburger SPD-Parteitag.
Kurt von Schuschnigg (79), ehemaliger österreichischer Bundeskanzler.
Karl Berbuer (77), Kölner Karnevalskomponist („Heidewitzka, Herr Kapitän", „Wir sind die Eingeborenen von Trizonesien").

30. November
Terence Rattigan (66), britischer Bühnenautor („Der Fall Winslow").

1. Dezember
Rainer Günzler (50), deutscher Sportjournalist, Tester von über 400 Autotypen für das ZDF und einer der Hintermänner beim Verkauf von 14,8% der Daimler-Benz-Aktien an das Scheichtum Kuweit; an Nierenkrebs. Rainer Günzler wußte, daß ihm der Tod bevorstand.

5. Dezember
Alexander Wassilewski (82), Sowjetmarschall und Eroberer Königsbergs.

7. Dezember
Peter Carl Goldmark (71), amerikanischer Wissenschaftler, Erfinder der Langspielplatte.

12. Dezember
Lady Clementine Spencer Churchill (82), Witwe von Premierminister Sir Winston Churchill.

22. Dezember
Frank Thiess (87), deutscher Schriftsteller („Die Verdammten", „Reich der Dämonen", „Tsushima").
Karl John (71), deutscher Schauspieler („Hotel Adlon", „Weg ohne Umkehr" und viele Theaterrollen).

25. Dezember
Charlie Chaplin (88), amerikanischer Filmkünstler, Erfinder des Tramps mit Bart, Stock und Melone.